GUERRE DE 1870

LA PREMIÈRE

ARMÉE DE L'EST

RECONSTITUTION EXACTE ET DÉTAILLÉE DE PETITS COMBATS
AVEC CARTES ET CROQUIS

PAR LE

Commandant Xavier EUVRARD

BREVETÉ D'ÉTAT-MAJOR

CHEF DE BATAILLON AU 2ᵉ TIRAILLEURS ALGÉRIENS

EX-PROFESSEUR D'HISTOIRE MILITAIRE A L'ÉCOLE DE SAINT-CYR

> « Le plus mince détail pris sur le fait, dans une action de guerre, est plus instructif, pour moi soldat, que tous les Thiers et Jomini du monde, lesquels parlent sans doute pour les chefs d'État et d'armées, mais ne montrent jamais ce que je veux savoir, *un bataillon, une compagnie, une escouade en action.* » Colonel ARDANT DU PICQ (tué sous Metz en 1870).

PARIS ‖ LIMOGES

11, PLACE SAINT-ANDRÉ-DES-ARTS. ‖ 46, NOUVELLE ROUTE D'AIXE, 46.

HENRI CHARLES-LAVAUZELLE

Éditeur militaire.

1895

GUERRE DE 1870

LA PREMIÈRE ARMÉE DE L'EST

RECONSTITUTION EXACTE ET DÉTAILLÉE DE PETITS COMBATS

GUERRE DE 1870

LA PREMIÈRE
ARMÉE DE L'EST

RECONSTITUTION EXACTE ET DÉTAILLÉE DE PETITS COMBATS
AVEC CARTES ET CROQUIS

PAR LE

Commandant Xavier EUVRARD

BREVETÉ D'ÉTAT-MAJOR

CHEF DE BATAILLON AU 2ᵉ TIRAILLEURS ALGÉRIENS

EX-PROFESSEUR D'HISTOIRE MILITAIRE A L'ÉCOLE DE SAINT-CYR

> « Le plus mince détail pris sur le fait, dans une action de guerre, est plus instructif, pour moi soldat, que tous les Thiers et Jomini du monde, lesquels parlent sans doute pour les chefs d'Etat et d'armées, mais ne montrent jamais ce que je veux savoir, *un bataillon, une compagnie, une escouade en action.* » Colonel ARDANT DU PICQ (tué sous Metz en 1870).

PARIS		LIMOGES
11, Place Saint-André-des-Arts, 11.		46, Nouvelle Route d'Aixe, 46.

Henri CHARLES-LAVAUZELLE
Éditeur militaire.

1895

PRÉFACE

———

Vingt-quatre ans nous séparent de la guerre de 1870. Bientôt sera obtenue la perspective que l'histoire exige pour fixer avec clarté et précision les grandes lignes d'une campagne. Il y a donc urgence pour ceux que les événements ou des circonstances particulièrement favorables ont mis à même de connaître en détail une des parties de cette guerre néfaste de se livrer au public. C'est à ce titre que nous offrons le présent travail comme un tribut auquel le devoir professionnel nous oblige.

Pendant la guerre de 1870, les opérations qui ont laissé le moins de traces dans les archives sont incontestablement celles du mois d'octobre. Alors que commençait, au milieu du désarroi général, la lutte pour l'honneur entreprise avec des troupes improvisées, les états-majors nouveaux, complètement débordés par les événements, ne pouvaient s'astreindre aux formes usitées pour la correspondance militaire. On parait au plus pressé par instructions verbales; les ordres écrits étaient rares, les rapports très succincts. Dans les circonstances terribles que l'on traversait, il ne pouvait être question de faciliter la tâche des historiens. Il ne faut donc pas s'étonner que ceux-ci, imitant du reste le silence des rapporteurs de l'enquête parlementaire prescrite après la guerre, aient négligé les opérations d'octobre, surtout la campagne de l'Est du général Cambriels.

C'est pourtant là que l'on rencontre, à un moment de poignantes angoisses patriotiques, les premières levées du gouvernement de la Défense nationale aux prises avec les vainqueurs. C'est là que l'on peut suivre, depuis leur état embryonnaire, ces formations hâtives d'unités, manquant le plus souvent d'organisation, d'instruction, de discipline, et où soldats et officiers, paisibles citoyens de la veille, n'apportaient comme élément de succès qu'une grande bonne volonté individuelle.

En suivant pas à pas les troupes qui, du massif des Vosges, sont refoulées sur Besançon, où elles forment la première armée de l'Est, nous ne voulons pas seulement faire œuvre d'historien, mais surtout montrer des combats livrés par les petites unités, chose assez rare dans la guerre d'Europe.

Seuls ils permettent d'analyser l'état moral du soldat, qui apparaît mal dans les actions de masses. Cet état moral, ou si l'on veut « le cœur humain », joue un grand rôle à la guerre; beaucoup plus que l'arme, il sert de base à la tactique. Aussi l'art militaire n'a-t-il pas été bouleversé de fond en comble par les progrès de l'armement; les principes généraux restent immuables. Il y a loin de la fronde des vélites romains au fusil Lebel; mais l'homme qui utilise ces armes n'est pas lui-même une machine.

Il est de chair et d'os, il est corps et âme, et, si forte que soit l'âme, elle ne peut dompter le corps à ce point qu'il n'y ait révolte de la chair et trouble de l'esprit en face de la destruction. (Colonel ARDANT DU PICQ.)

Aujourd'hui, comme aux temps antiques, l'homme, en présence de la mort, est sujet soit à des élans superbes, soit à des paniques soudaines : fuite en avant ou fuite en arrière. Son émotion est parfois assez violente pour que l'arme la plus perfectionnée ne vaille pas un bâton entre ses mains.

Nous aurons l'occasion de mettre en relief cette mobilité des impressions humaines et leur influence sur le combat. Par cela même, certains points historiques seront éclairés d'une vive lumière.

La reconstitution des combats de détail permet non seulement l'examen psychologique dont nous venons de parler, mais encore fait toucher du doigt le rôle des chefs de petites unités isolées. Quoi de plus intéressant que d'analyser les circonstances au milieu desquelles ils adoptent une ligne de conduite? Cette décision, qui donne aux opérations leur physionomie et, par un enchaînement fatal des faits, porte souvent en germe le succès ou le revers, est elle-même basée sur les renseignements que le chef possède sur la position, la force et les projets de l'adversaire. Obtenir des renseignements rigoureusement exacts, prendre ensuite une vigoureuse détermination, rien n'est plus difficile à la guerre.

En dehors de ces études sur la tactique des petites unités, l'histoire de la campagne de l'Est fixe l'immutabilité de deux grands principes stratégiques : l'unité de commandement et la concentration des forces. Elle montre aussi les difficultés qu'éprouvaient nos généraux, faute de cadres, pour faire manœuvrer des troupes, d'ailleurs assez médiocres, et, par le raisonnement, nous arrivons à ressaisir toute confiance dans le haut commandement.

Dans le travail de précision que nous avons entrepris, comme

essai d'enseignement par les faits, le culte de la vérité historique devait dominer toute préoccupation. Chefs et soldats apparaissent tels qu'ils étaient chez les deux adversaires.

En France, il nous a fallu frapper à bien des portes; les documents obtenus sont indiqués ci-après, à la nomenclature des
sources de renseignements.

Nous avons aussi consulté, avec les meilleures intentions,
les historiques allemands. Malgré toute l'impartialité requise,
cet examen, il faut bien le dire, révèle non seulement quelques
inexactitudes, à la rigueur excusables quand elles ne sont pas
voulues, mais surtout, ce qui est grave, une tendance à voiler
toutes les erreurs, toutes les défaillances dont jamais vainqueur ne fut exempt. L'armée allemande est métamorphosée
en une force presque surnaturelle aux mains d'un commandement impeccable.

Que la jeune génération se garde de croire comme articles de
foi ces récits habilement arrangés par l'état-major prussien.
Qu'elle n'admire pas comme nous autrefois, dans l'étonnement naïf du lendemain des désastres, ces plans, qui, pour la
plupart, n'ont vu le jour qu'après les événements.

L'histoire de la campagne, écrite avec sincérité, est pour
nous une source de vastes espérances. Examiné de près, en
lutte avec l'imprévu, l'ennemi paraît moins redoutable que
dans la légende.

X. E.

SOURCES DE RENSEIGNEMENTS

(Pour établir la corrélation entre les sources de renseignements et les diverses parties de l'ouvrage, les numéros de la nomenclature ci-dessous sont reproduits dans les sommaires qui précèdent chaque chapitre.)

A. — Correspondance officielle.

1. Historique des marches et opérations de la première armée de l'Est, du 5 au 28 octobre, pendant le commandement du général CAMBRIELS.

2. Rapport de l'état-major de la 7ᵉ division militaire sur les opérations dans l'Est.

3. Rapport du capitaine de vaisseau ROLLAND, général de division au titre auxiliaire, commandant la 7ᵉ division militaire, successeur du général de Prémonville.

4. Notice sur les événements militaires auxquels le lieutenant-colonel DE BIGOT a pris part durant la guerre contre les Allemands.

5. Rapport du capitaine PERRIN, détaché à la défense des Vosges.

6. Rapport du commandant DE VEZET sur les opérations du 1ᵉʳ bataillon du Doubs.

7. Rapport du commandant de gendarmerie D'ORSANNE sur l'affaire de Rioz.

8. Rapport du commandant BRACHET, du 3ᵉ bataillon des Vosges, sur le combat de Cussey.

9. Rapport du capitaine MÉALHIE, commandant la 6ᵉ compagnie des Hautes-Alpes, sur les opérations de ce bataillon antérieures au 22 octobre et sur le combat du 22.

10. Rapport du capitaine GUILLEMOT, commandant la 4ᵉ compagnie des Hautes-Alpes, sur cette même affaire.

11. Rapport du capitaine MANSION, du 16ᵉ bataillon de chasseurs sur le combat de Buthiers.

12. Rapport du capitaine BOUSSARD, commandant la 19ᵉ batterie du 12ᵉ d'artillerie, sur le rôle de cette batterie le 22 octobre.

13. Rapport du général DE BOUSINGEN, sur les mesures de défense prises dans le département du Jura.

14. Etats émanant de la subdivision de Besançon. Répartition de l'armement de la place entre les corps de l'artillerie. Répartition des troupes d'infanterie en cas de siège.

15. Séances du comité de défense de la place de Besançon et du comité militaire du département du Doubs.

16. Etat des compagnies de francs-tireurs cantonnées à Besançon à la date du 17 octobre 1870. (Etabli par la mairie.)

17. Etat des emplacements disponibles pour logement militaire à Besançon.

18. Note d'un inspecteur principal de l'exploitation (3e section) des chemins de fer P.-L.-M. sur les suspensions du service des voies ferrées.

19. Ordres, lettres et télégrammes divers reproduits dans l'ouvrage (pour mémoire).

B. — Correspondance privée ou renseignements de témoins
oculaires (1).

MM.

20. BARRET, curé de Devecey, témoin oculaire du combat de Cussey. — Renseignements écrits sous sa dictée en 1889.

21. BIGOT (DE), colonel d'état-major en retraite, ancien chef d'état-major de la 7e division militaire, mort en 1891. — Renseignements écrits sous sa dictée en 1889.

22. BUYCK, chef de bataillon, ancien officier au 5e bataillon du 85e. — Note sur les emplacements de ce bataillon les 22 et 23 octobre.

23. CHATELET, curé de Cussey. — Notes sur l'invasion.

24. CHENAVARD (Eugène), ancien combattant de Seveux. — Explications sur le terrain où s'est passée l'affaire du 24 octobre 1870.

25. DUMONET, maire de Cussey. — Renseignements sur la journée du 22.

---

(1) Je tiens à remercier ici toutes les personnes citées sous ce titre B. Sans leurs précieux renseignements, il m'eût été impossible de reconstituer en entier les événements.

26. FROISSARD (comte DE), ancien capitaine à l'état-major de la 7e division militaire, titre auxiliaire. — Renseignements sur les journées des 21 et 22 octobre.

27. FROISSARD (marquis DE), ancien capitaine de mobiles, attaché à l'état-major de la 7e division militaire. — Renseignements sur la journée du 22 octobre.

28. GAUTHIER, archiviste départemental du Doubs, ancien lieutenant à l'état-major de la 7e division militaire. — Renseignements sur la période de la 1re armée de l'Est.

29. LÉNONCOURT (marquis DE), ancien capitaine à l'état-major de la 7e division militaire, titre auxiliaire. — Explications sur le terrain où ont été livrés les combats du 22 octobre.

30. MEYNIER, médecin-major de 1re classe, ancien aide-major au 78e. — Renseignements sur les combats du 22 octobre.

31. NOEL, capitaine en retraite, ancien officier du 4e bataillon du 85e. — Note sur le rôle de ce bataillon le 22 octobre.

32. OLLONE (comte D'), colonel du service d'état-major de l'armée territoriale, ancien commandant du 2e bataillon de mobiles du Doubs. — Notes sur la période de la 1re armée de l'Est.

33. OUTHIER, commandant le 13e bataillon alpin de chasseurs, breveté d'état-major, ancien officier du 4e bataillon du 85e. — Notes sur la retraite des Vosges et sur le rôle de ce bataillon les 22 et 23 octobre.

34. PROTH, chef d'escadron en retraite, lieutenant de l'armée active, échappé de Sedan (commandait le 2e bataillon des mobiles des Deux-Sèvres à Auxon). — Notes sur le rôle de ce bataillon le 22 octobre et sur la période de l'armée de l'Est.

35. PROTET, maire de Broye-les-Pesmes, déjà maire en 1870. — Notes sur l'affaire de Broye du 23 octobre.

36. POULOT, colonel commandant le 3e cuirassiers, ancien capitaine commandant au 7e chasseurs à cheval en 1870. — Carnet de notes journalières prises pendant la guerre.

37. ROMAN, avocat, ancien lieutenant au bataillon des Hautes-Alpes. — Notes sur les journées des 21 et 22 octobre et sur le bataillon.

38. ROSTAING, percepteur, ancien capitaine des francs-tireurs de l'Isère. — Notes sur la campagne et sur le combat de Châtillon.

39. Saint-Romme, député, ancien sous-officier dans les francs-tireurs de l'Isère. — Notes sur les journées des 22 et 23 octobre à Châtillon.

40. Marquise douairière de Scey. — Notes sur le combat de Buthiers et sur le séjour des Allemands dans ce village.

41. Thomas, curé d'Auxon-Dessus. — Notes sur l'invasion.

42. Villion, abbé, aumônier de la première ambulance lyonnaise. — Notes sur les combats des 22 et 23 octobre.

C. — Historiques des corps de troupe.

1° *France.*

43. 16e bataillon de chasseurs à pied (dépôt).
44. 2e zouaves de marche.
45. 32e de marche.
46. 47e de marche (légion d'Antibes).
47. 50e de marche (4e et 5e bataillons du 85e).
48. 85e *bis* (4e et 5e bataillons du 85e).
49. 34e mobiles (Deux-Sèvres).
50. 54e mobiles (Doubs).
51. 55e mobiles (Jura).
52. 58e mobiles (Vosges). L'historique du 3e bataillon existe seul
53. Mobiles des Hautes-Alpes (bataillon unique).
54. Francs-tireurs dôlois (capitaine Habert).
55. Francs-tireurs du Doubs (1re compagnie, capitaine Schmitz)
56. Francs-tireurs de l'Isère (capitaine Rostaing).
57. 7e régiment de chasseurs à cheval.
58. 8e régiment d'artillerie (14e batterie).
59. 10e régiment d'artillerie (14e batterie).
60. 12e régiment d'artillerie (19e batterie).
61. 14e régiment d'artillerie (18e batterie).

2° *Allemagne.*

62. 1er régiment d'infanterie badoise.
63. 2e régiment d'infanterie badoise.

64. 3e régiment d'infanterie badoise.
65. 5e régiment d'infanterie badoise.
66. 6e régiment d'infanterie badoise.
67. 30e régiment d'infanterie prussienne (Rhénans).
68. 34e régiment d'infanterie prussienne (Poméraniens).
69. 1er régiment de dragons badois.
70. Batterie à cheval badoise.
71. 1re batterie lourde badoise.
72. 4e batterie lourde badoise.
73. 3e batterie légère badoise.
74. 4e batterie légère badoise.

D. — **Ouvrages divers** (1).

75. Commandant BRUTÉ DE RÉMUR, breveté d'état-major, *Les Vosges en* 1870.

76. Colonel d'état-major DE BIGOT, *Le Plateau séquanais*. (Autographié à un petit nombre d'exemplaires ; n'existe pas en librairie.)

77. Colonel BORDONE, *Garibaldi et l'Armée des Vosges.*

78. Colonel BOURRAS, *Opérations du corps franc des Vosges.*

79. Docteur BRON, *Une Ambulance sur le champ de bataille de Cussey.*

80. H. CAVANIOL, *L'Invasion de* 1870-71 *dans la Haute-Marne.*

81. Général CROUZAT, *Le* 20e *corps.*

82. Capitaine J.-B. DUMAS, breveté d'état-major, *La Guerre sur les communications allemandes en* 1870.

83. Enquête parlementaire, *Actes de la Défense nationale.*

84. GRENEST, *Relation anecdotique de la campagne* 1870-71. — *L'Armée de l'Est.*

85. Capitaine LECLÈRE, *État de pertes des Allemands en* 1870-71.

---

(1) Ces ouvrages n'ont que des points de contact très limités avec le sujet traité. Ceux qui permettent de compléter notre premier chapitre, *Résumé de la Campagne des Vosges*, sont : 1° le savant et remarquable travail du capitaine Dumas, appuyé sur des documents de première main ; 2° la reconstitution consciencieuse et vivante de la campagne des Vosges opérée, sur le terrain même, par le commandant de Rémur ; 3° les relations anecdotiques si intéressantes de M. Grenest.

86. Jules ONNÉE, *Faits et gestes de la légion bretonne.*

87. Commandant WOLOWSKI, *Le colonel Bourras.*

88. X...., *Impressions et souvenirs d'un officier du régiment des Deux-Sèvres.*

Ouvrages allemands.

89. Etat-major prussien, *Guerre de 1870-71.*

90. Capitaine LOHLEIN, *Les Opérations du corps du général de Werder.*

Journaux.

91. *Le Courrier franc-comtois.*

92. *L'Union franc-comtoise.*

DÉFINITION DES OPÉRATIONS DE L'EST. — LIMITES DE L'OUVRAGE

Pendant la seconde partie de la guerre de 1870, les opérations de l'Est ont eu comme théâtre la vallée supérieure de la Saône, seule partie de toute la région de l'Est que l'on pût encore disputer à l'ennemi.

Sur ce terrain si rapproché des communications allemandes et si bien relié à nos provinces du Midi et du Centre, la présence d'une armée française devait être une menace, une source de préoccupations continuelles pour le grand quartier général de Versailles. Malheureusement, les forces que le gouvernement de la Défense nationale, avec une activité infatigable d'ailleurs, créa dans l'Est ne furent pas confiées à un chef unique, qui leur eût communiqué une impulsion vigoureuse. Elles restèrent divisées jusqu'à la fin de la campagne. Le général Cambriels, Garibaldi, le docteur Lavalle commandaient en même temps pendant le mois d'octobre ; les généraux Roland, Cremer et Garibaldi en novembre et en décembre ; le général Bourbaki et Garibaldi en janvier.

Utilisant les obstacles naturels que présentent les flancs de la large vallée de la Saône, ces chefs appuyèrent leurs troupes soit à l'ouest, sur le Morvan et la Côte-d'Or, soit à l'est, sur les plateaux du haut Doubs, la place de Besançon et la forêt de Chaux. De cette divergence dans leurs efforts résultent deux campagnes distinctes, celle de Bourgogne et celle de Franche-Comté.

La campagne de Franche-Comté comprend elle-même deux pé riodes : *Première armée de l'Est, Armée de l'Est du général Bourbaki.*

Laissant de côté la campagne de Bourgogne et les opérations du général Bourbaki, que les travaux de nombreux historiens ont déjà fait connaître, nous étudierons seulement, mais d'une manière approfondie, la *Première armée de l'Est.*

L'exposé rapide de la campagne des Vosges servira d'introduction.

GUERRE DE 1870

LA PREMIÈRE ARMÉE DE L'EST

I

RÉSUMÉ DE LA CAMPAGNE DES VOSGES

Note générale pour tous les chapitres. — **Les numéros qui suivent les titres du sommaire ci-dessous renvoient aux sources de renseignements.**

Mesures prises sur le territoire de la 7ᵉ division militaire. (2-4.) — Arrivée des premières troupes françaises dans les Vosges. (1, 2, 5, 32, 45, 49, 75, 78, 82, 84.) — Entreprise contre le chemin de fer de Strasbourg-Paris. Envoi de renforts et organisation du commandement dans les Vosges. (1, 2, 4, 32, 75, 82, 84.) — Invasion des Vosges et retraite du général Cambriels. Arrivée de ses troupes à Besançon. Accusations portées contre ce général. (1, 9, 32, 36, 44, 45, 46, 48, 49, 51, 52, 75, 78, 82, 84, 89, 90.) — Troupes envoyées par la 7ᵉ division militaire dans la trouée de Belfort et sur le haut Doubs. (2, 4, 6, 18, 76.)

Mesures prises sur le territoire de la 7ᵉ division militaire.

La retraite du maréchal de Mac-Mahon sur le camp de Châlons (1) et la concentration de l'armée de Bazaine sous Metz ouvraient à l'invasion l'Alsace et la Lorraine. Dès lors, on pouvait prévoir que le territoire de la 7ᵉ division militaire, placé sur le flanc des communications allemandes, deviendrait, à un moment donné, un théâtre secondaire d'opérations. Cette

---

(1) Le général Félix Douay, commandant le 7ᵉ corps de l'armée du Rhin, sous les ordres duquel se trouvait provisoirement la 7ᵉ division militaire, se retirait le 11 août, à destination de Châlons, sans laisser aucun ordre concernant le territoire.

division, dont le siège était Besançon, avait à sa tête le général de Prémonville (1) ; elle comprenait alors cinq départements : le Doubs, le Jura, la Haute-Saône, la Haute-Marne, les Vosges, ce dernier lui étant annexé à la suite de l'invasion.

La situation était critique : les places fortes ne se trouvaient pas en état de résister à une attaque immédiate, et, en dehors de faibles dépôts, les seules troupes disponibles, tant pour la défense de ces places que pour les opérations actives, se réduisaient aux gardes mobiles et sédentaires.

Gardes mobiles. — Les gardes mobiles, convoqués par décret du 18 juillet 1870, procédaient au milieu de difficultés de tous genres à leur organisation. Ceux qui devaient concourir à la défense de la région furent dirigés tout d'abord sur les places fortes.

Les trois premiers bataillons (2) des mobiles des Vosges se rendirent à Langres, où se concentraient également ceux de la Meurthe et de la Haute-Marne. Les quatre bataillons de mobiles de la Haute-Saône furent envoyés à Belfort (3). De son côté, la place de Besançon devait recevoir les mobiles du Doubs et du Jura.

Gardes nationales sédentaires. — Le 9 août, après nos premiers désastres, le Corps législatif avait ordonné l'armement des gardes nationales sédentaires.

A Besançon, cette troupe s'organisa rapidement et concourut aussitôt au service de la place. Il en fut de même pour les gardes nationales sédentaires des départements de la région, qui rendirent quelques services locaux dans la Haute-Marne,

---

(1) Il avait pour chef d'état-major le commandant de Bigot, qui fut nommé lieutenant-colonel par décret du 18 octobre 1870. Ancien élève du lycée de Besançon et depuis longtemps en garnison dans cette ville, il connaissait admirablement le territoire de la division, qu'il avait parcouru plusieurs fois.

(2) Le 4ᵉ bataillon (Saint-Dié) avait été envoyé à Metz et fut compris dans la capitulation de Bazaine.

(3) La garnison de Belfort fut renforcée par des envois successifs, et, le 3 novembre, date de l'investissement, elle comprenait environ 17.000 hommes.

la Haute-Saône, le Doubs et le Jura. Quant à celle des Vosges, elle ne fut généralement pas armée, faute de ressources.

En présence de l'ardeur patriotique qui paraissait animer les populations, le général commandant la 7e division militaire adressa aux municipalités des instructions sur la conduite à tenir devant l'invasion.

A l'approche de l'ennemi, les hommes valides doivent se retirer dans les bois, pour y faire la guerre de partisans ; ainsi, les villages seront soustraits, autant que possible, au danger des incendies et des massacres, résultat, malheureusement trop fréquent, de la résistance opposée par les habitants dans les localités elles-mêmes.

Les événements ont prouvé que ces recommandations étaient inutiles, sinon dangereuses. La vue des puissantes colonnes de l'ennemi calma généralement l'enthousiasme des populations, qui s'empressaient de renvoyer les armes demandées à grands cris quelques jours auparavant. Quant aux rares paysans disposés à résister quand même, ils ne pouvaient, mal armés et sans chefs, faire subir aux Allemands que des pertes insignifiantes, largement compensées par de cruelles représailles.

Craignant la guerre d'embuscade, l'ennemi prenait des mesures préventives ; l'une d'elles consistait à saccager toute maison abandonnée, pour donner un salutaire avertissement à ceux qui comptaient tenir la campagne.

Un officier badois disait à un maire de la Haute-Saône :

Quand j'arrive dans un village, j'entends y trouver tous les habitants, principalement les hommes ; si je ne les vois pas, je suis certain qu'ils sont dans la campagne pour nous combattre, ou qu'il servent d'éclaireurs à vos troupes.

Mesures diverses. — Le général commandant la division militaire prescrivit que les chevaux et les voitures ainsi que les bestiaux et les denrées dépassant les quantités nécessaires pour subvenir aux besoins du moment fussent dirigés sur les points du territoire qui n'étaient pas immédiatement menacés.

Ces ordres judicieux furent éludés avec d'autant plus de facilité que, dans le désarroi existant, l'autorité militaire se trouvait impuissante.

Les paysans, craignant de ne plus retrouver leurs chevaux ou leurs bœufs s'ils les conduisaient dans une localité éloignée, préférèrent les garder. Quand les Allemands approchaient, les animaux étaient conduits aux « cuttes » (cachettes) soigneusement dissimulées dans les bois de la commune.

Enfin, l'état-major de la division organisa un système de renseignements au moyen du personnel des gardes forestiers, des facteurs ruraux et de quelques patriotes dévoués (1).

Création des comités de défense.

Au lendemain du désastre de Sedan, l'installation du gouvernement de la Défense nationale, chargé d'organiser la lutte que le pays était prêt à soutenir pour l'honneur des armes, provoqua sans contredit un vif élan patriotique. On allait créer des armées nouvelles ; mais, en attendant qu'elles fussent en ligne, il fallait à tout prix enrayer les progrès de l'invasion, et l'on crut atteindre ce but en utilisant toutes les bonnes volontés pour l'organisation de la défense locale. Les préfets furent invités à prendre des mesures de résistance. On constitua des comités. En les créant, on spécifiait que l'action des autorités civiles devait être, en principe, placée sous le contrôle de l'autorité militaire ; malheureusement, cette subordination devint souvent irréalisable.

Chacun voulait jouer un rôle personnel et prépondérant. A Besançon, par exemple, au commencement d'octobre, il y eut trois autorités distinctes et agissant chacune de son côté : le général commandant la 7ᵉ division militaire ; le préfet du Doubs, M. Ordinaire, chargé de la défense dans le départe-

---

(1) M. Charmoille, d'Oiselay, se fit remarquer par la précision et la fréquence de ses renseignements.

ment ; le commissaire de la Défense nationale en Franche-Comté, M. Albert Grévy.

Les télégrammes suivants révèlent la lutte qui s'engagea entre ces derniers, à la suite du refus par le préfet du Doubs de se soumettre aux décisions de M. Albert Grévy.

Besançon, 7 octobre 1870, 2 heures soir.

Grévy, commissaire Défense nationale, à Laurier, intérieur, Tours.

Si n'ai pas pouvoir sur préfet pour défense nationale, donne aujourd'hui démission.

Mon rôle serait impuissant et ridicule et l'ennemi approche. Petites intrigues et insuffisance à préfecture. Si ne peux marcher qu'avec préfet, qui ne marche pas, je me retire. Préfet Haute-Saône a envoyé rapport (relatif à la défense nationale) refusé par M. Ordinaire. Attends.

Albert GRÉVY.

Voici maintenant un télégramme du préfet du Doubs :

Besançon, 8 octobre 1870, 8 h. 50 du soir.

Préfet à Crémieux et gouvernement, Tours.

Le commissaire Albert Grévy, dirigé par homme d'émeute, m'a fait signifier sa dictature. Il est urgent, mon cher Crémieux, pour ordre intérieur et défense, que le préfet reçoive immédiatement des pouvoirs supérieurs. Population est avec moi. Elle est calme. Il ne faut pas la laisser agiter.

Ed. ORDINAIRE.

M. Grévy, malgré ses réclamations et le factionnaire qu'il fit placer devant sa porte pour établir aux yeux de ses concitoyens l'importance de ses fonctions, eut un rôle des plus effacés ; aussi s'empressa-t-il de démissionner le 18 octobre. La lutte continua alors entre la préfecture et la division militaire ; elle se termina seulement vers la fin de la guerre par une autre démission, celle de M. Ordinaire.

Arrivée des premières troupes françaises dans les Vosges.

Tandis que ces regrettables discordes s'élevaient à Besançon, centre de la défense de l'Est, dans les Vosges, au contraire, la défense locale se trouvait centralisée entre les mains d'un seul homme, animé d'un zèle ardent, le préfet, M. George. Avec le concours éclairé du capitaine Varaigne (1), que le général Trochu lui avait envoyé, il cherchait à mettre de l'ordre parmi les corps francs de toute provenance, accourant en grande hâte et spontanément. Les Vosges agissaient, en effet, comme un aimant puissant sur les francs-tireurs. Ces montagnes, couvertes d'épaisses forêts, leur semblaient un terrain propice aux petites opérations, aux surprises, et, disons le mot, à la guerre où l'on tue sans se faire tuer, ce qui a toujours été l'idéal des soldats improvisés. D'ailleurs, lors de l'exhibition de francs-tireurs des Vosges, à l'Exposition universelle de 1867, leur costume pittoresque avait fait une telle impression, que ces deux mots *francs-tireurs* et *Vosges* semblaient inséparables.

Il était difficile de donner de la cohésion à ces corps, venant de tous les points du territoire, et la tâche de M. le capitaine Varaigne était des plus ardues. Plusieurs officiers lui furent adjoints, parmi eux les capitaines Bourras, Schœlden et Perrin (2), celui-ci envoyé par le général commandant la 7ᵉ division militaire, qui lui avait confié ses vues.

---

(1) M. le capitaine du génie Varaigne venait de s'échapper de Sedan. Une décision ministérielle du 3 octobre le mit à la disposition du général Cambriels. Pendant la guerre, il fut successivement chef d'état-major du corps des Vosges, puis de la première armée de l'Est et enfin du 20ᵉ corps. Actuellement général de division, commandant la division des Vosges.

(2) Le capitaine d'artillerie Perrin, nommé quelques jours après colonel au titre auxiliaire, était un vigoureux officier, aux allures brusques et énergiques, d'ailleurs assez peu soucieux des formes extérieures. Voici le costume bizarre qu'il portait dans la campagne des Vosges : pantalon d'artilleur avec de grandes bottes jaunes, limousine de roulier, chapeau de feutre à larges bords. Il avait comme arme un gourdin noueux avec lequel il frappait les traînards, ou, à défaut, son infortuné cheval gris.

Entreprise contre le chemin de fer de Strasbourg-Paris.

Le 17 septembre, voyant arriver à Epinal le 2ᵉ bataillon de la Meurthe, M. George pensa que le moment d'agir était venu et convoqua aussitôt le comité de défense des Vosges, ainsi que les officiers cités plus haut. Il fut convenu que les capitaines Perrin et Schœlden procéderaient immédiatement, avec des corps francs et des gardes nationaux, à l'organisation défensive de tous les cols qui donnent accès de la haute Alsace dans les Vosges. Derrière ce rideau, le bataillon de la Meurthe, guidé par le capitaine Varaigne, qui connaissait parfaitement le pays, allait marcher offensivement vers le nord, pour faire sauter le viaduc de Lützelbourg (1).

En détruisant ainsi un ouvrage important sur la voie ferrée de Strasbourg-Paris, on aurait réparé une négligence fâcheuse commise au moment de la retraite du maréchal de Mac-Mahon. Malheureusement, le 2ᵉ bataillon des mobiles de la Meurthe, qui s'était mis en marche sur Saint-Dié le 19 septembre, ne réussit pas dans sa tentative. Une de ses reconnaissances, conduite avec audace par le capitaine Varaigne, en vue de Lützelbourg, trouva les Allemands solidement établis et sur leurs gardes. Ils avaient été prévenus, par leurs espions, des projets de destruction de la voie ferrée ; dès lors, il était impossible de l'opérer de force avec d'aussi faibles effectifs.

Le capitaine Perrin, de son côté, avait visité les cols de la chaîne principale et pris des dispositions pour en interdire l'accès à l'ennemi ; mais les mesures qu'il prescrivit étaient insuffisantes, comme on peut s'en convaincre en lisant son

---

(1) Dès le 30 août, le général commandant la 7ᵉ division militaire avait soumis au Ministre un projet analogue.

On désigna pour cette entreprise le 2ᵉ bataillon du Doubs, dont le commandant, M. d'Ollone, habitant les environs de Saint-Dié, était à même de le diriger sûrement et pouvait compter sur le concours des populations. Ce bataillon, qui, pour la circonstance, venait d'être armé de chassepots, devait partir le 5 septembre ; mais, à la suite de l'émotion produite par la capitulation de Sedan, il reçut contre-ordre.

rapport du 20 septembre. (Appendice n° 1.) Avec les faibles détachements dont il disposait, il ne parvenait même pas à occuper solidement les principaux passages.

Envoi de renforts et organisation du commandement dans les Vosges.

Le général commandant la 7e division militaire ayant attiré l'attention du Ministre sur l'insuffisance des troupes qui opéraient dans les Vosges, cinq bataillons de mobiles reçurent l'ordre de se diriger sur ce massif; trois d'entre eux étaient tirés de la place de Langres et les deux autres de Saône-et-Loire. Les premiers se portèrent sur Saint-Dié, pour servir de soutien au bataillon de la Meurthe, tandis que les derniers prenaient position sur la chaîne principale de Bussang à Urbeis.

A la date du 18 septembre, le général Cambriels (1) avait été nommé au commandement supérieur de Belfort, avec autorité sur les départements des Vosges et du Haut-Rhin et les forces qui s'y trouvaient.

Quelques jours après, les grands commandements militaires régionaux ayant été créés dans le but de centraliser la défense sur chaque théâtre d'opérations, le général Cambriels fut investi, le 26 septembre, du commandement supérieur de la région de l'Est, comprenant sept départements : Vosges, Haut-Rhin, Côte-d'Or, Doubs, Jura, Haute-Saône, Haute-Marne.

Invasion des Vosges et retraite du général Cambriels.

A la fin de septembre, les Allemands, croyant la France abattue et la guerre sur le point de se terminer, employaient toutes leurs forces à l'investissement de trois places : Paris,

---

(1) Fils d'un général du premier Empire, il était né à Lagrasse (Aude) le 11 août 1816. Colonel du 84e pendant la guerre d'Italie, il prit une part brillante au combat légendaire de Montebello et à l'enlèvement du mont des Cyprès à Solférino. En 1870, il commandait une division du 12e corps. Grièvement blessé d'un coup de feu à la tête pendant la bataille de Sedan, il s'était rendu à Paris, malgré sa blessure, pour offrir ses services au gouvernement de la Défense nationale.

Metz, Strasbourg, qui leur paraissaient renfermer les dernières ressources de l'adversaire. Ils ne faisaient que de rares
détachements. Le général de Werder, qui dirigeait le siège de
Strasbourg, s'était contenté d'envoyer dans les Vosges quelques petites colonnes mobiles pour protéger la voie ferrée et
désarmer les habitants. C'est seulement après la capitulation
de Strasbourg, le 28 septembre, que les troupes de siège, deve-
nues disponibles, constituèrent le XIV⁰ corps, composé de la
division badoise à trois brigades et d'une brigade prussienne.
(Appendice n⁰ 2.) Dans l'idée du maréchal de Moltke, ce corps
d'armée devait franchir les Vosges, puis s'acheminer sur la
Marne et l'Aube, pour couvrir les communications des masses
investissant Paris, tandis que la mission d'assiéger les places
de la haute Alsace et d'investir Belfort reviendrait à la 4ᵉ division de réserve, qui traversait le Rhin à Neuenbourg. L'état-
major allemand ne pensait pas, à cette époque, rencontrer de
résistance sérieuse dans la traversée des Vosges.

La Bourgonce. — S'attendant à voir les Allemands pénétrer
dans le massif des Vosges, le général Cambriels quittait Belfort
le 4 octobre, pour se rendre, par chemin de fer, à Épinal, où
il arrivait en même temps que la brigade Dupré, partie le 2 de
Vierzon.

Devant les mouvements inquiétants de l'ennemi, qui préparait son passage par le col de Schirmeck, deux partis s'of-
fraient. On pouvait garder la défensive en utilisant les belles
positions que le terrain présente au nord d'Épinal, ou prendre
l'offensive rapidement pour renouveler, cette fois avec chances
de succès, la tentative de destruction d'un ouvrage d'art sur le
chemin de fer de Saverne. Le général en chef adopta ce dernier
parti, qui consistait à reprendre, avec la brigade Dupré, l'opération essayée précédemment par le seul bataillon de la Meurthe. Il fut décidé que cette brigade partirait dès le lendemain
5 octobre. Dans sa marche, elle allait se renforcer successivement des trois bataillons des mobiles des Vosges, du bataillon
des mobiles de la Meurthe et de quelques corps francs. Le 6, elle

attaquerait l'avant-garde ennemie en position à Raon-l'Étape, la culbuterait et la rejetterait au delà de Lützelbourg. Comme conséquence de ces ordres, le 6 octobre, fut livré le remarquable combat de la Bourgonce. Là, 7.000 Allemands, avec de la cavalerie et deux batteries, luttèrent de longues heures contre 9.000 Français à peine encadrés et n'obtinrent la victoire qu'au prix d'une perte de 500 hommes. De notre côté, les quelques éléments de l'armée active s'étaient battus avec acharnement.

Le général Dupré, ancien colonel de gendarmerie, fut grièvement blessé. Donnant l'exemple, on le vit, à plusieurs reprises, se mettre à la tête de ses soldats pour les entraîner. Dans son état-major, le capitaine Schœlden était tué, le capitaine Varaigne blessé à la tête, le jeune lieutenant d'artillerie Pistor avait la jambe broyée.

Organisation du corps des Vosges. — A la fin de ce combat, les jeunes troupes françaises, qui avaient donné leur maximum, opérèrent une retraite précipitée qui eût dégénéré en déroute si les Allemands les avaient poursuivies. Elles s'arrêtèrent derrière la Vologne, où le général Cambriels vint les rejoindre avec des renforts. Il reconnut de suite la nécessité de procéder à une organisation sommaire et groupa ses unités en deux brigades (1).

1re *Brigade.* — Colonel PERRIN (titre auxiliaire).

1er et 2e bataillons du 32e de marche.

Mobiles des Vosges.

2e bataillon des mobiles du Doubs.

2e *Brigade.* — Colonel ROUGET (titre auxiliaire).

3e bataillon du 32e de marche, 4e bataillon du 85e de ligne.

Mobiles des Deux-Sèvres, corps franc des Vosges (Bourras), légion bretonne (Domalain).

---

(1) Dans l'historique de ses opérations, le général Cambriels mentionne une troisième brigade, commandée par le colonel Segard ; elle paraît n'avoir existé alors que sur le papier.

La 18ᵉ batterie du 14ᵉ (capitaine La Haye) et le 7ᵉ chasseurs à cheval (colonel Thornton) n'étaient pas embrigadés. La plus grande partie du 7ᵉ chasseurs se trouvait, du reste, en ce moment, aux environs de Belfort.

Autour de cette petite armée s'agitaient, comme autant de mouches du coche, de nombreux corps francs (1).

Bataillons sur les communications. — En dehors de ces troupes et au sud des Vosges, neuf bataillons de mobiles occupaient les emplacements suivants, qui leur avaient été assignés par le comité de la défense de la Haute-Saône : 3 bataillons de la Haute-Garonne à Arcey, à Béverne et à Champagney ; 2 bataillons des Alpes-Maritimes à Mélisey et Fougerolles ; le bataillon unique des Hautes-Alpes, à Saint-Loup, avec avancées à Boutigney, Magnoncourt et Corbenay ; 3 bataillons de la Haute-Savoie à Vauvillers, Amance et Luxeuil.

On se demande pourquoi ces mobiles n'étaient pas appelés

---

(1) Sauf quelques exceptions honorables connues de tous et parmi lesquelles on peut citer, dans l'Est, la légion Bourras, les francs-tireurs de Colmar, de l'Isère, de la Haute-Saône, de Dôle, etc., les corps francs rendirent peu de services.

Citons, entre mille, deux exemples se rapportant à la période que nous étudions.

La veille du combat de la Bourgonce, un capitaine de francs-tireurs se présente au général Dupré :

— Mon général, j'arrive avec 150 hommes armés de chassepots et je viens me mettre à votre disposition.

— C'est très bien, répond le général, je vous assignerai pour notre attaque de demain votre place de bataille.

Aussitôt changement d'attitude et de ton du capitaine :

— Oh ! oh ! général, nous sommes citoyens soldats, nous ne sommes pas troupes de ligne et nous ne voulons pas nous battre en ligne.

Inutile d'ajouter que le capitaine fut immédiatement mis dehors. (Lettre du commandant Proth, alors officier d'ordonnance du général Dupré.)

Quelque temps après, un commandant de mobiles écrivait :

« J'ai à vous signaler la complète inutilité des compagnies de francs-tireurs, qui ne se croient soumises à aucune autorité, qui ne conservent aucun poste sérieux, et qui vont à dix kilomètres en arrière coucher tous les soirs. Débarrassez-moi le plus tôt possible de ces hommes de mauvais exemple. »

Pendant toute la campagne de 1870, sur 450 chefs de corps francs, 5 ou 6 seulement furent tués ou moururent des suites de leurs blessures ; soit une mortalité de 1 pour 80, inférieure à la mortalité ordinaire par maladies en temps de paix.

en première ligne; cela tenait à la mauvaise impression qu'ils avaient produite sur le général Cambriels.

Les ayant visités avant son entrée dans les Vosges, il avait trouvé les hommes à peine vêtus, sans équipement, armés de vieux fusils à piston, et portant dans leurs poches ou dans un mouchoir attaché au ceinturon les trente ou quarante cartouches dont on les avait pourvus. L'indiscipline régnait même chez les officiers. Le général Cambriels avait immédiatement demandé au ministre de ne plus lui envoyer de mobiles dans un pareil dénuement, et, en même temps, il avait prescrit de maintenir dans la Haute-Saône les neuf bataillons qui s'y trouvaient, espérant que, cantonnés à l'aise dans une tranquillité relative, ces troupes prendraient un peu de cohésion.

La retraite s'impose. — L'inspection des troupes réfugiées derrière la Vologne et les rapports qui lui furent faits sur l'attitude au feu d'une partie d'entre elles inspirèrent également au général Cambriels de tristes réflexions. A la Bourgonce, quelques unités s'étaient débandées dès le début du combat; d'autres avaient opposé la force d'inertie afin de s'engager le plus tard possible. Le 32e de marche, qui seul possédait des cadres sérieux, avait supporté presque entièrement le poids de la lutte et laissé sur le terrain 13 officiers et 500 hommes. Il était facile de constater que ce régiment était à bout de forces et incapable de renouveler avant longtemps un pareil effort.

De même que le moral, l'état matériel laissait beaucoup à désirer : l'artillerie ne comprenait que six vieilles pièces de montagne; les hommes, mal armés ou à peine vêtus, n'avaient pas de tente, et il pleuvait ou neigeait depuis quinze jours. Aussi tous les chefs jugeaient la résistance impossible, et le colonel Perrin, dont cependant l'énergie et l'entrain étaient connus, écrivait, le 11 octobre à 8 heures du soir, au général :

Je m'attends à être attaqué demain matin; toutes mes cartouches sont mouillées; mes mobiles ne tiendront pas.

Mais c'est au point de vue stratégique surtout que la situation devenait critique. Déployant la division badoise devant son adversaire pour le retenir sur la Vologne (combats de Brouvelieures, de Bruyères et d'Anould), le général de Werder jetait en même temps les troupes prussiennes sur Rambervillers et Epinal pour envelopper l'aile gauche des Français. La 4º division de réserve pouvait même tourner leur droite par le col de Bussang. C'était un véritable coup de filet. La perte de la petite armée était assurée. Les hautes Vosges allaient, toutes proportions gardées, être le théâtre d'un drame analogue à celui de Sedan, dont le souvenir récent, ranimé sans cesse par une blessure douloureuse, hantait les pensées du général Cambriels.

Résigné à la retraite, il résolut de l'exécuter sur Besançon. Entrer à Belfort, c'était l'investissement à courte échéance, la répétition à échelle réduite de ce qui se passait à Metz, tandis que Besançon offrait un point d'appui solide, dont les communications avec le midi et le centre de la France étaient faciles à protéger. Dans cette dernière place, tout en restant à portée des Vosges et des lignes d'étapes de l'ennemi, Cambriels allait pouvoir enfin organiser la cohue d'hommes portée prématurément en avant sous la pression de l'opinion, souvent mauvaise conseillère en matière stratégique.

En retraite. — Pour éviter une poursuite dont les conséquences eussent été funestes, il fallait dérober une marche à l'ennemi. La retraite commença donc aussitôt, dans la nuit du 11 au 12 octobre, les feux de bivouacs restant allumés pour ne pas éveiller l'attention des avant-postes allemands.

On forma deux colonnes. Celle de droite, constituée par la 2º brigade, partit à minuit du coude de la Vologne, passa au Tholy, et, dans la matinée du 12, parvint à Remiremont. Là elle se renforça du 1er bataillon du 3º zouaves de marche, débarqué la veille, et d'un escadron du 7º chasseurs à cheval, venant de Belfort. A 3 heures du soir, la colonne se remit en marche dans la direction de Rupt pour échapper aux Allemands, signalés en vue d'Epinal. Le 13, à 4 heures du matin, elle partit de Rupt et, traversant les Faucilles, se rendit à Lure, où elle arrivait à 9 heures du soir, ayant parcouru, au milieu de la neige, une distance de 80 kilomètres en 45 heures.

La 1re brigade partit de Gérardmer le 12, avant le jour, passa par la Bresse et vint cantonner à Cornimont. Dans la nuit du 12 au 13, vers 3 heures du matin, à l'annonce de l'entrée de l'ennemi à Epinal, la retraite continua rapide par le Thillot et le col du ballon de Servance; le 13, vers 5 heures du soir, la brigade arriva à Ternuay et Mélisey, après une marche de 70 kilomètres en 36 heures.

Le général Cambriels avait, de sa personne, suivi le chemin de la 2e brigade, en proie aux plus grandes souffrances morales et physiques :

Son noble visage portait les traces visibles d'une excessive fatigue ; le chef d'état-major, capitaine Varaigne, qui l'accompagnait, souffrait également d'une blessure à la tête reçue à la Bourgonce. (WOLOWSKI.)

Le général souffre cruellement de sa blessure ; la neige, accumulée sur son képi et coulant en eau glacée sur sa tête, lui cause des douleurs tellement vives qu'au Tholy il est obligé de s'arrêter et s'enferme pour pouvoir se plaindre sans témoins. (*Les Vosges en 1870*, par le commandant BRUTÉ DE RÉMUR.)

Se voyant affranchie de la poursuite des Allemands, dont la nombreuse cavalerie restait inactive, la petite armée des Vosges, à la suite de la marche du 13, s'était établie tranquillement dans ses cantonnements de Faucogney, Ternuay, Mélisey et Lure. Sa retraite sur Besançon allait dès lors être poursuivie avec calme et à une allure normale, quand un faux renseignement vint la précipiter. Le 13, à 10 heures du soir, un télégramme adressé par le président du comité de défense de la Haute-Saône au général Cambriels, à Mélisey, annonçait que, de grand matin, 20.000 Allemands avec 40 canons étaient sortis d'Epinal et se dirigeaient sur Lure.

Cet avis était absolument erroné, puisque le mouvement en avant du gros des forces allemandes n'eut lieu que deux jours plus tard; mais, faute de cavalerie suffisante, le général Cambriels, se trouvant dans l'impossibilité de le vérifier, dut l'accepter comme vrai et le prendre pour base de ses décisions.

Ne pouvant, avec des troupes en désordre, tenir tête dans les environs de Lure, il prescrivit, malgré la nuit, de continuer immédiatement la retraite.

Cette fois, elle s'exécuta en trois colonnes. Les deux premières, comprenant généralement les troupes les mieux encadrées, traversèrent Lure, qui paraissait le point le plus exposé, et se dirigèrent sur Besançon par Montbozon ou Rougemont. La troisième colonne, complètement à l'abri, comprenait surtout des mobiles; elle marcha sur Baume-les-Dames, par Athésans et Fallon, après avoir embarqué à la gare de Ronchamp les éclopés et la plus grande partie des bagages.

D'après les historiques des corps de troupe, la composition et l'itinéraire de ces colonnes peuvent être rétablis comme il suit :

Première colonne. — 5ᵉ escadron du 7ᵉ chasseurs à cheval; 2ᵉ bataillon du 32ᵉ de marche; 1ᵉʳ bataillon d'infanterie de marche ou légion d'Antibes, qui avait rejoint pendant la retraite; enfin, à l'arrière-garde, le 4ᵉ bataillon du 85ᵉ, venu de Belfort au Thillot. Quatre pièces d'artillerie marchent aussi avec cette colonne jusqu'à Montbozon; mais elles se rabattent ensuite sur Baume-les-Dames transversalement, pour utiliser la route la mieux abritée.

Ces troupes cantonnent, le 14 au soir, à Montbozon, avec le quartier général, et parviennent à Besançon le 15.

Deuxième colonne. — 3ᵉ bataillon du 32ᵉ de marche, régiment de mobiles des Deux-Sèvres; 2 pièces (?). A l'arrière-garde, le 1ᵉʳ bataillon du 3ᵉ zouaves de marche, dont une compagnie, capitaine Désanglois, reste jusqu'au 14 à Remiremont.

La colonne cantonne, le 14 au soir, à Rougemont et environs ; le 15, elle se rend, par Marchaux, à Besançon, où les zouaves, beaucoup moins pressés, n'arrivent que le 17.

Troisième colonne. — 1ᵉʳ bataillon du 32ᵉ et le reste des mobiles, 2 bataillons du Jura, 1 bataillon du Doubs, 3 bataillons des Vosges, 2 bataillons de Saône-et-Loire, 2 du Haut-Rhin.

Cette colonne ayant à parcourir un chemin plus long que les deux autres fait trois étapes. Le 14, elle cantonne à Athésans, Sénargent, Courchaton, etc. ; le 15, à Baume-les-Dames. Elle arrive le 16 à Besançon.

En même temps que ces mouvements s'exécutaient par voie de terre, les neuf bataillons de mobiles qui étaient restés dans la Haute-Saône pendant les opérations des Vosges revenaient à Besançon par chemin de fer le 14 octobre.

La retraite de l'ensemble des troupes du général Cambriels avait été couverte par le corps franc des Vosges, que le colonel Bourras dirigeait avec le plus grand sang-froid. Le 15 octobre, tandis qu'une partie des troupes arrivaient déjà à Besançon, il se trouvait encore à Lure. Plusieurs de ses compagnies étaient même plus au nord ; deux à Mélisey observaient les routes du Thillot et de Rupt ; une autre, celle de la Haute-Saône, vers Citers, surveillait la direction de Luxeuil. L'ennemi ayant occupé cette dernière ville le 16 octobre, les trois compagnies détachées du corps franc se replièrent le lendemain sur Lure, suivies par les reconnaissances allemandes, et, le soir même, le colonel transporta à Marchaux toutes ses troupes sur des voitures de réquisition. Il ne rentra à Besançon que le 20.

Arrivée des troupes de Cambriels à Besançon. Accusations portées contre ce général (1).

Le moral déjà si ébranlé de l'armée des Vosges fut anéanti

---

(1) L'acceptation d'un commandement dans les circonstances de ce genre m'a toujours paru le plus grand acte de dévouement qu'un citoyen pût faire à sa patrie. (Général Mathieu DUMAS.)

par cette retraite. Pour nos malheureux soldats, complètement étrangers aux nécessités stratégiques, les faits s'étaient déroulés avec une douloureuse simplicité. Ils avaient bivouaqué dans les montagnes, au milieu de la neige ; puis, à peine arrivés, la plupart même n'ayant pas vu l'ennemi, ils étaient ramenés à marches forcées comme des vaincus, comme des hommes incapables de résistance, même sur de formidables positions. Ils avaient entendu leurs chefs improvisés s'invectiver à haute voix, à chaque bifurcation, pour savoir quelle troupe passerait la première et se déroberait le plus vite. Au milieu du désordre produit par l'enchevêtrement des unités, épuisés de fatigue, souvent sans pain, ils avaient marché jour et nuit. Certains corps, partis de la Vologne le 12, atteignaient Besançon le 15, ayant parcouru 130 kilomètres en trois jours et demi de marche affolée.

Le tableau de l'état lamentable dans lequel arrivaient ces troupes a été tracé par M. Estignard, conseiller général du Doubs, dans ses notes journalières sur la guerre à Besançon.

17 octobre. — Depuis deux jours, arrivent en désordre les bataillons de mobiles appartenant à l'armée de Cambriels et revenant des Vosges.

Aujourd'hui, Besançon est inondé de troupes (dirons-nous troupes ou troupeaux ?) de toutes armes, portant, non des uniformes, mais des costumes de toutes sortes. De discipline point. Les soldats, cantonnés dans la banlieue, y sont envoyés isolément, au lieu d'y être conduits par leurs officiers, qui cherchent dans la ville des distractions, comme si leur instruction militaire, tout entière à faire, n'exigeait de leur part aucun effort et ne devait point les préoccuper. Les hommes bordent les routes, les uns couchés et endormis, d'autres l'air fatigués, profitant des derniers rayons du soleil d'automne ; quelques-uns nettoient leurs fusils rouillés par les pluies de ces jours derniers. Que de misères se révèlent ! Que de souffrances supportent ces malheureux ! Quelle résignation de leur part ! Quel spectacle navrant pour celui qui, reposé, ne manquant de rien, a le temps de voir et de réfléchir !.....

Naturellement, une armée en retraite, et le mot est doux pour dépeindre l'état de désorganisation dans lequel arrivent ces troupes, accuse son général d'incapacité ; celui-ci, sans doute, se plaint de n'avoir pas affaire à des soldats.

Voilà des hommes à qui il ne manque qu'une discipline sévère et quelques mois sous les drapeaux ; aujourd'hui on ne peut rien en faire, et les bataillons qui se sont bien battus sont une rare exception.

Comme toujours, les mauvais soldats, qui auraient fui au premier coup de feu, récriminaient le plus fort, et essayaient de donner le change à l'opinion en accusant leur général.

Le 15 octobre, le commissaire de la Défense nationale en Franche-Comté et le préfet du Doubs, se faisant l'écho d'accusations formulées par des gens malintentionnés ou ignorants des choses de la guerre, télégraphiaient au gouvernement de Tours :

Connaissez la retraite inexplicable de Cambriels : fuite sans combat devant ennemi encore à venir. Accusations menaçantes des troupes et de la population contre Cambriels. Grande fermentation dans la ville. Confiance perdue. Nécessité de pourvoir d'urgence à remplacement, car affaiblissement intellectuel et moral.

Et, dans un rapport, M. Ordinaire s'exprimait ainsi :

Le général commandant dans les Vosges est-il fou ? Telle est l'opinion de Grévy et la mienne. Est-il incapable ou coupable ? Faut-il le juger ?

Le général Cambriels, qui s'aperçut de ces menées, envoyait au Ministre, le 16 octobre, le télégramme suivant :

Je suis découragé par les difficultés qui se présentent à chaque pas et par le mauvais esprit de certaines personnes. Je vous prie de me relever de mon commandement et de le donner à un plus digne.

Je suis épuisé de fatigue, et j'ai besoin de repos ; après quelques jours de calme, vous ferez de moi ce que vous voudrez.

Toutefois, comme nous le verrons plus loin, à la suite d'une entrevue avec Gambetta, le général resta en fonctions jusqu'au 28 octobre.

Pour terminer cette question de la retraite des Vosges, rappelons dans quelles circonstances et en quels termes, un mois plus tard, Cambriels présenta lui-même sa défense.

Attaqué sans relâche par la presse, insulté à Lézignan, dans le Midi, alors qu'il se rendait en novembre à Lagrasse pour soigner sa blessure, le général porta plainte au Ministre ; il exposait en même temps les mobiles de sa conduite :

Appelé dans les Vosges par la présence de l'ennemi, il me fut bientôt démontré que je ne pourrais tenir longtemps dans les positions que j'occupais avec les 11.000 ou 12.000 hommes que j'avais réunis après le combat de la Bourgonce.

L'ennemi débouchait sur mon front et sur ma gauche et menaçait ma ligne de retraite par la vallée de la Moselle.

Fallait-il, avec des troupes mal armées, dont quelques-unes habillées de toile, sans souliers, sans tentes, sans chefs supérieurs, sans réserve de vivres ni de munitions, attendre un ennemi dont les forces s'élevaient à 35.000 hommes, ainsi que vous me l'écriviez plus tard, et menant avec lui une nombreuse artillerie ? Je ne l'ai pas pensé, et, sur l'avis unanime d'un conseil de guerre, je me décidai à quitter mes positions et à opérer ma retraite sur Besançon, afin de pouvoir, à l'abri du canon de cette place, concentrer mes troupes disséminées sur tous les points, les organiser, les instruire et les ramener à la discipline, en un mot créer une force respectable et capable, au premier jour, de manœuvrer avec succès sur les lignes d'opérations de l'ennemi.

Rester dans mes positions vingt-quatre heures, douze heures de plus, c'était une faute impardonnable.....

En terminant, le général demande qu'on le destitue s'il est incapable, et qu'on le fusille s'il a été traître.

Gambetta répondit au général Cambriels :

Si je convoquais le conseil de guerre que vous demandez, je semblerais participer, dans une mesure quelconque, aux sentiments de suspicion qui vous poursuivent contre toute justice, et c'est ce que je ne veux à aucun prix.

De nos jours, un revirement complet d'opinion s'est opéré en faveur du général Cambriels dans le public éclairé, et les accusateurs se sont tus d'eux-mêmes.

Maintenant que leurs cheveux grisonnent et qu'ils ne considèrent plus les faits avec l'inexpérience de la jeunesse ou l'exaspération de la misère, les anciens soldats du corps des Vosges avouent qu'après la Bourgonce ils n'auraient pu tenir devant le XIVe corps dans une action d'ensemble. Il fallait nécessairement abriter l'armée naissante sous le canon d'une place ; c'est ce que Cambriels a fait, et il a agi en patriote et en loyal soldat.

Bazaine, s'il eût ramené ses masses de Metz sous Paris, aurait été certainement hué, sifflé, traité d'incapable, comme Cambriels le fut, mais il se serait éteint sans remords, et à l'heure actuelle l'histoire commencerait à lui rendre justice.

Troupes envoyées par la 7e division militaire dans la trouée de Belfort et sur le haut Doubs.

Pendant les courtes opérations de la campagne des Vosges, la 7e division militaire n'était pas restée inactive. Pour empêcher l'ennemi de tourner les Vosges par le sud-est, le général de Prémonville, avec l'approbation du commandant supérieur de l'Est, avait prescrit de détruire les voies de communications et d'accumuler les obstacles de toute nature dans la région comprise entre le ballon d'Alsace et la frontière suisse. M. l'ingénieur en chef Vernis fut chargé de la direction de ces travaux, pour lesquels on comptait sur le concours des populations des campagnes ; mais, avant de les commencer, celles-ci demandèrent à être couvertes par des troupes.

Besançon de Delle, 5 octobre 1870, 4 h. 15 soir.

Pascal, ingénieur, à de Bigot, chef d'état-major, Besançon.

Rien ne peut se faire sans mobiles. Les cantonniers suffisent à peine pour ébaucher le travail ; les populations s'y refusent.

Besançon de Montbéliard, le 6 octobre 1870, 11 heures du matin.

Vernis à de Bigot, chef d'état-major, à Besançon.

Les populations refusent de travailler sans troupes ; impossible de faire si vite des obstacles sérieux entre Belfort et Delle s'ils ne sont pas défendus.

On donna satisfaction aux populations en envoyant, pour protéger les travaux, le bataillon des Basses-Alpes et le 1er bataillon du Doubs. Ce dernier, sous les ordres du commandant de Vezet, partit le 11 octobre de Besançon à destination de Delle par les voies ferrées. Arrivé à Montbéliard à 9 heures du soir, il y resta vingt-quatre heures par ordre de l'ingénieur M. Vernis. Pendant ce séjour, le commandant de Vezet reçut le télégramme suivant du général Crouzat, qui commandait alors la place de Belfort :

Portez demain votre bataillon vers Seppois pour appuyer les travaux de routes. Gardez-vous bien vers Pfetterhausen, Moos, Biesel, en vous appuyant à la frontière. L'ennemi est à Mulhouse ; gardez-vous bien.

Mais au même moment commençait, comme nous l'avons vu, la retraite du général Cambriels, et, dans le désarroi existant, on pensa que les bataillons envoyés entre Belfort et Delle devaient également se replier. Aussi, le 12 octobre, au moment où le 1er bataillon du Doubs allait partir de Montbéliard pour Delle, le commandant de Vezet recevait télégraphiquement de Belfort un nouvel ordre.

12 octobre, 4 h. 5 du soir.

Général commandant à Belfort à chef de bataillon du Doubs.

Repliez-vous sur Voujaucourt avec votre bataillon, vous trouverez celui des Basses-Alpes. Attendez-y des ordres.

Le 1er bataillon du Doubs arriva à 9 heures du soir à Voujaucourt, où parvint un dernier télégramme rappelant immédiatement les deux bataillons.

Cet abandon de travaux de destruction à peine ébauchés et trop faiblement gardés pour retarder les Allemands n'était pas à regretter ; mais pourquoi ramener les deux bataillons jusqu'à Besançon, tandis qu'il eût été si rationnel de les établir sur les magnifiques positions naturelles du haut Doubs?

Le lieutenant-colonel de Bigot, dont nous venons de refléter la pensée, fit remarquer que l'ennemi pouvait, par la trouée de Belfort, prendre pied sur les plateaux du Jura et tourner les défenses de Besançon. D'après lui, l'occupation du Lomont s'imposait. Les profondes coupures qui délimitent son relief, les points d'appui solides qu'offrent, en avant de son front, les plateaux de Blamont et de Goux ; la protection assurée que donnent, à ses flancs et à ses communications, le territoire neutre de la Suisse, du côté de l'est, et les escarpements de la vallée du Doubs à l'ouest, font de ce massif une position de premier ordre. Elle jouissait non seulement de ces propriétés défensives remarquables, mais encore elle pouvait permettre, à des troupes détachées de Besançon, d'agir offensivement dans la trouée de Belfort.

Devant des arguments aussi décisifs, on se décida à faire garder tout au moins les passages du haut Doubs, et pendant trois mois, c'est-à-dire jusqu'au désastre d'Héricourt, nos avant-postes restèrent soit sur cette ligne, soit sur le Lomont, se maintenant ainsi à moins d'une journée de marche des troupes allemandes investissant Belfort.

La première occupation eut lieu le 15 octobre dans les conditions suivantes.

Le bataillon de Saône-et-Loire fut envoyé à Montbéliard, le 1er bataillon du Doubs à Voujaucourt et le 3e bataillon à l'Isle, les deux bataillons du Jura à Baume-les-Dames.

Des reconnaissances furent portées sur la ligne de l'Ognon, vers Rougemont et Villersexel. Elles ne rencontrèrent pas les Allemands, alors concentrés autour de Vesoul, mais elles servirent à protéger les transports qui s'exécutaient sur la voie ferrée de Besançon à Belfort. Des trains de vivres et de munitions purent se rendre dans cette dernière place jusqu'au 3 novembre, date de son investissement (1).

En prévision d'un mouvement offensif de l'ennemi, on donna des ordres pour la destruction éventuelle du tunnel de Rang et de divers ponts.

Besançon, 15 octobre 1870.

Ordre du général commandant la 7ᵉ division militaire.

Le chemin de fer de Besançon à Belfort ne sera coupé que sur un ordre formel du général commandant en chef à Besançon.

Il ne sera intercepté que sur deux points :

1° Le tunnel de Rang ;

2° Le pont de Voujaucourt sur le Doubs.....

(Suivent les mesures de détail pour ces destructions éventuelles.)

Les ponts du Doubs, entre Dampierre et Mandeure, seront chargés et gardés, pour être détruits à l'approche de l'ennemi, à 25 kilomètres.....

(Suivent les mesures de détail.)

Les ponts de chemin de fer de Delle et celui du chemin de fer à Montbéliard ne seront pas détruits.

---

(1) Du 18 octobre au 3 novembre, en dehors des trains de matériel, il n'y eut plus chaque jour, entre Besançon et Belfort, qu'un train de voyageurs montant et un descendant. Après le 3 novembre, la ligne ne fut plus exploitée qu'entre Besançon et Clerval. (Voir l'appendice n° 3.)

II

LA 1ʳᵉ ARMÉE DE L'EST S'ORGANISE SOUS BESANÇON
LES ALLEMANDS MARCHENT SUR CETTE PLACE

(Croquis d'ensemble à la fin du volume.)

Dispositions prises à Besançon pour recevoir les troupes des Vosges, qui prennent la dénomination d'*armée de l'Est*. (1, 2, 4, 16, 17, 83.) — Marche des Allemands sur Vesoul. (de 62 à 74 et 89, 90.) — Affaire de Rioz ; ses conséquences. L'ennemi continue sa marche sur Besançon. (80, 89, 90.) — Le général Cambriels se dispose à le recevoir. (1, 2, 4, 21.) — Renseignements sur les troupes françaises de couverture. (9, 30, 32, 33, 37, 40, 43, 48, 52, 53, 61.) — Marche de la reconnaissance du colonel Perrin le 21 octobre. (2, 26, 32, 33.)

Dispositions prises pour recevoir à Besançon les troupes des Vosges, qui prennent la dénomination d'armée de l'Est.

En évacuant les Vosges, Cambriels avait informé son subordonné, le général commandant la 7ᵉ division militaire, de sa retraite sur la place de Besançon, choisie comme point d'appui d'opérations ultérieures. Il le priait d'y réunir les approvisionnements nécessaires à son armée. Pensant que le XIVᵉ corps allemand allait tout d'abord investir Belfort, il espérait avoir un certain répit pour procéder en toute sûreté à l'organisation des troupes de l'Est sous Besançon.

Le général de Prémonville, qui, précédemment, s'était attiré des admonestations du Ministre pour son insistance à réclamer des approvisionnements de toute sorte (Appendice nᵒ 4), saisit avec empressement cette bonne occasion de renouveler ses doléances. A la date du 13 octobre, il écrivait au Ministre de la guerre :

Le général Cambriels, obligé de se replier sur Besançon, le seul point d'appui solide couvrant les communications sur Lyon et menaçant le flanc des lignes d'opérations de l'ennemi, me demande de réunir ici de grands approvisionnements de campement, de chaussures, d'habillement et surtout de matériel d'artillerie, et de grandes quantités de cartouches.

D'autre part, le commandant de Belfort me supplie de lui envoyer toutes les cartouches chassepot et à tabatière dont je puis disposer.

Vous savez que je suis loin d'avoir, sous ce rapport, l'approvisionnement nécessaire à la place. Sa position et celle faite aux troupes que le général Cambriels va concentrer ici, dans son mouvement de retraite, est donc extrêmement grave à cause de l'insuffisance des munitions.

Permettez-moi d'appeler de nouveau votre attention sur l'importance stratégique que prend en ce moment la place de Besançon, qui pourrait servir d'appui à un camp retranché, que la constitution exceptionnelle du terrain permettrait, avec peu de travaux, de rendre inexpugnable.

Ce camp retranché, couvrant les lignes de communication sur Lyon, resterait aussi en relation directe avec tout le midi de la France et. menaçant d'une façon immédiate le flanc de l'ennemi, serait le point de départ et d'appui d'opérations poussées en Lorraine pour couper toutes les communications.

Il est donc de toute nécessité d'ôter à l'ennemi l'espoir d'utiliser à son profit une position semblable. On ne peut y arriver qu'en y réunissant tous les approvisionnements et le matériel indispensables aux troupes qui doivent s'y concentrer au nombre de 45.000 hommes au moins. Je vous supplie donc d'envoyer à Besançon tout ce qui peut être disponible dans toutes les places du Midi en campement, habillement, chaussures et munitions de toute nature. Il serait urgent de donner à Toulon l'ordre de diriger, dans le plus bref délai, sur Besançon, un certain nombre de pièces de marine à longue portée, avec tous les approvisionnements.

Cette fois, en présence de l'agglomération de troupes qui allait se former sous Besançon, le gouvernement de la Défense nationale se décida à donner toute satisfaction à la demande qui lui était faite.

Gambetta à Besançon. — C'est à ce moment que parvenait à

à Tours le télégramme déjà cité du préfet du Doubs et de M. Grévy, présentant les événements sous les couleurs les plus tragiques. Gambetta, qui, dans ces douloureuses circonstances, ne calculait jamais ses peines, désira se rendre compte par lui-même de l'état des choses. Il se rendit à Besançon le 18 octobre. Garibaldi, appelé de Dôle par M. Ordinaire, se trouvait déjà à la préfecture, prêt à recueillir la succession du général Cambriels.

On comptait sans la clairvoyance et la hauteur de vues du grand patriote, qui, avant tout, voulut entendre le général Cambriels. Il fut facile à celui-ci de démontrer au Ministre que les événements malheureux de la campagne des Vosges n'auraient pu être modifiés par aucune volonté humaine; il rendit compte de ses opérations et du plan adopté pour l'avenir.

Gambetta approuva la conduite du général et confirma son autorité; puis, prenant acte de ses besoins, fit déterminer exactement ce qui manquait comme personnel et matériel, promettant de l'expédier dans le plus bref délai. (Appendice n° 5.) De plus, pour répondre à la nouvelle situation stratégique, il fut convenu que les bataillons récemment arrivés sur le territoire de la 7ᵉ division militaire seraient joints au corps des Vosges.

Cette réunion prit le nom d'*armée de l'Est*.

Cependant, il fut impossible à Gambetta de ne pas céder en partie aux personnes qui cherchaient à le circonvenir. Il se laissa séduire par le projet que lui soumit le colonel Perrin de retourner dans les Vosges avec une petite colonne et prescrivit en conséquence au général Cambriels de lui fournir les troupes nécessaires. Cette colonne devait opérer pendant que l'armée s'organiserait sous Besançon. Rien n'était moins rationnel que de diviser en deux des forces déjà insuffisantes et d'envoyer aussi loin une troupe d'un effectif dérisoire dans la circonstance. Cette tentative, qui eut lieu quelques jours plus tard, échoua misérablement comme nous le verrons.

En outre, pour donner satisfaction dans une certaine mesure

aux puissants amis de Garibaldi, Gambetta, mettant à exécution une promesse antérieure, décida qu'une brigade de gardes
mobiles de l'armée de l'Est, ainsi que tous les corps francs qui
se trouvaient à Besançon, seraient dirigés sur Dôle et passe-
raient sous les ordres du vieux condottiere italien.

Répartition des troupes sous Besançon.

La lettre suivante du général Cambriels au général de
Prémonville énumère les premiers cantonnements de l'armée
de l'Est sous Besançon.

> Mon cher général,
>
> J'ai l'honneur de vous adresser ci-jointe la répartition des troupes
> dans leurs cantonnements. Je prends des mesures pour que pas
> un homme des différents corps cantonnés hors de la place ne
> puisse entrer dans la ville. Je vous prierais de faire, de votre
> côté, en sorte que les isolés qui n'ont pas encore rejoint leur
> corps soient mis en demeure de le rallier le plus tôt possible.

Répartition des troupes mobiles de l'armée de l'Est dans leurs cantonnements.

Velotte : zouaves, 1 bataillon.
Saint-Ferjeux: Meurthe, 1 bataillon.
        —   Haut-Rhin, 2 bataillons.
La Butte : 32ᵉ de marche, 3 bataillons.
Polygone : cavalerie et artillerie.
Saint-Claude : 1ᵉʳ bataillon de marche; Deux-Sèvres, 3 bataillons.
Pouilley et Pirey : 85ᵉ de marche, 2 bataillons.
Chalezeule-Palente : Vosges, 3 bataillons.
Beure : Loire, 1 bataillon.

On me fait connaître en outre que deux bataillons du Jura ont
été casernés à Besançon. Dès que l'organisation divisionnaire sera
arrêtée, ils recevront une destination.

P. O. *Le Chef d'état-major,*
VARAIGNE.

Le quartier général était établi à Saint-Claude, faubourg
nord de Besançon.

Toute l'armée devait donc être cantonnée en dehors de la
ville.

Il n'y resta que les nombreuses bandes de francs-tireurs qui, échappant à l'autorité militaire, s'y étaient installées par billet de logement. Pour les dénombrer, avant de les céder à Garibaldi, il fallut même avoir recours à l'autorité municipale. (Appendice n° 6.)

Lors de la nouvelle organisation de l'armée, le 21 octobre (Appendice n° 7), le remaniement des cantonnements devint nécessaire pour juxtaposer les unités appartenant à la même division. Le secteur compris entre Chalezeule et les Graviers-Blancs inclus fut attribué à la 1re division, tandis que celui des Graviers-Blancs à Velotte échut à la 2e. La réserve devait s'établir aux Chaprais. Tous ces changements étaient fixés au 22 octobre.

Les questions administratives furent résolues aussi bien que le comportaient les circonstances. Le sous-intendant de l'armée de l'Est, M. Croizet, déploya la plus grande activité. Profitant des ressources mises à sa disposition par l'intendant de la 7e division militaire, il installa rapidement des magasins, des manutentions, des ambulances supplémentaires, et fit évacuer sur les hôpitaux de l'intérieur les malades transportables. La municipalité de Besançon et la population contribuèrent, par leur patriotisme, à alléger cette tâche difficile.

Marche des Allemands sur Vesoul.

Depuis l'évacuation des bords de la Vologne par les troupes du général Cambriels, les Allemands avaient perdu tout contact et ne cherchaient pas à le rétablir par une poursuite. Maître du massif des Vosges, qui maintenant couvrait ses communications, de Werder voulait se borner à l'exécution littérale des directives fixées antérieurement par le maréchal de Moltke. Après avoir concentré ses troupes vers Épinal, il se préparait donc à les porter vers la haute Seine, quand des instructions nouvelles du grand quartier général, télégraphiées de Versailles le 15 octobre, lui enjoignirent de suivre le général Cambriels.

C'est le lendemain 16 que le XIVe corps quitta ses cantonnements de la haute Moselle pour se diriger sur Vesoul. Dans cette poursuite tardive, il utilisait deux routes parallèles à celles que les Français avaient suivies. Les 2e et 3e brigades s'avançaient de Remiremont sur Plombières et Luxeuil ; la 1re brigade et les troupes prussiennes, d'Épinal par Bains sur Saint-Loup et Conflans.

De Werder se couvrait face à Langres, en envoyant sur Vauvillers, par Grand-Rupt, un détachement prussien (1) sous les ordres du lieutenant-colonel Osten-Sacken, commandant le 34e d'infanterie.

Le 18 octobre, la 1re brigade entrait à Vesoul. La 2e arrivait à Luxeuil, d'où elle envoyait de fortes reconnaissances dans la direction de Belfort, principalement sur Lure, où deux escadrons du 1er dragons badois coupèrent la voie ferrée. La 3e brigade, pour faire place à la précédente, s'était portée transversalement de Luxeuil à Conflans. Enfin la brigade prussienne occupait Saint-Loup, où se trouvait le quartier général du corps d'armée. Celui-ci, le 18 au soir, était donc concentré dans le triangle Saint-Loup, Luxeuil, Conflans, avec une brigade en flèche à Vesoul.

Ce même jour, un nouveau télégramme du maréchal de Moltke permettait au général de Werder de poursuivre l'armée de Cambriels *au besoin jusqu'à Besançon* et lui prescrivait de se diriger ensuite par Dijon sur Bourges. Mais, quand il reçut ces instructions, le général commandant le XIVe corps venait d'apprendre que les Français étaient abrités déjà sous les murs de Besançon et qu'il ne pouvait plus dès lors les atteindre en rase campagne. Aussi, grâce à la latitude que lui laissait le télégramme, il crut devoir renoncer à une poursuite inutile

---

(1) Composition du détachement : 4e, 5e, 8e compagnies et le 2e bataillon du 34e, la batterie lourde de réserve et 2 escadrons du 2e dragons de réserve.

et employa la journée du 19 à disposer ses troupes face à Dijon, en les rapprochant de la vallée supérieure de la Saône.

L'orage paraissait détourné de la direction de Besançon, quand un faux renseignement, fourni par une reconnaissance badoise, amena de Werder à modifier encore une fois ses projets. Cette erreur provient d'une petite circonstance de guerre qui mérite d'être racontée dans toute sa simplicité.

Affaire de Rioz.

Le 18 octobre, un détachement de 30 à 40 gendarmes, formé par les brigades de la Haute-Saône et des Vosges se repliant devant l'invasion, était rassemblé à Rioz sous les ordres du commandant d'Orsanne. Celui-ci, attendant là d'autres brigades, se trouvait complètement isolé et livré à lui-même.

Le lendemain, à la première heure, il adressait au général commandant la 7ᵉ division, à Besançon, les renseignements suivants :

Rioz, 19 octobre, 7 heures du matin.

Le service des rondes et patrouilles, qui a été organisé sur la route de Vesoul à Rioz, n'a jusqu'ici signalé aucun mouvement des Prussiens dans la direction de Rioz. J'ai envoyé, à 5 heures du matin, deux hommes à cheval qui iront sur Vesoul aussi loin qu'ils pourront.

Hier au soir, il est arrivé de Besançon trois envoyés du préfet du Doubs, qui sont venus me demander des renseignements sur la position de l'ennemi. Après leur avoir demandé leurs titres de confiance, je leur ai communiqué tout ce qui était arrivé à ma connaissance, et ils sont même allés faire une reconnaissance sur Vesoul.

Ne pourrait-on pas rattacher un fil pour Besançon au télégraphe de Rioz (1), ou placer un petit poste de cavalerie à moitié chemin

---

(1) Il y avait alors le long de la route de Vesoul à Besançon des poteaux télégraphiques portant le fil de Vesoul à Rioz et le fil de Vesoul à Besançon qui de nos jours suit la voie ferrée. Il suffisait simplement de faire pénétrer ce dernier dans

pour faire le service d'ordonnances et abréger les moyens de communication.

Le Commandant de la compagnie de la Haute-Saône,

D'ORSANNE.

Le calme ne devait pas régner longtemps à Rioz. Vers 1 heure de l'après-midi, les Allemands étaient déjà signalés. Le lieutenant-trésorier Giraud, de la compagnie des Vosges, monta à cheval et se porta, avec un brigadier et deux gendarmes, sur la route de Vesoul. Arrivé au col entre la Malachère et Quenoche, il aperçut un peloton d'infanterie allemande de 40 hommes environ, précédé de quelques cavaliers, et en marche sur Rioz. C'était une reconnaissance envoyée par la 1re brigade badoise (1).

Le commandant d'Orsanne, prévenu aussitôt, ne put réunir son détachement en entier. Il n'avait pas surveillé d'assez près l'installation de ses gendarmes, qui, pour être plus à l'aise, s'étaient disséminés dans toute l'étendue du bourg, au hasard des billets de logement. L'ennemi était signalé à trop courte distance pour qu'on eût le temps de prévenir et de grouper tous ces isolés. Le commandant se contenta donc de rassembler ceux qui étaient dans la partie nord, puis, accompagné du capitaine Cotton, se porta résolument en avant.

Dès qu'il aperçut les cavaliers ennemis, il se mit à les charger. Un certain nombre de gendarmes montant de jeunes chevaux occasionnèrent alors du désordre et des poussées; l'un d'eux renversa même le lieutenant Giraud. Cependant, devant ce mouvement offensif, vigoureusement conduit, les cavaliers allemands fuyaient; mais le peloton d'infanterie, s'empressant de quitter la route, se réfugia adroitement der-

---

le bureau de Rioz. Vu l'urgence, le commandant d'Orsanne aurait dû prendre l'initiative de ce raccordement si facile à exécuter.

(1) La 2e brigade badoise envoyait le même jour une reconnaissance de même force sur Montbozon, qu'elle trouva inoccupé.

rière une haie, à la lisière du bois du Droit-du-Mont et commença le feu (1).

Ne pouvant atteindre ces fantassins abrités et craignant de se voir couper de Rioz par d'autres partis ennemis qui auraient dérobé leur marche à la faveur des bois voisins de la route, le commandant d'Orsanne ordonna la retraite. Le brigadier Deucatte, de la compagnie des Vosges, resta seul en arrière et tira à ce moment quelques coups de feu sur l'ennemi, mais sans résultat.

De retour à Rioz à 4 heures du soir, le commandant d'Orsanne était occupé à réunir tout son monde cette fois, lorsque des gens, affolés de peur, vinrent lui annoncer l'arrivée d'une troupe de cavalerie ennemie par la route de Montbozon. Aussitôt les gendarmes, pris de panique, s'enfuient à toute bride dans la direction de Besançon. Ils répandent l'alarme sur leur passage, criant : « Sauvez-vous, voici les Prussiens ! » Ils arrivent dans la ville à la tombée de la nuit et y jettent la consternation (2).

Or la troupe de cavalerie signalée sur la route de Montbozon était simplement un détachement de quelques brigades de gendarmerie de l'arrondissement de Lure ! Le sous-lieutenant Rivet de la Thibaudière, qui les conduisait, venait se mettre à la disposition du commandant d'Orsanne. Il le suivit sur Besançon, mais de loin.

---

(1) Le gendarme Burkard eut l'avant-bras droit fracturé par une balle. Deux chevaux furent blessés et un troisième disparut dans la direction de l'ennemi.

(2) La plus grande partie des gendarmes suivirent la grande route de Rioz à Besançon par Buthiers. Cinq ou six seulement passèrent par Sorans. Les habitants des localités traversées étaient saisis d'épouvante ; une partie d'entre eux chargeaient sur des voitures ce qu'ils avaient de plus précieux et se rendaient aussi à Besançon.

Cette défaillance est un fait absolument anormal dans l'histoire de la gendarmerie. Les brigades dont nous parlons n'étaient pas encore en main. Au bout de quelques jours de manœuvres d'ensemble, elles constituèrent une troupe solide. Pendant la période de la Défense nationale, la gendarmerie se signala maintes fois par sa bravoure, notamment après la bataille du Mans, quand elle sauva d'un désastre l'aile droite de l'armée de Chanzy.

Nos gendarmes n'avaient pas été seuls à faiblir. Les deux adversaires s'étaient fait mutuellement peur. La reconnaissance badoise, croyant voir devant elle des masses de cavalerie, s'était retirée de son côté sans remplir sa mission, et, si sa retraite ne fut pas aussi précipitée que celle de nos gendarmes, c'est qu'elle était composée en grande partie de fantassins. Son chef rendit compte qu'il « *s'était heurté, auprès de Rioz, à un fort parti de cavalerie française* ». (Historique de l'état-major prussien.)

Conséquences de l'affaire de Rioz.

Ce renseignement erroné fit croire à l'état-major du XIVe corps que l'armée de Cambriels s'était reportée en entier sur la ligne de l'Ognon, ce à quoi elle ne pensait guère alors. Il résolut aussitôt de saisir cette occasion de l'atteindre en dehors de la protection de la place. Les Allemands allaient marcher rapidement sur ces forces à peine organisées, les déborder, les mettre en déroute, et entrer à Besançon pêle-mêle avec les fuyards.

Dans les villages qu'ils traversaient, les soldats badois, comme s'ils avaient traduit la pensée de Werder, disaient à haute voix : « Nous allons coucher à Besançon. »

Si l'on consulte l'histoire de la Prusse, cette jactance de nos vainqueurs de 1870 s'explique : après Iéna, à la fin d'octobre 1806, les places prussiennes ne se rendaient-elles pas à de simples démonstrations de cavalerie ?

Le XIVe corps continue sa marche sur Besançon.

Après un jour de repos, pendant lequel les munitions furent complétées, le XIVe corps, laissant une petite garnison à Vesoul, s'avança le 21 au matin, sous une pluie battante, sur les routes qui conduisent aux ponts de Pin, de Cussey et de Voray. L'ensemble de son dispositif affectait une forme régulière : chacune des trois brigades suivait une des routes qui viennent d'être indiquées, et les Prussiens marchaient en réserve derrière le centre.

A la fin de la journée, la colonne de droite atteignit Frasne-le-Château, et son avant-garde Bucey-les-Gy ; celle du centre Fretigney, et son avant-garde Oiselay ; celle de gauche Vellefaux, l'avant-garde à Courboux. Enfin, plus en arrière, la brigade prussienne occupa Neuvelle-lès-la-Charité (1).

Afin de couvrir le flanc gauche vers Belfort, on s'était contenté d'envoyer, dans la direction de cette place, quelques reconnaissances fournies par la garnison laissée à Vesoul pour la garde des communications.

Des mesures plus sérieuses furent prises sur le flanc droit; bien que protégé dans une certaine mesure par le cours de la Saône, il était exposé aux entreprises des troupes françaises de Dijon, et surtout de la garnison de Langres, qui venait de porter une section du génie au Fayl-Billot pour y soutenir un rassemblement de gardes nationaux et de francs-tireurs. Le service de sûreté, sur ce flanc, était confié au détachement prussien du lieutenant-colonel Osten-Sacken et à la brigade de cavalerie badoise.

Le premier s'avança, le 21 octobre, dans la direction du Fayl-Billot, et son avant-garde culbuta les troupes novices qui voulaient lui barrer la route. (Appendice n° 8.) Cependant, malgré ce petit succès, le détachement prussien, paraissant trop en l'air, recula le lendemain jusqu'à Port-sur-Saône et se couvrit par la rivière.

Quant à la brigade de cavalerie badoise, appuyée par la batterie à cheval et deux compagnies d'infanterie en voiture, elle opérait plus au sud, marchant sur le pont de Pesmes, qui

---

(1) Pendant la guerre, les troupes prussiennes du XIV° corps furent généralement maintenues en réserve pour surveiller les Badois. Elles n'eurent qu'un seizième de leurs hommes hors de combat, tandis que les pertes de la division badoise s'élevèrent à un septième de l'effectif.

devait lui servir de point d'appui pour explorer ultérieurement les directions de Dôle et d'Auxonne. Dans l'après-midi du 21, elle s'arrêta à Beaujeux et à Motey-sur-Saône, tandis que son avant-garde, parvenue à Gray, y mettait les voies ferrées hors de service.

Pendant ces marches, les Allemands furent frappés de l'attitude hautaine des populations traversées, ce qui les confirma dans l'idée que l'armée de l'Est s'était reportée sur la ligne de l'Ognon.

A première vue, le front du XIV° corps, dans sa marche du 21, paraît trop étendu ; il était d'environ 15 kilomètres, et les brigades se trouvaient séparées par un terrain montueux et boisé n'offrant que de rares communications transversales. Ces inconvénients, pensons-nous, n'avaient pu échapper au général allemand ; mais, en raison de l'insuffisance des convois, il disséminait ses troupes pour leur permettre de vivre sur le pays. D'ailleurs, les Français, condamnés à la défensive, ne pouvaient contrarier sérieusement son installation.

Dans la soirée du 21, chaque régiment allemand stationnait sur une surface qui eût suffi au cantonnement d'une division. Dans la 2° brigade, par exemple, le 3° régiment occupait un triangle de 7 kilomètres de base (Frétigney à Fondremand) et de 10 kilomètres de haut (Frétigney à Velloreille).

En présence du front considérable à couvrir, une ligne générale d'avant-postes ne pouvait être établie ; chaque cantonnement avancé se gardait pour son compte par quelques postes irréguliers.

Communications du XIV° corps.

Il n'est pas sans intérêt de se rendre compte par quelles voies le général Werder, arrivé dans la vallée de l'Ognon, assurait ses communications avec l'Allemagne.

Belfort interceptant la route de Strasbourg par la route d'Alsace, le XIV° corps devait se relier au Rhin au moyen du chemin de fer d'Epinal-Blainville-Strasbourg. Mais, pour que cette voie ferrée fût entièrement exploitable, il fallait attendre qu'on eût réparé les cinq ponts détruits par les Français entre Epinal et Blainville. Pendant l'exécution de ces travaux, la ligne de communications emprunta, de Lunéville à Epinal, les voies de terre, qui furent protégées par des troupes d'étapes wurtembergeoises.

Epinal était devenu un grand centre d'approvisionnements, tirés soit de Strasbourg, soit de la région. Le XIVe corps y puisait au moyen de convois qui passaient par Plombières et Vesoul. Des en-cas étaient créés dans cette dernière place. Pour protéger les transports et garder les communications, des détachements avaient été laissés dans les localités importantes. A Epinal, la garnison se composait de six compagnies et un escadron; à Vesoul, de deux bataillons et un demi-escadron.

Le réseau télégraphique des Allemands s'arrêtait à Epinal, faute de matériel. Il ne put être prolongé jusqu'à Vesoul que dans les premiers jours de novembre.

La poste de campagne de la division badoise avait établi un service régulier entre Blainville, Epinal et Vesoul.

Le général Cambriels se dispose à recevoir l'ennemi.

Dès que la marche du XIVe corps d'Epinal sur Vesoul fut nettement dessinée, le général Cambriels craignit que les Allemands, négligeant Belfort, ne se dirigeassent sur Besançon. Ses inquiétudes étaient grandes. L'armée de l'Est se trouvait alors en pleine crise d'organisation : 150 détachements passaient d'un corps à l'autre, la plupart des batteries et les renforts promis par Gambetta n'étaient pas encore arrivés; enfin, le moral, fortement atteint par les événements antérieurs, n'avait pas eu le temps de se relever. Dans ces graves circonstances, le 19 octobre, le général en chef crut devoir réunir en un conseil de guerre ses commandants de division et de brigade pour déterminer la ligne de résistance qui offrirait le plus d'avantages. Le capitaine de vaisseau Aube (1) opinait pour une retraite sur les plateaux de la rive gauche du Doubs, que couvraient les ouvrages de la place de Besançon ; mais le colonel Varaigne, chef d'état-major, fit remarquer la mauvaise posture qu'aurait l'armée se dérobant derrière une place et démontra qu'il valait mieux, tant au point de vue du moral des troupes que des exigences stratégiques, se porter en avant jusqu'à la ligne de l'Ognon.

Après une discussion des plus vives, le général Cambriels se rallia à cette dernière idée et annonça que le lendemain il reconnaîtrait le terrain au sud de l'Ognon.

Reconnaissance de la position Auxon-Châtillon. — Accompagné de son chef d'état-major, le colonel Varaigne, et du lieutenant-colonel de Bigot, il se porta, le 20 octobre, sur la ligne Auxon-Châtillon.

Des hauteurs de Châtillon, d'où la vue s'étend au loin, le lieutenant-colonel chef d'état-major de la division militaire expliqua tous les avantages de la position, dont il avait fait une étude approfondie au point de vue de la défense mobile de la place. L'avant-ligne qui est constituée par l'Ognon paraît éloignée, mais la rivière n'est guéable nulle part. La droite, s'appuyant aux formidables escarpements de Chailluz, qui dominent la vallée, ne peut être tournée. La gauche ne peut l'être davantage, puisque l'ennemi se hasarderait entre les troupes françaises et la place, exposant ses communications, tandis que les défenseurs de la ligne Châtillon-Auxon ont une retraite assurée, en toute éventualité, par la forêt de Chailluz. La position, par rapport à la direction de marche des Allemands, est oblique, ce qui forcerait l'ennemi à un changement de direction imprévu. Elle est bordée, sur presque tout son front, par la profonde coupure du chemin de fer de Besançon à

---

(1) Plus tard ministre de la marine.

Vesoul. Partout on peut fournir des feux étagés, accrocher ses tirailleurs aux crêtes et aux bois, dissimuler ses réserves dans les plis de terrain et déployer facilement de l'artillerie sur des positions à champ de tir étendu.

Décision du général Cambriels. — Le général Cambriels apprécia les avantages de cette ligne et résolut de l'utiliser si le XIVe corps continuait sa marche sur Besançon; mais, son armée étant encore à l'état de cohue, il dut se contenter de faire couvrir provisoirement la position Auxon-Châtillon par les seules troupes dont il pouvait disposer sans inconvénient. Il prescrivit, en conséquence, que la colonne Perrin, au lieu de se diriger tout de suite dans les Vosges, exécuterait d'abord une reconnaissance dans la vallée de l'Ognon et serait appuyée par les troupes disponibles de la garnison de Besançon, qui allaient occuper, sur la rive gauche de cette rivière, les points principaux de la défense mobile.

Ainsi, l'armée de l'Est, hors d'état de se présenter en ligne immédiatement, détachait en avant quelques faibles forces qui devaient occuper des positions successives, y résister le plus longtemps possible pour gagner un temps précieux, et se dérober ensuite devant les Allemands. Suivant l'expression pittoresque du colonel de Bigot, on allait leur faire « des grimaces ».

Renseignements sur les troupes de couverture.

Ces troupes, en raison de leur rôle important dans les combats ultérieurs, méritent une mention spéciale.

Elles se composaient de la colonne mobile du colonel Perrin et de détachements de la garnison de Besançon.

Colonne mobile. — Elle comprenait :

Le 4e bataillon du 85e;

Le 2e bataillon des mobiles du Doubs;

Le 3e bataillon des mobiles des Vosges;

Une section d'artillerie.

Le 4ᵉ bataillon du 85ᵉ, commandant Durochat, formé à Gray le 15 juillet 1870, avec des hommes du dépôt, n'avait rejoint l'armée de Cambriels qu'au Thillot, lorsqu'elle battait en retraite.

Il était armé de chassepots et comptait 6 compagnies. Le 19, quittant son cantonnement de Pirey, il était venu bivouaquer vers la gare de Besançon. Le 20, après une nuit passée sous une pluie torrentielle, il allait cantonner aux Montarmots, pour surveiller les débouchés de la forêt de Chailluz.

C'est là que le bataillon reçut l'ordre de se tenir à la disposition du colonel Perrin.

Le 2ᵉ bataillon des mobiles du Doubs comprenait 7 compagnies. Il était armé du fusil chassepot et vêtu exceptionnellement de la capote d'infanterie et du pantalon rouge. Son chef, le commandant d'Ollone, ancien officier de l'armée active, ayant trouvé en passant à Remiremont un wagon de capotes et de pantalons d'infanterie abandonné, les avait distribués à ses hommes, ce qui eut une heureuse influence sur leur moral.

Ce bataillon, conduit fréquemment au polygone de Besançon, avait été exercé au tir à la cible et aux manœuvres.

A sa rentrée des Vosges, il avait cessé de faire partie des troupes du général Cambriels pour être mis, comme le reste de la mobile du Doubs, à la disposition du général de Prémonville, qui le cantonna au séminaire de Besançon. Toutefois, comme il était bien armé et inspirait confiance, il fut placé, encore une fois, sous les ordres du colonel Perrin pour la reconnaissance de la vallée de l'Ognon.

Le 3ᵉ bataillon des Vosges, commandant Brachet, était composé de gardes mobiles de l'arrondissement de Remiremont.

Armés de fusils à tabatière, ils n'avaient, pour tout habillement, qu'une blouse de toile blanche à pattes rouges, un képi étriqué de même étoffe et un mauvais pantalon gris ; ils étaient sans havresac, sans capote, sans veste, ni chemise de rechange.

Cependant, le moral se maintenait, et les hommes appartenant à un territoire envahi ne demandaient qu'à marcher à l'ennemi. Ce bataillon, qui avait déjà beaucoup marché et beaucoup souffert (Appendice n° 9), offrait des garanties de solidité au feu. Il était en dernier lieu cantonné à Chalezeule.

La 2ᵉ section de la 18ᵉ batterie du 14ᵉ régiment comprenait deux pièces de 4 de campagne et était commandée par un adjudant.

Détachements tirés de la garnison de Besançon. — En dehors du 2ᵉ bataillon du Doubs, la garnison de Besançon avait mis sur pied tout ce qui pouvait marcher (1), c'est-à-dire 500 hommes tirés des dépôts du 16ᵉ chasseurs à pied et du 78ᵉ, puis le bataillon des Hautes-Alpes.

La compagnie de marche du 16ᵉ chasseurs, commandée par le capitaine Mansion, ancien lieutenant-trésorier de ce bataillon, avait été formée, pour la circonstance, au moyen de fractions prélevées sur les 1ʳᵉ et 3ᵉ compagnies provisoires du dépôt. Le 19, elle fut établie en grand'garde de plusieurs jours à la maison de l'ancien Péage, bifurcation des routes de Besançon à Voray et à Cussey, dans le bois de Chailluz. Le 21, dans l'après-midi, elle se rendait à Buthiers, où elle cantonnait, couverte par des avant-postes sur la route de Rioz.

Le détachement du 78ᵉ, comprenant 200 hommes du dépôt, sous les ordres d'un sous-lieutenant, s'établissait à Devecey le 21 ; comme les chasseurs, il était armé de chassepots.

Le bataillon unique de la garde mobile des Hautes-Alpes, commandant Bauny, était formé par les 7 compagnies de guerre, environ 1.000 hommes. Il n'était armé que de fusils à piston, extraits à la hâte des arsenaux sans qu'on eût le temps d'y faire les réparations nécessaires, si bien qu'un certain nombre ne fonctionnaient pas.

---

(1) Une partie des bataillons affectés à cette garnison se trouvant dans le haut Doubs, il n'y avait plus, dans la place, comme troupes d'infanterie, que les dépôts du 16ᵉ chasseurs et du 78ᵉ, le bataillon des Hautes-Alpes et la garde nationale sédentaire, dont les artilleurs, concurremment avec ceux de la mobile, servaient les pièces des remparts.

Les hommes n'avaient pas de sac, mais seulement des musettes. Uniforme : vareuse et pantalon bleu foncé, passepoils rouges.

Ce bataillon avait été envoyé, le 19, à Auxon-Dessus, où il s'installa sous la protection de quelques postes fournis par la 6ᵉ compagnie.

COMMANDANT DES TROUPES DE COUVERTURE. — Le colonel auxiliaire Perrin reçut le commandement supérieur de ces troupes.

Tous les témoignages constatent son entrain et son audace ; mais ces qualités précieuses n'étaient pas pondérées chez lui par la prudence et le calme dont ne doit jamais se départir un chef. Très apte à diriger un coup de force comme il le prouva à la Bourgonce et, plus tard, à Villersexel, il l'était moins pour défendre méthodiquement l'avant-ligne de l'Ognon.

Marche de la reconnaissance Perrin le 21 octobre.

Le 21 octobre, à 7 heures du matin, les troupes de la colonne mobile se trouvaient rassemblées sur les glacis de la place, devant la porte de Charmont. Avant de se rendre dans la vallée de l'Ognon, déjà occupée par des détachements de la garnison de Besançon, elle commença par exécuter une reconnaissance demi-circulaire (1). Sous une pluie continuelle, elle passa par Franois, Serres, Pouilley-les-Vignes, où elle fit une grande halte ; de là, elle gagna, par Miserey, la route de Besançon à Vesoul, puis, vers 4 heures du soir, se disloqua en s'étendant dans la vallée de l'Ognon.

Le 3ᵉ bataillon des Vosges cantonnait à Geneuille ses quatre

____

(1) Les reconnaissances circulaires, qui se faisaient beaucoup en 1870, sont une erreur tactique. N'ayant d'autre action que de couper pendant un instant chacune des routes par lesquelles l'ennemi peut se présenter, leur emploi ne donne pas de sécurité.

compagnies de droite, tandis que les trois autres se rendaient à la papeterie Chalandre, vers le pont de Bussières.

Deux postes furent placés l'un sur ce pont, l'autre dans la direction de Cussey.

Le 2ᵉ bataillon du Doubs occupait Bonnay et Mérey.

Le bataillon du 85ᵉ cantonnait à Voray, où s'installait aussi le colonel Perrin, avec ses trois chasseurs à cheval (1) et un caporal de planton par bataillon. Des avant-postes étaient établis dans la direction de Boult et aussi à la chapelle de Voray, sur la route de Vesoul, faisant double emploi avec ceux du capitaine Mansion.

La section d'artillerie resta plus en arrière, à Devecey.

Dans la soirée, le colonel Perrin adressait ce compte rendu au général Cambriels :

Rien de nouveau.

Cette grosse reconnaissance, en effet, était trop lourde pour voir, et les seuls renseignements obtenus vinrent des petits détachements suivants, qui agissaient dans la même direction, mais d'une manière indépendante.

Reconnaissance des chasseurs à cheval sur Vellorcille. — Un poste, composé d'un officier, d'un sous-officier et de six cavaliers du 7ᵉ chasseurs à cheval, s'était établi à Etuz le 20. Ils capturaient le lendemain, à Velloreille, une patrouille de trois fantassins badois du 3ᵉ régiment, qui s'avançaient sans précaution sur la route et n'opposèrent aucune résistance. On aurait pu connaître ainsi les cantonnements occupés, dans la soirée du 21, par la 2ᵉ brigade (2).

---

(1) Ces trois cavaliers, mis à sa disposition depuis le 18 octobre, appartenaient au 5ᵉ escadron du 7ᵉ chasseurs.

(2) Les trois Badois capturés furent amenés d'abord à Auxon-Dessus, puis conduits à Besançon par une escorte tirée du bataillon des Hautes-Alpes, qui arriva le soir devant la ville quand les portes étaient fermées. L'escorte n'ayant pas le mot d'ordre, le poste de Battant ne voulut pas la laisser entrer ; elle dut passer la nuit sur les glacis avec ses prisonniers, qui par suite ne purent être interrogés en temps utile par l'état-major.

Francs-tireurs du Doubs et du Jura. — Le 21, à 7 h. 1/4 du soir, la compagnie des francs-tireurs du capitaine Schmitz échangea une tirerie inoffensive avec les avant-postes de la 3ᵉ brigade badoise, puis se dispersa d'elle-même dans l'obscurité (1). Les hommes de cette compagnie arrivèrent individuellement à Neuvelle-les-Cromary, Buthiers, Voray et Cussey.

Le capitaine Clerc, des francs-tireurs du Jura, établis en avant de Voray, avait également envoyé des éclaireurs sur Rioz ; il confirmait au colonel Perrin, vers 9 heures du soir, les renseignements donnés par les isolés de la compagnie Schmitz.

En outre, de nombreux avis concernant les positions de l'ennemi arrivaient à Voray ; ils étaient apportés par des paysans en fuite.

---

(1) Les combats de nuit désorganisent toujours les jeunes troupes ; il faut avoir le cœur solidement trempé et une grande éducation militaire pour se jeter sur l'ennemi dans les ténèbres.

III

LES COMBATS DU 22 OCTOBRE

(Croquis d'ensemble à la fin du volume. — Planche n° 1, page 65. — Planche n° 2, page 81. — Planche n° 3, page 93. — Planche n° 4, page 105. — Planche n° 5, page 117.)

Les colonnes du XIVe corps se dirigent sur les ponts de l'Ognon. (De 62 à 74 ; 89, 90.) — Ordres donnés par le colonel Perrin. (1, 2, 4, 21, 43, 52.)

———

Les colonnes du XIVe corps se dirigent sur les ponts de l'Ognon.

Les avant-gardes des colonnes du XIVe corps, marchant vers l'Ognon, occupaient, le 21 au soir, Bucey-les-Gy, Oiselay et Courboux, à une demi-journée de marche de la rivière.

Le lendemain, dès le jour (1), ces colonnes devaient tout d'abord marcher sur les ponts de l'Ognon et, après leurs premières opérations, envoyer un compte rendu qui parviendrait avant 11 heures du matin au quartier général, à Oiselay. C'étaient de véritables reconnaissances offensives que le général de Werder dirigeait sur les passages de l'Ognon, se reservant de prendre une décision quand elles l'auraient renseigné sur la situation exacte de l'ennemi.

C'est par une belle matinée d'automne que, le samedi 22 octobre, les troupes allemandes commencèrent leur mouvement.

1re *brigade*. — A l'aile droite, le gros de la 1re brigade (prince Guillaume de Bade) se rassemblait (2) à Autoreille, vers

———

(1) A ce moment de l'année, le jour commence vers 6 h. 1/2 et la nuit tombe vers 5 h. 1/2.

(2) Le rassemblement du gros de chaque colonne, qui est, du reste, coutumier aux Allemands, s'imposait, ce jour-là, en raison de la dissémination des cantonnements de la veille.

9 heures du matin. Son avant-garde se portait sur Emagny et un détachement de flanc sur Marnay (1).

Les ponts de Marnay et d'Emagny, qui n'étaient pas gardés, furent occupés de bonne heure par les Allemands.

2ᵉ brigade. — Au centre, le gros de la 2ᵉ brigade (général Dégenfeld) était rassemblé, à 10 heures du matin, à Velloreille.

Son avant-garde, sous les ordres du capitaine Unger, commandant le 1ᵉʳ bataillon du 3ᵉ badois, avait quitté Oiselay dès 7 h. 1/2 et marchait sur Etuz (2).

3ᵉ brigade. — A l'aile gauche, la 3ᵉ brigade (général Keller) dirigeait de grand matin sur Montbozon un détachement chargé de détruire le pont de cette localité et de protéger le flanc gauche du XIVᵉ corps.

L'avant-garde de la brigade, sous les ordres du major Jacobi, commandant les fusiliers du 5ᵉ régiment, partait de Pennesières à 8 heures, marchant sur Voray par Rioz, qu'elle traversait à 10 heures; le gros y passait à son tour vers 11 h. 1/2 (3).

---

(1) *Avant-garde :* 1 peloton du 2ᵉ dragons badois, bataillon de fusiliers du 1ᵉʳ grenadiers (Appendice n° 10), 3ᵉ section de la 3ᵉ batterie légère. (Les batteries légères tiraient un projectile d'un peu plus de 4 kilog., et les batteries lourdes d'un peu plus de 6 kilog.)

Détachement de Marnay : 1 peloton du 2ᵉ dragons badois, 2ᵉ bataillon du 1ᵉʳ grenadiers, 1ʳᵉ section de la 3ᵉ batterie légère.

Gros de la brigade : 2 pelotons du 2ᵉ dragons badois, 1ᵉʳ bataillon du 1ᵉʳ grenadiers, 2ᵉ grenadiers en entier, 3ᵉ batterie lourde et 2ᵉ section de la 3ᵉ légère; enfin un détachement de pionniers et l'équipage de pont, dont la présence ici semble indiquer que la brigade était destinée à déborder la gauche des Français.

(2) *Avant-garde :* 2 pelotons du 1ᵉʳ dragons badois, 1ᵉʳ bataillon du 3ᵉ régiment, 1 section de la 4ᵉ légère.

Gros de la brigade : 2ᵉ bataillon et bataillon de fusiliers du 3ᵉ régiment, 1ᵉʳ bataillon du 4ᵉ régiment, 2 sections de la 4ᵉ légère et la 4ᵉ lourde en entier, 3ᵉ escadron du 1ᵉʳ dragons.

(3) *Avant-garde :* 5ᵉ escadron du 1ᵉʳ dragons badois et bataillon de fusiliers du 5ᵉ régiment.

Gros de la brigade : 1ᵉʳ et 2ᵉ bataillons du 5ᵉ régiment, 1ʳᵉ batterie légère, 1ʳᵉ et 2ᵉ batteries lourdes et moitié du 2ᵉ escadron du 1ᵉʳ dragons.

Détachement de Montbozon : Moitié du 2ᵉ escadron du 1ᵉʳ dragons, bataillon de fusiliers du 6ᵉ régiment et 1 section de pionniers. — Après avoir fait sauter le pont, ce détachement se retira à Fontenois pour y passer la nuit du 22 au 23.

Pendant que les Allemands faisaient ainsi sauter le pont de Montbozon pour

Brigade prussienne. — Elle constituait la réserve générale et suivait la 2ᵉ brigade sur la route centrale.

Ordres donnés par le colonel Perrin.

Les instructions données par le général Cambriels au colonel Perrin lui prescrivaient de défendre tout d'abord les passages de l'Ognon et, en cas d'attaque sérieuse, de se rabattre sur la position de combat d'Auxon-Châtillon. On devait donc considérer la rivière comme une *avant-ligne* permettant uniquement d'user l'ennemi et de gagner du temps; mais, emporté par sa fougue naturelle, le colonel résolut de la franchir pour se porter au-devant des Allemands.

Le 22, avant le jour, il arrêta les dispositions suivantes : *à gauche*, les mobiles des Vosges se rendront par Cussey à Etuz pour surveiller la route d'Oiselay; *à droite*, le détachement du 16ᵉ chasseurs à pied, renforcé des 200 hommes du 78ᵉ qui avaient cantonné à Devecey, prendra position en avant de Buthiers sur la route de Vesoul; enfin, *au centre*, entre ces deux groupes, le colonel en personne, à la tête du 4ᵉ bataillon du 85ᵉ et des mobiles du Doubs, exécutera une reconnaissance demi circulaire pour fouiller le terrain boisé entre Etuz et Voray.

Les combats du 22 octobre comprennent deux phases.

Les combats du 22 octobre, si confus à première vue, demandent à être étudiés avec méthode.

Ils peuvent se diviser en deux phases. Dans la première, de 9 heures du matin à 4 heures du soir, les Allemands se déploient au nord de l'Ognon et rejettent sur la rive gauche les troupes du colonel Perrin. Dans la seconde, de 4 heures du

---

couvrir leur flanc gauche, il est assez curieux de constater que les Français cherchaient à détruire, le même jour, un pont voisin, celui de Moncey, pour se couvrir aussi. La 7ᵉ compagnie du corps franc Bourras avait été chargée de cette destruction.

soir à la nuit, quelques troupes ennemies, après avoir traversé
la rivière, viennent échouer contre notre position principale.
Il résulte de cette alternative de succès que les deux partis ont
pu s'attribuer la victoire, les Allemands en baptisant ces
engagements du nom de *combats de l'Ognon*, tandis que les
Français les appellent volontiers *combats d'Auxon-Châtillon*.
Sans nous arrêter à une discussion inutile et laissant au lec-
teur le soin de conclure d'après les faits, nous abordons immédiatement l'étude successive des actions de la première
phase.

1re Phase. — Enlèvement de la ligne de l'Ognon.

1° *Combat de Cussey*. — Dispositif de défense du bataillon des Vosges. (8, 20, 23,
29, 52.) — Bataillon des Hautes-Alpes. (37, 53.) — Commencement de l'action
à Etuz. (8, 64.) — Apparition de la reconnaissance du colonel Perrin. (29, 32, 33,
64.) — Ordre donné par le général de Werder à 11 heures du matin. (64, 89, 90.)
— L'avant-garde de la 2e brigade badoise entre à Etuz pour la seconde fois (8, 64.)
— Déploiement du gros de la brigade Dégenfeld. (8, 25, 72, 74.) — Intervention
du bataillon des Hautes-Alpes. (9, 10, 20, 29.) — La crise. (9, 10, 20.) — Retraite
des mobiles et poursuite acharnée des Allemands. (8, 9, 20, 23, 64.) — La cavalerie allemande continue jusqu'à Auxon. (37, 41, 90.)
2° *Reconnaissance circulaire* sur la rive droite de l'Ognon. (29, 31, 32, 33.)
3° *Combat de Buthiers*. — Déploiement du détachement français. (11, 30.) — Marche de l'avant-garde de la brigade Keller et attaque des postes avancés. (11, 65,
69, 89.) — Dispositions prises par le général de Werder au reçu d'un renseignement inexact. (90.) — Suite et fin du combat de Buthiers. (11, 30, 40, 65, 71.)

1° *Combat de Cussey*. (Pl. n° 2, page 81.)

Dispositif de défense du bataillon des Vosges.

A 7 heures du matin, le commandant Brachet, du 3e bataillon des Vosges, cantonné à Geneuille et à la papeterie Chalandre, reçut du colonel Perrin l'ordre de se porter, en toute
hâte, en avant du pont de Cussey.

Le bataillon se mit en marche, à 8 heures, par la route directe de la papeterie à Cussey, où il entra vers 9 heures.

Quelques instants après, ses éclaireurs, parvenus à la lisière nord du village d'Etuz, se trouvèrent en présence des dragons de pointe de la brigade Dégenfeld. Ils se mirent à tirer sur ces cavaliers, qui s'empressèrent de tourner bride. Averti, par ces coups de feu, de l'approche des Allemands, le commandant Brachet dut immédiatement faire choix d'une position pour barrer la route dont la garde lui était confiée.

L'occupation d'Etuz, situé dans un fond, aurait entraîné celle des hauteurs voisines, que ne permettait pas de réaliser le faible effectif des mobiles. Avait-on le temps, d'ailleurs, avant l'arrivée de l'ennemi, de disposer, sur cette position avancée, des troupes qui manœuvraient avec assez de difficulté? D'un autre côté, n'était-ce pas enfreindre les instructions précédemment données par l'autorité militaire supérieure (1) que de résister dans un village exposé au feu de l'artillerie allemande?

Pour ces raisons, le commandant Brachet ne pouvait s'établir à Etuz; mais cependant — si grande était la terreur que le colonel Perrin inspirait à ses subordonnés — il voulut s'en tenir à l'exécution littérale de l'ordre reçu de passer la rivière. Il fut donc amené à prendre pied, entre Etuz et le pont de Cussey, l'Ognon à dos, dans une position si extraordinaire que, sur le terrain, on ne peut se défendre d'un premier mouvement d'étonnement.

Trois compagnies sont en tirailleurs : la 5ᵉ couronne le mamelon 241, au sud-est d'Etuz, n'ayant aucune ligne de retraite; la 2ᵉ s'abrite derrière le remblai du chemin de Boulot, véritable parapet de 1ᵐ,30 de haut, et occupe, comme avancée,

---

(1) Le général commandant la 7ᵉ division militaire, notamment, avait prescrit aux troupes de la garnison de ne pas entasser les hommes dans les localités, sous le feu de l'artillerie ennemie; mais cette recommandation fut prise trop à la lettre, et l'on ne défendit aucun village dans la journée du 22.

Combat de Cussey.
La 4ᵉ compagnie des Vosges renforce la 2ᵉ derrière le remblai du chemin de Boulot (1 h. 1/2).

la maison du Patin ; enfin, la 1re est, à l'ouest de la route, cou- chée dans une légère ride de la prairie.

La 3e, chargée de garder les ponts, prend pied dans l'île qui les sépare.

Quant aux trois autres compagnies, elles sont en réserve : la 4e sur la place de l'église de Cussey, les 6e et 7e dans la partie haute du village.

Bataillon des Hautes-Alpes.

Le bataillon des Hautes-Alpes occupant Auxon-Dessus, à 4 kilomètres seulement de Cussey, pouvait appuyer de suite le bataillon des Vosges ; mais il n'en fut rien.

Le 22, vers 4 heures du matin, le commandant Bauny, des Hautes-Alpes, avait reçu une note du colonel Perrin lui pres- crivant simplement de placer une compagnie en grand'garde sur la route de Cussey, pour prolonger, à gauche, les avant- postes du bataillon des Vosges, cantonné à Geneuille. La 5e compagnie, aussitôt désignée, se porta sur la lisière sud du Grand-Bois. Elle détacha, comme petit poste, la section du lieutenant Roman, qui établit une ligne de sentinelles, per- pendiculairement à la route de Cussey, vers l'intersection du chemin de Geneuille, où se trouvait alors une baraque en bois, dite : *la mère Lavié.*

Un peu avant l'aube, les sentinelles de la baraque entendi- rent des pas et des voix sur la grande route ; c'était une recon- naissance, dirigée par un officier du 3e bataillon des Vosges, qui revenait de Cussey. Cet officier dit à M. Roman que rien ne faisait prévoir un engagement. Au jour, tout était tranquille, et, dans la matinée, la 5e compagnie continuait à monter cons- ciencieusement la garde derrière les mobiles des Vosges, par- venus à Cussey vers 9 heures.

Les bataillons étaient bien l'un derrière l'autre, à portée de se soutenir ; mais, aucun chef supérieur ne reliant leur action, chacun d'eux agissait comme s'il eût été isolé.

Commencement de l'action à Etuz.

Nous avons laissé les éclaireurs du bataillon des Vosges à la dernière maison nord d'Etuz, tiraillant sur la pointe de dragons de l'avant-garde de la brigade Dégenfeld. Il était environ 9 h. 15. A ce moment, le capitaine Unger, qui commande cette avant-garde, l'arrête et envoie une reconnaissance sur la croupe entre Etuz et son moulin. Peu de temps après, elle lui fait connaître que les Français occupent solidement le village et sont appuyés par de l'artillerie et de la cavalerie.

A la réception de ce compte rendu absolument inexact, le capitaine badois prend ses dispositions pour enlever Etuz, qu'il croit bien gardé. D'après ses ordres, la section d'artillerie se met en batterie au point 248 et dirige son feu sur cette localité; elle a comme soutien la 2e compagnie du bataillon d'avant-garde. Deux autres compagnies se déploient en première ligne et entament l'attaque, la 1re se maintenant à cheval sur la route, la 3e s'avançant sur la croupe à l'ouest du village pour le déborder. La 4e, en réserve, suit le mouvement. Enfin, des patrouilles de cavalerie sont lancées sur les flancs de ce dispositif, principalement vers Boulot.

L'historique du 3e régiment badois nous fait alors assister à une lutte homérique, dans laquelle Etuz aurait été conquis maison par maison. Ce récit n'est qu'un effort d'imagination. Un combat de ce genre aurait entraîné des pertes sérieuses; or, d'après les états officiels allemands, elles furent insignifiantes.

Si l'on en croit les rapports français et les renseignements locaux, voici comment il faut rétablir les faits: Les Badois pénétrèrent sans difficulté dans le village, chassant devant eux nos éclaireurs. Quant aux compagnies des Vosges, elles restèrent immobiles dans leurs positions entre Etuz et l'Ognon. Seule la 5e, qui, du haut de son mamelon, apercevait l'ennemi à la limite d'emploi du fusil à tabatière, ouvrait sur lui un feu assez lent.

Apparition de la reconnaissance du colonel Perrin.

A 9 h. 3/4, les patrouilles de dragons envoyées vers Boulot font connaître au capitaine Unger qu'une colonne française sort de ce village et se dirige sur le bois de Retheu. Par ce mouvement, elle menaçait les communications de l'avant-garde badoise, qu'une distance de 5 kilomètres séparait du gros se rassemblant à Velloreille.

Le capitaine allemand, avec décision et habileté, déploie, face au Retheu, sa compagnie de réserve et prescrit aux trois autres de se replier et de se concentrer près de la lisière sud du bois de Longe-Queue. La section d'artillerie amène les avant-trains et disparaît à l'ouest de ce bois.

Ce recul de l'avant-garde badoise est signalé dans le rapport du commandant Brachet, des Vosges, qui l'attribue, à tort, au feu de ses compagnies de première ligne. On lui avait laissé ignorer l'envoi de la reconnaissance Perrin au nord· de la rivière, et il ne s'est pas douté que la suspension du combat d'Etuz, de 10 heures à 11 h. 1/2, résultait de l'intervention de cette troupe.

Dès que le général Dégenfeld eut connaissance du mouvement tournant des Français, il s'empressa de l'enrayer en dirigeant de Bonnevent sur le bois de Retheu, par Champ-Dolant, le 1er bataillon du 4e régiment.

L'ouvrage de l'état-major prussien dit que ce bataillon débusqua du Retheu des contingents ennemis forts de deux compagnies. En réalité, ces contingents étaient plus nombreux et comprenaient deux bataillons ; ils évacuèrent le bois sans combat, devant la menace du mouvement enveloppant que dessinait le bataillon du 4e badois, et, se retirant sur Boult, disparurent définitivement du théâtre de l'action.

On verra plus loin l'odyssée extraordinaire de ce fort détachement circulant entre les lignes de marche de l'ennemi.

Ordre donné par de Werder à 11 heures du matin.

A 11 heures du matin, les troupes allemandes de la colonne centrale occupaient les emplacements suivants : l'avant-garde de la brigade Dégenfeld et le 1er bataillon du 4e badois à hauteur du saillant sud du bois de Longe-Queue ; le gros de cette brigade à Bonnevent ; la brigade prussienne à Oiselay avec le quartier général.

Le général de Werder venait d'apprendre que les ponts du bas Ognon (Pin, Marnay, Pesmes) étaient en son pouvoir. Voulant utiliser cet avantage, il ordonnait à la brigade prince Guillaume de se porter, par Emagny, sur les derrières des forces françaises de Cussey, que la brigade Dégenfeld occuperait de front.

Le général de Beyer, commandant la division badoise, crut se conformer à ces vues en adressant au général Dégenfeld la note suivante :

> Oiselay, 22 octobre, 11 heures du matin.
>
> Il faut chercher à repousser de nouveau l'ennemi d'Etuz et à s'y établir.

Cet ordre est incomplet. Il aurait dû préciser que le combat, dans son ensemble, demandait à être conduit avec mesure, en attendant l'intervention du prince Guillaume. On est, par suite, en droit de supposer que les troupes du général Dégenfeld ont attaqué nos mobiles avec toute la vigueur dont elles étaient capables.

L'ordre fut ainsi annoté, au passage, par le général Dégenfeld :

> Transmis au capitaine Unger, en lui enjoignant de tenter l'enlèvement d'Etuz ; toutefois, si cette opération lui paraît trop difficile, en raison de l'occupation solide de ce village, il en rendra compte.
>
> Signé : DÉGENFELD.

L'avant-garde de la 2e brigade badoise entre à Etuz pour
la deuxième fois.

A 11 h. 1/2 environ, le capitaine Unger prend, pour cette seconde attaque, à peu près les mêmes dispositions que pour la première : il envoie sur Etuz les 1re et 3e compagnies, et ses deux pièces reprennent position au point 248. Seul, l'emplacement de sa réserve est modifié. Celle-ci, composée des 2e et 4e compagnies groupées, s'établit en échelon débordant la gauche, face à Boulot, qui, depuis l'intervention de la colonne Perrin, apparaît comme une direction à observer avec des forces sérieuses. Mais bientôt ces deux compagnies sont relevées par le 1er bataillon du 4e régiment, accourant du bois de Retheu.

Le capitaine Unger, disposant alors de tout son monde, fait appuyer ses compagnies de première ligne par celles de la réserve et entre, avec un élan superbe, dans le village d'Etuz, où il ne rencontre toujours personne, comme la première fois. Devant les Badois, parvenus à la lisière sud du village, nos mobiles évacuent la maison du Patin, trop en l'air ; mais une vive fusillade part de toute leur ligne pour empêcher l'ennemi de déboucher. Il était environ 1 heure moins le quart.

Le bataillon d'avant-garde déploie successivement ses quatre compagnies derrière les haies, les murs et les maisons, à 300 mètres des Vosgiens, qui, nullement effrayés, tiennent bon. Pour les forcer à la retraite, il aurait fallu les aborder à la baïonnette ; mais le bataillon allemand, déjà fatigué, renonçait à marcher de front sur une troupe non entamée et attendait des renforts.

Déploiement du gros de la brigade de Dégenfeld.

La lutte allait devenir très inégale.

Le gros de la 2e brigade badoise s'était rapproché et avait pris une formation de rassemblement dans un pli de terrain vers la pointe sud du bois de Longe-Queue.

Le 2e bataillon et les fusiliers du 3e régiment étaient accolés et sur deux lignes. La 4e batterie légère (moins la section d'avant-garde) et la 4e lourde en entier se trouvaient en 3e ligne. La cavalerie prenait position au sud du bois de Longe-Queue. On voit que les Allemands allaient engager quatre bataillons, deux batteries et deux escadrons contre 700 mobiles ; plus tard, ils firent même appuyer ces troupes par des fractions de la brigade prussienne, qui venait d'entrer à Bonnevent.

Le combat au sud d'Etuz continuait animé, et les Vosgiens exécutaient toujours un feu violent (1). Vers 1 h. 1/2, voyant les munitions s'épuiser, le commandant Brachet renforce sa première ligne par la 4e compagnie, primitivement en réserve sur la place de l'église de Cussey. Elle traverse les ponts sous une grêle de balles, descend ensuite le talus de la chaussée pour doubler la 2e derrière le remblai du chemin de Boulot.

Devant cette défense obstinée des abords d'un pont, les Badois sont persuadés que de fortes masses françaises, masquées par le village de Cussey, vont d'un moment à l'autre traverser la rivière et prendre l'offensive ; aussi tous leurs efforts tendent à concentrer sur le pont un feu puissant d'artillerie.

Du point 248, où se trouvaient les deux pièces de l'avant-garde, on ne voyait pas le pont de Cussey, masqué par le village d'Etuz.

Le général Dégenfeld fit chercher un meilleur emplacement pour le reste de son artillerie. On le découvrit sur le plateau 265, entre Etuz et Montboillon : il était remarquablement choisi ; de là, grâce à la dépression du ruisseau du Moulin, on aperçoit distinctement, jusqu'à leur pied, les arches du grand pont et les chaussées. On y trouvait cet autre avantage, que l'artillerie

---

(1) Ce feu, très vif de chaque côte et exécuté a courte distance pendant deux heures, n'occasionnait toutefois que des pertes insignifiantes ; les adversaires, bien abrités, se découvraient à peine pour tirer, ou tiraient en l'air. La plupart des blessures constatées étaient aux bras ou à la tête.

pouvait exécuter son œuvre de destruction à l'abri de tout mouvement offensif venant de Boulot et hors de portée du feu des défenseurs du mamelon 241. Les deux sections de la 4e légère et la 4e lourde gagnèrent rapidement l'emplacement indiqué et réglèrent leur tir sur le pont, distant de 2.000 mètres.

En même temps, le bataillon d'avant-garde était renforcé par deux compagnies de son régiment : la 8e s'intercalait en première ligne aux deux ailes de la 4e, et la 7e, par le vallon du Moulin, se portait à droite du dispositif.

C'est alors que, redoutant un mouvement débordant sur l'aile gauche de ses tirailleurs couchés dans les prés, le commandant Brachet ordonne à la 7e compagnie des Vosges, en réserve au-dessus de Cussey, d'occuper les pentes ouest de ce village, d'où elle peut tirer, par-dessus l'Ognon, sur l'aile droite allemande. Mais l'artillerie ennemie ouvre aussitôt le feu sur cette compagnie et brûle, dans le quartier du Moulin, la maison Simplot, qui abritait une partie de ses hommes. Du côté opposé, c'est-à-dire à l'est du village, le château Laurencin est également incendié ; des groupes de mobiles affamés venaient y chercher des vivres, que distribuaient les domestiques. Rien n'échappe aux longues vues des artilleurs badois. A 2 h. 1/2, afin de donner à son feu plus de précision encore, la 4e batterie légère se rapproche et s'installe sur le plateau 245, à moins de 1.000 mètres du pont, mais toujours hors de la portée efficace du fusil à tabatière.

Le renforcement continue sur la ligne de l'infanterie badoise, et les 5e et 6e compagnies arrivent derrière la droite, en utilisant toujours la dépression protectrice du vallon du Moulin. Dans la brigade Dégenfeld, il ne reste plus en réserve que le bataillon de fusiliers du 3e régiment ; aussi le général de Werder, arrivé à Bonnevent, juge nécessaire de faire appuyer cette brigade par de nouvelles troupes, et il porte en avant deux bataillons du 30e prussien, deux escadrons du 2e dragons de réserve et la 2e batterie légère.

A ce moment, les Vosgiens manquent de munitions, et il

faut absolument les renforcer encore, si l'on veut éviter un désastre. Malgré la précision du feu de l'artillerie allemande, la 6ᵉ compagnie, dernière réserve du bataillon français, est jetée dans la fournaise. Brillamment enlevée par le capitaine Colle, qui reçoit deux blessures, elle traverse le pont au pas de course et parvient à rejoindre les tirailleurs. Mais que pouvait faire une compagnie dans la circonstance?

3 heures viennent de sonner au clocher de Cussey. Les lignes allemandes s'épaississent de plus en plus. Devant le demi-cercle de fer qui les étreint, nos malheureux mobiles reconnaissent que la lutte n'est plus possible. Ils semblent attendre le coup de grâce sur cette position, où ils sont oubliés depuis de longues heures, quand survient un puissant renfort.

Le bataillon des Hautes-Alpes entre à Cussey.

Intervention du bataillon des Hautes-Alpes.

Avant de retracer la crise finale, provoquée par l'intervention des mobiles des Hautes-Alpes, voyons rapidement par suite de quelles circonstances ils arrivaient si tardivement sur le terrain de la lutte.

Nous avons laissé le bataillon à Auxon-Dessus dans la matinée, ayant en avant, sur la route de Cussey, une compagnie de grand'garde.

A 9 h. 1/4 environ, on entendait, d'Auxon, une fusillade lente, dans la direction de Cussey. Les officiers, avertis, prêtent l'oreille : les détonations deviennent plus fréquentes; le canon tonne.

Le commandant du bataillon des Hautes-Alpes lui fait prendre les armes et le porte vers le bois de Vauvereille, où il est en position d'attente à 11 h. 1/2. Là, il reçoit un ordre du colonel Perrin, qui lui prescrit de couvrir les routes de Voray et de Cussey. Le commandant Bauny scinde alors son bataillon; il se porte, avec les 1ʳᵉ, 3ᵉ et 7ᵉ compagnies, vers le Bossu, sur la route de Voray, laissant les quatre autres aux ordres du capitaine Méalhie. Celui-ci place les 4e et 6e au sud de Vauvereille et établit la 2e sur la lisière nord-ouest de ce bois pour observer le terrain. Quant à la 5e compagnie, bien que le capitaine Méalhie ait cherché à la faire rentrer, elle continue sa grand'-garde face à Cussey.

Comme on le voit, le bataillon des Hautes-Alpes, complète-ment disséminé, venait d'établir plusieurs avant-postes au sud de l'Ognon, derrière le théâtre de l'action. L'absence de direction supérieure sur place continuait à porter ses fruits.

Vers midi, nouvel ordre du colonel Perrin : le bataillon doit se rendre à Boulot en passant par le pont de Bussières. Il se concentre, tout d'abord, au sud de Geneuille, moins la 5e compagnie, qui ne rejoint pas; puis le bataillon entre dans ce village vers 1 heure du soir.

Nous rencontrâmes là, dans une voiture, le commandant des francs-tireurs bretons, accompagné de celui des francs-tireurs de Marseille, qui allaient à Besançon demander du renfort.

Ces messieurs nous dirent d'aller vite, que les Prussiens n'étaient pas plus de 4,000, et que le colonel Perrin s'amusait à faire la petite guerre pour habituer les troupes. (Rapport du capitaine Méalhie.)

Le bataillon est encore arrêté à la sortie nord de Geneuille. Le commandant et les capitaines, munis d'une lunette, se por-tent sur la croupe du château et découvrent, tout d'abord, au nord-ouest de Boulot, des troupes allemandes massées et, à la lisière de cette localité, une fraction de cavalerie. Tout à coup, en face d'eux, de l'autre côté de l'Ognon, une patrouille enne-mie escalade les pentes ouest du pain de sucre qui surplombe la rivière entre Bussières et Boulot. Arrivée au sommet, cette patrouille tire quelques coups de feu sur deux francs-tireurs qui opéraient pour leur compte et gravissaient sans défiance les pentes est du même sommet; l'un d'eux est tué dans les vignes à mi-côte, l'autre s'enfuit. A ce moment, plusieurs habitants du pays accourent vers le commandant Bauny, disant que la rive droite est noire de Prussiens.

Au lieu du colonel Perrin, que l'on comptait trouver à Boulot, on n'y voyait que des troupes allemandes. Dans ces conditions, passer la rivière devant l'ennemi, supérieur en nombre, parut une faute tactique.

C'eût été commettre la plus grande imprudence; nous prîmes donc le parti de nous porter à travers champs sur Cussey, où se passait l'action. (Capitaine Méalhie.)

En effet, grâce à un fort vent d'ouest, on entendait très distinctement, dans cette direction, le canon et les feux précipités de mousqueterie. Ce combat, livré à proximité, où l'honneur des armes était engagé, attirait naturellement les officiers des Hautes-Alpes.

Il aurait fallu toutefois, vu l'importance du pont de Bussières, laisser à sa garde une ou deux compagnies. Cette précaution ne fut pas prise, et le bataillon se porta en entier sur Cussey.

La direction suivie est marquée par le chemin de terre qui passe vers le point 252. Pendant ce trajet, le bataillon, que son chef inexpérimenté trouve difficile à manier, est encore divisé en deux, comme le matin, mais cette fois dans l'ordre normal: en tête le demi-bataillon de droite, sous les ordres directs du commandant Bauny, puis le demi-bataillon de gauche, dirigé par le capitaine Méalhie.

Les mobiles des Hautes-Alpes n'ont jamais vu le feu; mais ces montagnards dociles et animés du meilleur esprit ne demandent qu'à marcher : comment va-t-on les employer?

A ce moment, il n'est plus permis de se faire illusion sur l'issue certaine de la lutte; des hauteurs que le bataillon vient de parcourir, on a pu voir une partie du formidable déploiement des Allemands et se rendre compte que des troupes novices ne peuvent culbuter ces masses exercées, appuyées par de l'artillerie et de la cavalerie. Il semble donc logique de se borner à l'occupation de Cussey pour protéger la retraite du bataillon des Vosges, qui, à bout de forces, pourrait se reconstituer derrière le village, dont le bataillon des Hautes-Alpes défendrait le pont. Cette tâche est facile et n'excède pas l'effort que l'on peut demander à des mobiles, même armés de fusils à piston.

Mais le commandant Brachet, des Vosges, se croyait toujours lié par les ordres reçus. D'un caractère tenace, il se laissa guider, jusqu'au bout, par l'idée fixe de tenir tête à l'ennemi, en portant en avant de la rivière toutes les troupes qui arriveraient.

D'accord avec le commandant Bauny, il va demander comme premier essai, aux mobiles des Hautes-Alpes, un coup de force analogue à celui que Bonaparte lui-même, au pont d'Arcole, ne put obtenir des meilleures troupes dont l'histoire ait gardé le souvenir.

A Cussey, cette appréciation inexacte de la situation entraîna, en quelques instants, l'anéantissement des deux bataillons.

La crise.

A 3 h. 20, la tête de colonne du bataillon des Hautes-Alpes descendait la rue principale de Cussey.

Le commandant Brachet se porta rapidement au-devant de lui et l'accueillit avec une joie sans égale. Voici ses paroles :

Arrivez vite, enfants des Alpes ! Mes hommes tirent depuis ce matin ; ils sont à leurs dernières cartouches ; je n'ai pas de réserve.

Que trois compagnies aillent à droite du pont relever mes tirailleurs et les trois autres relèveront aussi les trois qui sont à gauche. (Capitaine Méalhie.)

Par suite, les 1re, 2e et 3e compagnies des Hautes-Alpes doivent relever, à droite, les 5e, 2e et 4e des Vosges et les 4e, 6e et 7e des Hautes-Alpes, les 1er, 6e et 3e des Vosges.

Les ordres sont donnés à la hâte, sans y joindre aucun renseignement sur le terrain à parcourir.

Après un arrêt très court, pendant lequel les officiers encouragent leurs hommes et font boire quelques gorgées d'eau-de-vie aux plus impressionnés, le bataillon reprend sa marche en oubliant de prendre des intervalles entre les compagnies. Le commandant Brachet est à gauche près de l'entrée du premier pont, surveillant le mouvement. En face de lui, se trouve un prêtre, homme superbe, les cheveux au vent, ayant déjà perdu son chapeau dans la bagarre ; il ne cesse, depuis le commencement du combat, d'exhorter les mobiles avec un mépris absolu du danger (1).

— En avant ! disait Brachet, les Prussiens battent en retraite, ils sont à nous.

— Mes enfants, marchez ! marchez ! criait le prêtre.

Entraînés par un mouvement d'enthousiasme, les mobiles répondent par les cris de : « Vive la France ! » L'allure se précipite et le premier pont est abordé au pas gymnastique. Mais l'artillerie allemande, qui s'attendait à cette offensive, commence le feu rapide ; une vingtaine d'obus percutants éclatent sur les ponts et la chaussée qui les sépare (2). L'infanterie badoise, de son côté, s'est avancée jusqu'au ruisseau d'Etuz, à 500 mètres, et tire à toute vitesse.

Le sifflement des balles, les explosions formidables des obus, les cris des blessés, dépriment le moral de nos mobiles. L'entrain cesse, le désordre se met dans les rangs, les hommes échappent à la direction de leurs chefs. La tête de la 1re compagnie tourbillonne et arrête l'élan du reste de cette unité, qui s'aplatit à gauche contre le parapet du premier pont (3). La

---

(1) Témoignage de plusieurs officiers de mobiles, qui, à vingt-trois ans de distance, ont gardé très précis le souvenir de ce prêtre, M. Barret, curé de Devecey. (Appendice n° 11.)

(2) Dix pièces tiraient sur le défilé. Le maximum de coups tirés dans le feu rapide est de deux coups par pièce à la minute.

(3) M. Trochon, sous-lieutenant de cette compagnie, continua toutefois avec quelques hommes.

secousse avait été trop forte, l'instinct de la conservation reprenait le dessus.

Il était à craindre que cet arrêt ne se transmît à tout le bataillon ; mais la 2ᵉ compagnie passa néanmoins.

Un jeune conseiller général de l'arrondissement de Briançon la commandait. Le capitaine Laurençon avait sur ses hommes l'ascendant que donne une grande énergie naturelle au service d'un ardent patriotisme. Il se plaça vivement en avant d'eux, mit le sabre au clair et les entraîna par le commandement de « En avant la 2ᵉ ! » Tous le suivirent.

Appuyant sur le côté droit de la route, il doubla la 1ʳᵉ compagnie et passa le premier pont sous le feu intense de l'ennemi. La chaussée de l'île se couvrait de branches de peuplier, au milieu desquelles tombaient les hommes. Les balles bourdonnaient de tous côtés, et l'on entendait le son mat de celles qui pénétraient dans les chairs.

On avait oublié de faire savoir au bataillon des Hautes-Alpes que l'Ognon était séparé en deux bras en avant de Cussey et qu'il fallait franchir un second pont. Il était difficile, au milieu du vacarme et de la fumée des obus, de faire de longs raisonnements et même de discerner les positions de chaque parti, à ce moment si confuses. Apercevant la ligne noire de l'ennemi de l'autre côté du second bras, à 400 mètres, voyant d'autre part dans l'île un assez grand nombre de mobiles à blouse blanche qui venaient de se replier individuellement, les hommes de la 2ᵉ compagnie des Hautes-Alpes se jetèrent à côté de ceux-ci, à droite de la chaussée.

Ce mouvement, que nulle force humaine n'était capable d'arrêter, éveille de sérieuses réflexions et montre que le soldat, même plein de bonne volonté, élude instinctivement les ordres inexécutables.

Dans le reste du bataillon, seules les 4ᵉ et 6ᵉ compagnies passèrent à leur tour le premier pont. Elles se déployèrent aussi dans l'île, mais à gauche de la route, près de la 3ᵉ compagnie des Vosges. Celle-ci avait ouvert le feu et pouvait l'exécuter sans danger pour les tirailleurs, encore établis dans les prés au nord de la rivière, puisqu'elle débordait suffisamment leur front.

Les mobiles des Hautes-Alpes, entraînés par cet exemple et trouvant très pénible de demeurer sous le feu sans riposter, se mirent à utiliser leurs vieux fusils pour s'étourdir un peu.

La plupart tiraient machinalement droit devant eux, c'est-à-dire dans le dos de la première ligne des mobiles des Vosges. En vain les officiers veulent arrêter ce tir et relèvent les canons de fusil avec leur sabre : rien n'y fait, les hommes continuent. Ils recevaient des balles, ils voulaient les rendre.

C'en était trop pour les Vosgiens !

L'infanterie badoise, voyant qu'ils ne ripostent plus et que le renforcement a échoué, va prendre l'offensive avec un entrain que décuple l'absence de tout danger. Il n'est plus question d'attendre l'achèvement de la fameuse manœuvre tournante que le prince Guillaume exécute.

Le 1er bataillon du 4e régiment, quittant le plateau entre Etuz et Boulot, enlève sans peine le mamelon 241, véritable clef de la position, d'où il prend d'enfilade le reste du front. Les mobiles des Vosges s'échappent alors au pas de course, sous un feu terrible. Le mouvement en avant des Allemands se propage rapidement de gauche à droite, et, pendant que la musique du 3e régiment, placée vers la chapelle Sainte-Anne, exécute une fantaisie-marche, ils se précipitent concentriquement sur le pont, que leur artillerie continue à cribler d'obus pendant l'écoulement des blouses blanches.

Retraite des mobiles et poursuite acharnée des Allemands.

Tant que les Vosgiens avaient tenu tête, leurs pertes avaient été minimes ; maintenant qu'ils fuient, ils sont à la merci de l'ennemi. Suivis de trop près, ils ne peuvent tous gagner le pont : un certain nombre s'échappent par l'écluse ; d'autres se jettent dans l'Ognon, et douze d'entre eux se noient ; d'autres

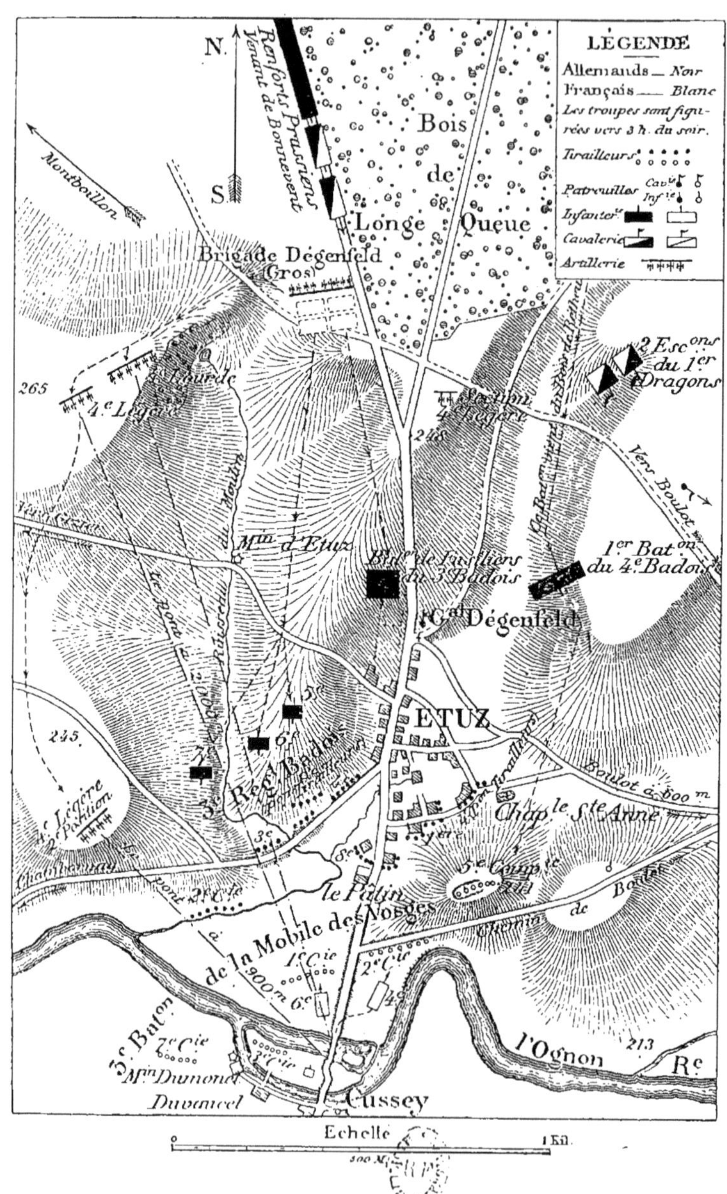

Echelle

Combat de Cussey.

(Les troupes sont figurées vers 3 heures du soir.)

Première armée.

encore se cachent dans les roseaux, où l'ennemi les découvrira le soir.

La 3ᵉ compagnie des Vosges et les mobiles des Hautes-Alpes, qui occupaient l'île, virent bientôt qu'ils allaient être pris dans une souricière s'ils ne se dérobaient au plus vite. Un sous-lieutenant de 20 ans, Delang, commandant la 3ᵉ compagnie des Vosges, faisait sortir ses hommes par la chaussée et restait le dernier au poste d'honneur, quand'il tomba, le front broyé par un éclat d'obus. (Appendice n° 12.)

Un certain nombre de défenseurs de l'île purent aussi s'échapper en utilisant la passerelle de la maison Duvaucel, dont la grille, par suite de la négligence des précautions défensives les plus élémentaires, ne fut ouverte qu'au dernier moment. Les officiers et les hommes qui, devant le mouvement rapide de l'ennemi, n'avaient pu prendre à temps la fuite furent cernés dans l'île, où l'action finit par des combats individuels. On vit notamment un capitaine des Hautes-Alpes faire de l'escrime avec un fantassin badois (1).

Quant à la 7ᵉ compagnie des Vosges, accourant de la lisière ouest de Cussey, elle s'établissait à la sortie sud de ce village, près du cimetière. Derrière cette troupe, encore intacte, le commandant Brachet (2) et le capitaine Méalhie essayaient de reformer les mobiles des deux bataillons. Ici encore, à l'endroit dangereux, on retrouve le curé de Devecey. Le capitaine Méalhie s'exprime ainsi dans son rapport :

J'étais avec un curé, qui a été admirable de sang-froid, occupé à rallier les hommes qui étaient près de nous.

____

(1) En terminant le récit de ce qui s'est passé dans l'île, mentionnons le dévouement de Mᵐᵉ Dumonet, propriétaire du moulin, qui pendant le combat porta plusieurs fois des vivres aux tirailleurs de la 3ᵉ compagnie des Vosges, qui n'avaient pas mangé depuis la veille.

(2) Le commandant Brachet, animé d'une ardeur extraordinaire, ne calculait jamais le nombre des ennemis. Quand les Badois entrèrent dans Cussey, il se porta vers une patrouille de quelques chasseurs à cheval qui était dans la partie haute du village, leur demandant de charger dans la rue principale. En présence des masses allemandes, les chasseurs ne crurent pas devoir entreprendre cette charge et se retirèrent. L'idée du commandant était bonne, quelques cavaliers

Malgré tout le courage déployé par ce prêtre et ces braves officiers, nous estimons que cet essai de rassemblement à quelques pas de l'ennemi était une dernière faute. Que pouvait-on faire de cette cohue, où tous les liens tactiques étaient rompus?

Au lieu d'immobiliser ainsi les débris des bataillons à découvert et à portée du vainqueur, il fallait leur laisser gagner à toutes jambes le bois de Cussey, qui les attirait naturellement. Là, on aurait pu organiser une résistance momentanée avec quelques éléments remis en ordre et assurer ainsi le salut du reste.

Les Badois n'avaient pas lâché leur proie. L'escadron Risling, du 1er dragons, lancé à la poursuite, traverse rapidement le village et tombe à l'improviste sur les fractions qui essaient de se reformer. Leur désordre est tel qu'elles ne peuvent faire aucune résistance. Là, 12 officiers dont 7 des Vosges et 150 hommes des deux corps sont encore faits prisonniers (1).

Cette charge est remarquable par son à-propos.

Tombant sur une infanterie démoralisée et hors d'état de faire feu, l'escadron badois, sans perdre un homme, désorganise et met hors de cause deux bataillons, qui, sans ce désastre final, se seraient rapidement reconstitués.

Les mobiles des Vosges et des Hautes-Alpes qui purent s'échapper suivirent en grande partie le chemin direct de Cussey à Auxon-Dessous par les bois (2). La cavalerie badoise aurait pu les traquer et les prendre jusqu'au dernier;

---

lancés à fond de train dans la rue eussent tout renversé; mais il aurait fallu un Pajol pour les conduire.

(1) Le bataillon des Vosges perdit dans la journée 10 officiers : le sous-lieutenant Delang, tué; le commandant Brachet, le capitaine Colle et les lieutenants Méline, Pierre et Blaison, blessés et prisonniers; le capitaine Ostertag, qui traversa l'Ognon à la nage, et les lieutenants Monnin, Grandreau, Pottecher, prisonniers.

Dans le bataillon des Hautes-Alpes, 5 officiers prisonniers : le commandant Bauny, les capitaines Méalhie et Laurençon, les lieutenants Manuel et Clément-Aubert.

(2) Quelques officiers et 30 hommes du bataillon des Hautes-Alpes furent rassemblés par le capitaine Clément et s'échappèrent sur Sauvagney. Après s'être égarés, ils arrivèrent à Dôle, d'où Garibaldi les renvoya à Besançon.

mais elle avait reçu l'ordre formel de marcher directement sur Auxon - Dessus, dont l'occupation semblait nécessaire pour couper les communications de la colonne française de Voray.

La cavalerie allemande continue jusqu'à Auxon.

Personne ne peut mieux nous renseigner sur la marche de cette cavalerie qu'un témoin oculaire, M. Roman, lieutenant de la 5e compagnie des Hautes-Alpes. On se rappelle que, dans la matinée cet officier se trouvait aux avant-postes entre Auxon et Cussey.

Dans l'après-midi, il obtint de son capitaine la permission de se rendre avec deux hommes jusqu'à Cussey, pour voir ce qui se passait.

Sur la route, à hauteur de nos sentinelles extrêmes, je rencontre des voitures chargées de meubles filant sur Besançon; les paysans criaient : « *Les Prussiens! les Prussiens!* »

A un kilomètre avant d'arriver à Cussey (à la cote 257), deux ordonnances sont couchés sur le remblai de la route et gardent des cantines d'officiers.

— Que faites-vous là ?

— Le bataillon des Vosges est à Cussey devant les Allemands, et nos officiers nous ont dit de les attendre ici.

Je continue mon chemin. Près du village, un obus vient à notre droite tomber dans un trou de carrière et y fait rage.

Nous arrivons à Cussey : la réserve du bataillon des Vosges était couchée derrière les premières maisons du village. Les Vosgiens crient aux soldats qui étaient avec moi de cacher leurs baïonnettes, qui brillaient au soleil, ce qui me parut un peu naïf. Je trouve là le commandant Brachet, du bataillon des Vosges, et un franc-tireur de l'Isère accouru de Châtillon pour chercher comme moi des renseignements...

Nous passons ici sur le récit de faits déjà connus.

Après la charge de la cavalerie badoise, ce qui restait du bataillon des Hautes-Alpes prit, pour s'échapper, le chemin de Cussey à Auxon-Dessous par le bois du Pasquier. Un très petit nombre d'isolés suivit la route directe de Cussey à Auxon-Dessus.

Je rejoignais naturellement ma compagnie par cette route et me trouvais vers la baraque *Lavié*, lorsque je vis venir de Cussey une voiture de blessés des Vosges et Hautes-Alpes, accompagnée par notre major, le docteur Provençal ; autour d'elle, il y avait une vingtaine de nos soldats et quatre ou cinq chasseurs à cheval.

Je me joins à eux et nous marchons bon train. Tout à coup, nous entendons derrière nous un hurlement. Nous nous retournons et apercevons, à quelques centaines de mètres, un peloton de dragons badois qui fondaient sur nous le sabre à la main.

Les chasseurs filent avec la voiture de blessés sur Auxon-Dessus ; nous, les piétons, sautons vivement dans le grand bois dont la lisière borde la route ; quelques imbéciles filent du côté opposé dans une terre labourée.

J'ai vu alors quelque chose de curieux : les dragons badois cessent leur poursuite, s'alignent sans plus s'inquiéter de nous (20 à 25 hommes), qu'ils avaient vu entrer armés dans le bois. Ils nous tournent le dos et s'amusent, en riant, à tirer sur les deux ou trois pauvres diables qui couraient dans les champs labourés. J'avoue que cela m'enragea à tel point que, arrachant un fusil des mains d'un soldat (1), j'envoyai une balle sur les dragons, et à l'instant ils tournèrent bride et disparurent.

Marchant, du nord au sud, dans le grand bois, j'arrive avec mes hommes à la lisière, au point où se trouve sur la carte au 80,000ᵉ la lettre *D* du mot *Dessus*. Là, je rencontre un sergent de ma compagnie et quelques mobiles, envoyés antérieurement en reconnaissance. Au même moment, nous voyons les débris des bataillons des Vosges et des Hautes-Alpes rentrer à Auxon-Dessus (2) par la route d'Auxon-Dessous. Je rassemble les isolés qui se trouvaient autour de moi, et nous marchons sur ce dernier village.

---

(1) La dépression morale était telle, à ce moment, que les hommes, ne cherchant qu'à se mettre à l'abri, oubliaient qu'ils avaient une arme entre les mains.

(2) Un peu avant 4 heures 1/2, « ils rentraient tout haletants, les uns blessés et tous épuisés de soif et de faim, blancs de colère d'avoir été ainsi sacrifiés. » (Note du curé d'Auxon, qui les attendait à l'entrée du village.)

Détail singulier : un cultivateur récoltait ses pommes de terre, tranquillement, dans un champ au sud du grand bois. Nous n'avions pas fait cent pas, qu'un escadron ennemi débouche de la lisière par la grande route de Cussey à Auxon. Bientôt il s'arrête ; un cavalier se détache, court au cultivateur et lui demande un renseignement : l'homme répond et se remet au travail ; le cavalier rejoint ses camarades.

Nous nous avançons avec précaution, masqués derrière des buissons, ayant l'intention de faire feu quand nous serions à portée ; mais nous n'en avons pas le temps.

Les cavaliers se courbent sur leurs chevaux et s'élancent sur le village d'Auxon, qu'ils croyaient probablement abandonné. Mais, tout à coup, une fusillade très vive éclate à courte portée ; les cavaliers font demi-tour et s'enfuient.

Nous contournons alors le village d'Auxon-Dessus au pas de course (1). Nous sautons des haies, des murs de jardins (jamais je n'ai éprouvé une telle lassitude) ; nous tombons au milieu de zouaves abrités derrière l'un de ces murs. Ils nous disent de filer ; deux, je m'en souviens, jouaient aux cartes. Nous montons alors sur le plateau, au sud d'Auxon (cote 327), où je retrouve 600 hommes du bataillon avec le capitaine Jauffret (2), le lieutenant Ferrary et le docteur Provençal ; les autres officiers étaient blessés, prisonniers ou disparus.

2° *Reconnaissance circulaire.* (Croquis d'ensemble.)

On se rappelle que, pendant le combat d'Etuz, la lourde reconnaissance du colonel Perrin était venue inquiéter momentanément les Allemands sur leur flanc gauche ; nous allons examiner dans quelles conditions a opéré ce détachement.

Au lever du jour, on fit battre la générale dans les rues de

---

(1) Le 1ᵉʳ bataillon du 4ᵉ badois arrivait derrière eux

(2) Quelques minutes après, le capitaine Jauffret eut la poitrine traversée par une balle perdue.

Voray pour rassembler le 4ᵉ bataillon du 85ᵉ (5 compagnies), .
qui bientôt fut rejoint par le 2ᵉ bataillon des mobiles du Doubs,
arrivant de Bonnay. Le colonel Perrin, laissant la section d'artillerie dans son cantonnement de Devecey, dirigea ces troupes sur Bussières vers 7 heures du matin.

En quittant Voray, le bataillon du 85ᵉ laissa au nord, sur le
mamelon de la chapelle, la 3ᵉ compagnie (capitaine Descourvières) pour surveiller la route de Rioz, concurremment avec
le détachement Mansion, qui occupait Buthiers. Les quatre
autres compagnies prirent la tête de la reconnaissance, suivies
par le 2ᵉ bataillon du Doubs.

M. d'Ollone, commandant de ce bataillon de mobiles, a bien
voulu nous communiquer quelques notes intercalées ci-dessous dans l'exposé des événements.

A notre arrivée à Bussières, les habitants, dont j'étais connu, se
trouvaient devant leurs portes, sombres et soucieux, et je fus
frappé de l'air consterné avec lequel le vieux régisseur du château
vint me serrer la main. Tous savaient déjà que l'ennemi arrivait
avec de fortes colonnes.

Le détachement marcha ensuite de Bussières vers Boulot ; en
route, nous entendions une vive canonnade, dirigée sur Etuz et
Cussey, à laquelle répondaient des feux de mousqueterie très
nourris. C'était le bataillon des Vosges, engagé avec la brigade
Dégenfeld, l'Ognon à dos.

Un des cavaliers du colonel Perrin vint m'avertir de prendre
mes dispositions en vue d'une prochaine rencontre de l'ennemi.
Je fis visiter les aiguilles des chassepots, et, par quelques propos
de bonne humeur, je tâchai de donner de l'entrain à mes hommes.

Peu après, vers 10 heures, nous entrions à Boulot. Tous les
habitants étaient sur la place, terrifiés. Je dis à l'un des principaux, en passant près de lui : « Eh bien, vous ne venez pas à la
fête avec nous ? » Sa grimace, pour toute réponse, et le peu d'écho
que ma proposition provoqua dans l'assistance signifiaient assez
qu'ils n'auguraient rien de bon.

A Boulot, la colonne s'arrête ; le 85ᵉ occupe d'abord le parc de M. de Rocquemont, dans la partie nord du village, et de là surveille la route de Boult. Mais bientôt on aperçoit quelques cavaliers ennemis en avant du bois de Retheu, et le colonel Perrin donne au bataillon du Doubs l'ordre de marcher sur ce bois, puis de le traverser par la tranchée sommiaire.

A son tour, le 85° sort de Boulot et se dirige aussi sur le Retheu; il s'avance en ligne déployée et ne quitte cette formation extraordinaire qu'à la lisière, pour s'engager ensuite, homme par homme, dans le même sentier que les mobiles du Doubs.

Cette file occupait une extrême longueur et, en cas de rencontre de l'ennemi, n'aurait présenté aucun moyen de formation ni de résistance.

Un peu avant la sortie du bois, le colonel nous donna brusquement l'ordre de rétrograder. Avait-il aperçu l'ennemi? Je ne sais, car je n'ai pas été assez près de la lisière pour voir (1).

Je m'occupai de faire exécuter, sans surexciter les nerfs de mes hommes, ce mouvement de recul, très délicat dans de telles conditions (2).

---

(1) L'idée primitive du colonel Perrin était, croyons-nous, de menacer les communications de l'avant-garde allemande qui attaquait Etuz; mais, au moment de déboucher du bois, il aperçut le bataillon badois, tiré du gros de la brigade Dégenfeld, marchant par Champ-Dolant sur la lisière nord du Retheu. Le colonel vit qu'il allait être pris entre deux feux et se décida à la retraite.

(2) Les mobiles du Doubs, bien malmenés dans les notes du colonel Perrin sur la campagne, étaient cependant de très braves gens; ils exécutèrent avec ordre ce mouvement, qui demandait beaucoup de sang-froid. On entendait la fusilla de rapprochée, et les commandements de « demi-tour » du colonel retentissaient sous bois, semant l'épouvante.

Pendant la campagne des Vosges, pareille formation à la file indienne avait occasionné une panique parmi des troupes conduites par le même chef :

« Dans la nuit du 2 au 3 octobre, ayant appris que les Allemands cantonnés à Azerailles ont organisé un bal, le colonel Perrin tente une nouvelle expédition contre ce village.

» Vers 1 heure du matin, après avoir passé la nuit dans les tranchées qui barrent la vallée, et dont les émanations causent aux hommes de nombreux malaises, toute la colonne expéditionnaire se met en marche sur la rive gauche de la Meurthe, homme par homme, à travers bois, par une nuit obscure, à laquelle succède un épais brouillard. Cette longue file est scindée en plusieurs tronçons, qui, eux-mêmes, se divisent et s'égrènent bientôt à l'infini. Tout à coup, à hauteur de Baccarat, des bois mal entassés croulent avec bruit; une panique indicible se met

Lorsque les troupes eurent rebroussé chemin et furent sorties du bois de Retheu, le colonel Perrin prit avec le gros de la colonne, 85e en tête, la route de Boult, pour se rabattre ensuite sur le pont de Voray. Celui-ci ne pouvait être atteint qu'après une marche de deux heures au milieu des plus grands périls.

Le colonel m'ordonna de rester avec deux compagnies d'arrière-garde, dont l'une dessinerait un mouvement en avant dans la direction d'Etuz pour couvrir la retraite, l'autre servant de soutien.

Je marchais avec les tirailleurs, 4e compagnie, capitaine Pernot, et nous vîmes bientôt des dragons badois sortir de Boulot (1) et emmener prisonniers quelques-uns de mes hommes qui s'étaient attardés dans ce village. Ceux-ci, nous apercevant avant les dragons, préoccupés de ne pas les laisser échapper, se jetèrent à terre; ce fut alors un curieux spectacle que de voir ces cavaliers chercher à les faire avancer, en essayant de leur donner des coups de pointe de sabre dans le dos. La fusillade, dirigée sur eux, les enleva bien vite à cette occupation et, tandis que nos traînards avaient retrouvé des jambes d'une agilité merveilleuse pour nous rallier, les éclaireurs ennemis s'enfuyaient de toute la vitesse de leurs chevaux.

C'est probablement d'après le rapport de ces éclaireurs que les Allemands ont évalué à deux compagnies seulement l'effectif de la reconnaissance française. Ils n'ont pas eu d'autres

---

dans la colonne, dont les différentes parcelles se rejettent en désordre les unes sur les autres et se fusillent à bout portant.

» Tout le monde rebrousse chemin, et lorsque le sous-officier qui commande la pointe d'avant-garde, arrivée devant Azerailles, surpris d'entendre cette fusillade se décide à retourner sur ses pas, il ne trouve plus personne. » (*Les Vosges en 1870*, par le commandant Bruté de Rémur.)

(1) Ces dragons étaient entrés à Boulot immédiatement après le passage de la reconnaissance française. C'est probablement quand il apprit l'occupation de ce village, sur ses communications, que le colonel Perrin se décida à se retirer sur Boult. Il faut avouer qu'à ce moment, sur le point d'être atteint par le 1er bataillon du 4e badois accourant de Champ-Dolant, le colonel n'avait pas le temps de faire reconnaître l'effectif de la troupe occupant Boulot. En réalité, la reconnaissance, n'ayant pas de cavalerie, marchait à l'aveugle, et, l'ennemi paraissant l'enserrer, elle a cherché son salut dans la seule direction qui restait libre.

renseignements sur cette troupe ; ne l'ayant même pas fait suivre par une patrouille, ils ignorent encore sa randonnée entre leurs lignes de marche.

Continuons le récit du commandant des mobiles du Doubs :

Les deux compagnies se replient ensuite, formant l'arrière-garde de la colonne Perrin. A Boult, je trouvai un de mes amis, le comte Alfred de Perthuis, ancien capitaine de chasseurs d'Afrique, fort soucieux de voir arriver la brigade Keller à Voray avant nous.

Nous marchons sur Voray, et, parvenu à 1 kilom. 1/2 de ce village (à hauteur de la cote 253), je m'inquiétais de ne pas voir rentrer ma dernière compagnie d'arrière-garde, capitaine Pernot, que j'avais laissée face à Boult, sur la lisière ouest du bois, lorsque je vis sur la route de Vesoul, à hauteur de la chapelle de Voray, des tirailleurs qui semblaient nous faire face. Les prenant pour des Allemands, j'envoyai un des cavaliers du colonel Perrin avertir le capitaine Pernot de la présence de l'ennemi et lui donner l'ordre de hâter sa retraite.

Le gros de la reconnaissance avait franchi le pont de Voray à 1 heure du soir ; la compagnie d'arrière-garde le passa à 2 heures.

Fort heureusement, les Allemands n'occupaient pas encore la chapelle de Voray, et les tirailleurs remarqués par le commandant d'Ollone appartenaient à la compagnie Descouvrières, du 85°, vers laquelle étaient venus s'établir les francs-tireurs du Jura.

Ces troupes devaient protéger la retraite du capitaine Mansion, qui avait tenu ferme à Buthiers, fort à propos pour le salut de la grande reconnaissance. Nous allons voir comment cet officier, grâce à son sang-froid et à son habileté, s'était tiré d'une situation difficile.

3° *Combat de Buthiers*. (Pl. n° 4, page 105.)

Déploiement du détachement français.

La compagnie de 300 chasseurs, sous les ordres du capitaine Mansion, avait été renforcée, le 22 au matin, par les 200 hommes du 78ᵉ cantonnés à Devecey.

Le capitaine, qui devait, avec ces 500 jeunes soldats, défendre en avant les ponts de Voray et de Buthiers, fut amené, malgré lui, à prendre une très mauvaise position sur la croupe allongée située au nord de ce dernier village. Il disposa, tout d'abord, deux avant-postes de combat : l'un de 100 hommes au pavillon Poignand (ruine, sur la carte au 80,000ᵉ), et l'autre de 50 hommes au village de Perrouse. Ces fractions, commandées chacune par un officier, avaient envoyé des patrouilles dans les bois de la Chenoue, du Charansoy et à la Tuilerie d'Avouaye.

Quant au gros, il fut placé à la croisée des routes, vers les maisons Pernot, ayant encore devant lui deux postes intermédiaires : l'un de 25 hommes, commandé par le sous-lieutenant du 78ᵉ, à 300 mètres au nord dans une carrière, et l'autre de même force, sur le chemin de Buthiers à Perrouse. (Postes B et A sur la planche n° 4.)

Ce dispositif, bizarre et compliqué à première vue, était inspiré par les circonstances. Forcé de défendre en contre-bas les pentes d'une longue croupe, le capitaine Mansion s'accrochait en plusieurs points au terrain, interposant des tampons entre son gros et l'ennemi pour gagner du temps et surtout éviter les surprises. Il savait que, si ses conscrits étaient surpris, ils ne tiendraient pas.

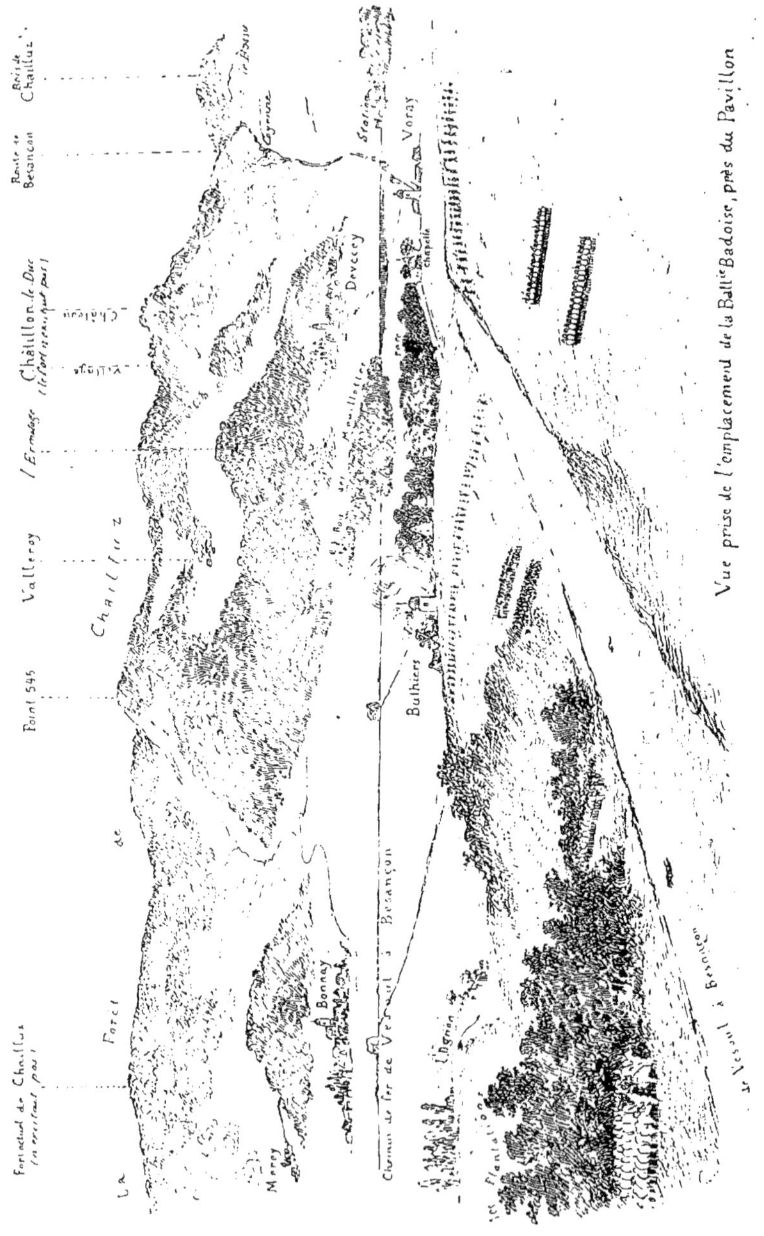

Vue prise de l'emplacement de la Bat^{ie} Badoise, près du Pavillon

Combat de Buthiers.

(Les Badois marchent sur ce village, incendié par la 1re batterie lourde.)

Marche de l'avant-garde de la brigade Keller et attaque des postes avancés.

L'avant-garde de la 3e brigade se composait du bataillon de fusiliers du 5e régiment et du 5e escadron des dragons du corps. La 12e compagnie et un peloton de dragons, détachés en tête, avaient trouvé les hauteurs, au sud de Rioz, occupées par des francs-tireurs venus de Besançon en omnibus, comme pour une partie de chasse. Ceux-ci, après une tirerie inoffensive, s'échappèrent en laissant toutefois entre les mains des Allemands six hommes, qui furent pris sur la côte de Sorans par la 10e compagnie, que l'avant-garde venait d'envoyer de ce côté.

La marche des Badois avait été rapidement signalée au capitaine Mansion par les habitants, fuyant devant les troupes ennemies, qu'ils évaluaient à 2.000 fantassins, 250 cavaliers et une batterie. Ces renseignements furent confirmés, quelques instants après, par trois chasseurs à pied de bonne volonté envoyés jusqu'au contact.

Vers 11 h. 1/4, le peloton de dragons badois est arrivé au bois de la Chenoue, où il traque quelques chasseurs à cheval envoyés de Besançon ; mais, recevant lui-même des coups de feu tirés par une patrouille de chasseurs à pied circulant sous bois, il tourne bride et démasque son infanterie. La 12e compagnie se déploie alors et s'avance à cheval sur la grande route, nettoyant les bois ; elle a comme soutien un peloton de la 9e, tandis que, plus à sa gauche, les deux autres pelotons de la 9e et un de la 11e marchent sur Perrouse.

Les postes avancés sont attaqués à 11 h. 1/2 et résistent assez longtemps, malgré leur situation désavantageuse devant les lisières de bois.

Le poste du Pavillon, tourné par le sentier qui vient de la Tuilerie, se retire le premier, en laissant 20 chasseurs aux mains de l'ennemi. Il s'échappe au sud-est, rejoint le chemin de Perrouse à Buthiers, où il se réfugie et prend position.

A Perrouse, le lieutenant Horix de Valdan, ancien officier démissionnaire, a disposé ses 50 hommes en tirailleurs en avant du village (1), la gauche aux plantations et face à l'ouest ; de là, il fusille l'infanterie allemande qui sort des bois, dans les environs de la grande route, mais sa droite se trouve absolument en l'air et exposée aux surprises. Le capitaine de Bocklein, commandant le 5e escadron du 1er dragons badois, s'en aperçoit et, aussitôt, prenant une de ces décisions rapides qui caractérisent les vrais cavaliers, il longe la lisière est du bois de la Chenoue pour tomber sur le flanc des tirailleurs.

L'historique de l'état-major prussien nous dit que nos chasseurs à pied furent culbutés, tandis que le capitaine Mansion affirme que l'escadron dut tourner bride.

Voici comment on peut concilier ces deux témoignages en apparence contradictoires : les 50 tirailleurs, apercevant l'escadron, sautèrent rapidement dans les plantations, auxquelles leur gauche s'appuyait, et ouvrirent le feu sur les dragons, qui perdirent 2 hommes et 5 chevaux, puis disparurent à leur tour. Si les tirailleurs, surpris en plein champ, avaient attendu cette charge funeste, arrivant de flanc, ils auraient été roulés et faits prisonniers ; or l'escadron n'en prit et n'en sabra aucun. Donc, pas de charge arrivant au contact, mais menace seulement.

C'est après cette action de cavalerie que la 12e compagnie badoise, entrant par l'ouest dans les plantations, force le lieutenant de Valdan à la retraite sur Buthiers et capture 10 chasseurs dans les taillis.

---

(1) Ici encore, nous remarquons une tendance à ne pas occuper les villages.

Dispositions prises par le général de Werder au reçu d'un renseignement inexact.

A la suite de l'enlèvement des postes avancés, la 12ᵉ compagnie est parvenue sur le plateau au sud du Pavillon. C'est alors que son capitaine, parcourant l'horizon, croit voir l'ennemi surgissant de toutes parts. D'après l'historique du corps, il rend compte au major de la présence d'un bataillon sur son front ; un autre, ajoute-t-il, menace son flanc droit et, enfin, une compagnie va tourner sa gauche.

Le général Keller, sans aucune vérification, fait savoir à de Werder que son avant-garde a rencontré, au sud de Rioz, un ennemi supérieur en nombre et qu'il a besoin de renforts (1). Cette dépêche fut portée à Oiselay par un cavalier qui eut à parcourir 12 kilomètres par des chemins de traverse; aussi ne parvint-elle qu'à 1 heure du soir au général de Werder. Il l'attendait avec impatience depuis 11 heures du matin, heure fixée pour la réception des premiers renseignements que les diverses colonnes devaient lui adresser.

Le général en chef va pouvoir enfin donner des ordres pour terminer l'opération projetée. Tous les comptes rendus sont arrivés. Ils font ressortir que les ponts du bas Ognon ne sont pas occupés par les Français, qui au contraire débouchent en forces en avant des ponts de Cussey et de Voray. Conclusion : le corps de Cambriels a quitté l'appui de la place et, divisé en deux colonnes, s'est aventuré sur les routes qui conduisent à ces dernières localités.

Ainsi, par suite d'exagération dans les rapports de ses colonnes de gauche et du centre, le général de Werder était confirmé dans l'idée, absolument inexacte, qui s'était emparée de son esprit à la suite de la reconnaissance du 19 sur Rioz. Plus que jamais, il crut avoir devant lui, dans la vallée de l'Ognon,

____

(1) D'après l'ouvrage du capitaine allemand Lohlein (page 45). Première armée.

le gros des forces de l'armée de l'Est. De là, des ordres qui ne cadrent nullement avec la situation, et, pendant la seconde partie de la journée, toutes les mesures prescrites tendent à cerner deux masses françaises qui en réalité ne se composent que de quelques compagnies. Ce sont des manœuvres contre un ennemi figuré.

On se rappelle les dispositions prises pour faire envelopper les défenseurs de Cussey par la brigade Guillaume de Bade. Des mesures analogues seront ordonnées contre la forte colonne supposée à Buthiers ; après l'enlèvement du pont de Cussey, le général de Werder menacera ses communications en envoyant sur Châtillon des troupes tirées de sa colonne centrale.

Les Allemands projettent, comme on le voit, deux coups de filet successifs.

En attendant, il est prescrit au général Keller de tenir bon en face de la colonne de Buthiers.

Ordre au général Keller, commandant la 3e brigade.

Le général Dégenfeld, engagé à Etuz contre de forts partis enne-mis, a l'ordre de modérer le combat jusqu'à ce que le prince Guil-laume, qui a trouvé le pont de Pin inoccupé, puisse tomber sur le dos de l'adversaire.

: Vous ne recevrez aucun secours, et, si vous ne pouvez rejeter l'ennemi, gardez la défensive en prenant une position d'attente ; mais, si vous parvenez à enlever le défilé de Voray, prévenez-moi immédiatement.

Je me porte à Bonnevent.

WERDER.

Oiselay, 1 heure du soir.

Suite et fin du combat de Buthiers.

Après avoir ainsi pénétré dans la pensée des généraux alle-mands, terminons le combat de Buthiers.

Sur le plateau du Pavillon, la 12e compagnie, qui se croyait menacée par des forces supérieures, fut soutenue par la 10e et prolongée à droite dans le bois de Reveure par un peloton de la 11e. Pour compléter ces mesures, le général Keller, pensant que le moment de faire intervenir l'artillerie était venu, avait envoyé chercher la 1re batterie lourde.

Celle-ci se reposait à Rioz avec le gros de la brigade depuis 10 heures du matin. Tout en attendant des ordres, on avait fait la soupe. Hommes et chevaux étaient convenablement restaurés. Aussi c'est avec le plus grand entrain que la batterie se porte au trot allongé sur le théâtre du combat, croisant en route les premiers prisonniers et blessés. Soutenue par deux pelotons du 2e escadron, elle s'établit vers le Pavillon, le seul emplacement qu'elle eût à sa disposition. De là, on découvre au loin la vallée de l'Ognon ; mais, par suite de la forme convexe du terrain, les pentes vers Buthiers sont en angle mort, et le détachement Mansion échappe aux obus.

Alors, pour occuper leurs loisirs, les artilleurs badois commettent un acte de vandalisme en bombardant les villages de Bonnay, Buthiers et Voray. Ils ont donné comme raison que ces villages étaient occupés. Comment pouvaient-ils le savoir pour Buthiers et Voray, dont on n'aperçoit, du Pavillon, que les clochers et quelques toits ? (Voir la planche n° 3.)

La batterie ouvre son feu vers 1 heure du soir, et successivement de vastes incendies se déclarent à Buthiers et à Bonnay. Mais le tir sur Voray est trop court ; la plupart des obus s'enfoncent, sans éclater, dans les champs au nord du village.

Pendant le combat soutenu par ses postes du Pavillon et de Perrouse, le capitaine Mansion avait fait déployer 150 hommes du gros. en tirailleurs, de chaque côté de la route ; le reste formait une réserve de deux sections, abritées derrière les talus des chemins qui avoisinent les maisons Pernot. Plus tard, les débris des postes avancés vinrent occuper le clos à la lisière nord de Buthiers, appuyant ainsi la droite du détachement. Toute la première ligne commença bientôt le feu sur les tirailleurs ennemis apparaissant le long de la crête du plateau du Pavillon.

Du côté badois, le 2ᵉ bataillon du 5ᵉ régiment vient appuyer le bataillon de fusiliers. Après ce renforcement, 2.000 hommes de pied, une batterie et un escadron et demi luttent contre 500 conscrits. Mais ceux-ci, grâce à la mollesse de leurs adversaires, conservent, sans trop de difficultés, leur mauvaise position à mi-pente.

A 2 heures, le capitaine Mansion reçoit l'ordre verbal de se replier sur Voray.

Ne le trouvant pas suffisamment motivé, d'autant plus que par un feu nourri nous maintenions depuis longtemps les Allemands dans la même position, j'envoyai prendre des ordres nouveaux et plus précis. (Rapport du capitaine Mansion.)

Vers 2 h. 3/4, le planton revient dire au capitaine qu'on lui enjoint de se replier sur Voray immédiatement et qu'on n'attend plus que son détachement pour faire sauter le pont (1).

Devant cette confirmation d'ordre, il n'y a plus à hésiter. Le capitaine fait transporter les blessés dans la maison Pernot père (2), puis, pour protéger la retraite des tirailleurs qui démasquent, il fait ouvrir le feu par les sections de réserve.

D'après un historique badois, la section de gauche (figurée en S sur le levé) se laisse surprendre et enlever 20 hommes par un peloton de la 12ᵉ compagnie, qui, formant échelon en avant de la droite, venait de longer le bois de Reveure en

---

(1) Le pont ne devait pas sauter ce jour-là. La compagnie Ziégler, de la légion bretonne, s'était bien présentée dans cette intention ; mais *on ne put savoir qui avait donné l'ordre,* et le colonel Perrin empêcha, avec raison, cette destruction inutile.

(2) En plus des blessés, une dizaine de chasseurs, trop vivemement pressés par l'ennemi, se réfugièrent dans cette maison et se cachèrent dans l'écurie. A la nuit, ils s'échappèrent sur Perrouse et de là se rendirent à Moncey pour franchir l'Ognon.

L'un d'eux, qui avait voulu fuir en plein jour, revêtu de la blouse d'un domestique, fut arrêté et fusillé devant la maison. Les Badois piétinèrent son corps ; le nez de ce malheureux fut complètement écrasé.

échappant aux vues grâce à la convexité de la croupe. Une simple patrouille française envoyée au bois de Reveure aurait empêché cette surprise.

Le détachement Mansion, diminué des tirailleurs de droite, qui s'échappent sur Bonnay, exécute sa retraite par échelons jusqu'à la chapelle de Voray, où se trouve la compagnie Descourvières, du 85e. A ce moment, un grand nombre d'obus arrivent dans les environs de ce sanctuaire : un d'eux traverse le toit et éclate à l'intérieur ; un autre atteint très obliquement le mur ouest, dans lequel ses fragments sont encore encastrés.

La compagnie du 85e ouvre le feu et, bien que le combat ne dure que fort peu de temps, éprouve des pertes sensibles. Le sous-lieutenant Mathon est blessé au bras et 15 hommes sont atteints également.

Dès que le détachement Mansion est parvenu à Voray, la compagnie Descourvières se retire à son tour et le suit dans la direction de Châtillon-le-Duc.

Cinq ou six isolés, mis en main et énergiquement commandés par un chasseur à pied de 1re classe, fermaient la marche.

Ils descendaient la route de la Chapelle à Voray, s'arrêtant de temps à autre pour riposter à l'ennemi. Arrivés dans le village, ils se disposaient à entreprendre sa défense à eux seuls. Il fallut les supplications du maire pour leur faire abandonner ce projet et repasser le pont.

Les Badois s'étaient enfin décidés à marcher ; mais, tout en gagnant du terrain, ils se disloquèrent comme pour cantonner. Le bataillon de fusiliers du 5e entrait à Buthiers, et, un peu plus tard, vers 3 h. 1/2, le 2e bataillon de ce régiment s'installait à Voray, dont le pont ne fut franchi que par la 6e compagnie (capitaine Engler). Quant à la 1re batterie lourde, elle prit une nouvelle position sur le plateau de la Chapelle, réglant son tir sur les défenseurs des pentes nord de Châtillon ; son soutien comprenait toute la cavalerie de la colonne. Mais bientôt le général Keller, croyant sa mission terminée, donna l'ordre de suspendre tout mouvement et fit même rentrer la

6ᵉ compagnie, qui s'était avancée, sur la route de Besançon, jusqu'au chemin de fer. Alors il rendit compte au général de Werder du succès qu'il venait d'obtenir en occupant le pont de Voray. La dépêche fut portée à Bonnevent par le premier lieutenant Bühler, adjudant de bataillon, qui, le long de sa route, essuya à deux reprises des coups de feu tirés par des isolés.

La 3ᵉ brigade, ne prenant aucune initiative, passait son temps à attendre les ordres de Werder.

Observations sur l'enlèvement de l'avant-ligne.

Allemands. — Dans le combat de Cussey, le déploiement et les manœuvres de l'avant-garde paraissent convenablement adaptés au terrain et aux circonstances ; les emplacements de l'artillerie sont bien choisis ; la cavalerie est employée brillamment lors de la poursuite.

A Buthiers, au contraire, les troupes badoises agissent sans entrain et perdent une belle occasion de se couvrir de lauriers. Si le général Keller avait marché plus vite et culbuté résolument le détachement Mansion, il aurait occupé le pont de Voray assez à temps pour couper toute retraite à la reconnaissance Perrin.

Jetons maintenant un coup d'œil sur l'ensemble du dispositif allemand, où des fautes graves apparaissent.

La cavalerie néglige l'exploration et reste partie intégrante des colonnes. Elle ne cherche même pas à les relier. Pendant que les 2ᵉ et 3ᵉ brigades livrent les combats de Cussey et de Buthiers, aucune patrouille de cavalerie ne parcourt la route intermédiaire de Boult au pont de Bussières (1), et le colonel Perrin bénéficie encore de cette négligence.

----

(1) Ce pont ne figurait pas sur notre carte d'état-major, qui n'était pas à jour en 1870. Il est à présumer que l'état-major du XIVᵉ corps allemand ignorait son existence quand il a préparé la marche du 22.

Les lignes de marche des colonnes sont à de trop grands intervalles. Ils avaient leur raison d'être pendant les marches; mais, s'il faut s'étendre pour vivre, il est indispensable de se concentrer pour combattre. Les brigades des ailes, vu leur éloignement, ne peuvent recevoir les ordres en temps utile et coopérer à un but commun.

Il ne faut pas croire que, devant des mobiles, les Badois pouvaient tout se permettre et prendre du large. Le principe de concentration des forces, destiné uniquement à faciliter la transmission des ordres et la mise en œuvre des troupes qu'un général a sous ses ordres, subsiste quelle que soit la valeur morale de l'adversaire.

Le 22 octobre, en prenant l'offensive de bonne heure avec son corps d'armée en main, de Werder, broyant tout sur son passage, aurait franchi l'Ognon vers 11 heures du matin, où il aurait voulu, par exemple aux ponts de Bussières et de Cussey; puis, avec ses masses sur la rive gauche, absolument maître de la situation, il pouvait intimider Besançon, le soir même, par un bombardement. Par ses lenteurs de manœuvres résultant de l'éparpillement des troupes, le général allemand a laissé passer le moment propice. Quand le passage de la rivière fut enfin effectué, il ne lui restait plus, avant la nuit, le temps nécessaire pour concentrer ses forces et enlever la position principale des Français. Dès lors, ceux-ci ne pouvaient plus être surpris, et l'opération du 14ᵉ corps était manquée.

Français. — Les ponts sont défendus en avant. Etait-ce pour couvrir ces défilés, que la reconnaissance du colonel Perrin pouvait utiliser dans sa retraite? Mais rien n'obligeait à faire cette promenade de deux bataillons sur la rive droite (1). Les

---

(1) Dans la pensée du général Cambriels, on ne devait pas s'aventurer au nord de l'Ognon, comme le montre le télégramme suivant, qu'il adressa, le 22 octobre, à 10 heures du soir, au Ministre de la guerre: « Combat sérieux aujourd'hui toute la journée ; commencé à 9 heures du matin par la colonne mobile, *qui s'était peut-être un peu avancée;* terminé à la nuit devant Besançon entre Voray et Cussey. » La phrase que nous soulignons n'aurait pas été écrite par le général Cambriels,

colonnes badoises devant nécessairement se diriger sur les ponts, il suffisait d'occuper ceux-ci par des unités envoyant de petites reconnaissances en avant.

Voici les impressions d'un témoin oculaire, qui faisait partie de la colonne Perrin :

Acteur dans une pièce dont je ne connaissais pas le plan, j'avoue que je n'ai rien compris à notre tactique, pas plus qu'à celle de l'ennemi.

Nous avons continué à rester sur la rive droite de l'Ognon, quand le bataillon des Vosges était engagé à Cussey avec Dégenfeld, la rivière à dos, et que nous savions la brigade Keller s'avançant de Rioz sur Voray.

Nous avons été nous engager au nord de Boulot dans un bois où nous aurions pu être exterminés.

Quand nous eûmes la bonne fortune d'en sortir, sains et saufs, au lieu de regagner par Bussières la rive gauche de l'Ognon pour en défendre les passages, nous avons été faire par Boult un détour énorme à la suite duquel nous pouvions arriver trop tard au pont de Voray.

Mais, si notre imprudence dépassa toutes limites, les Allemands furent d'une ineptie rare, car nous leur avions mis tous les atouts dans la main.

Il est permis de dire que, si les Badois pouvaient, en face des mobiles, commettre des imprudences, *la réciproque était vraie.*

Ne terminons pas ces observations sans insister sur le spectacle consolant que donnent nos jeunes soldats à Buthiers et nos mobiles à Cussey.

Ils ne connaissaient pas les manœuvres savantes, ces guerriers improvisés; mais on leur avait assigné des emplacements de combat, et ils y ont tenu de longues heures, un contre cinq, sans artillerie, sans cavalerie.

---

si la faute qu'il signale avait résulté de ses ordres. Il n'était pas homme à faire retomber à tort sur un inférieur une responsabilité qu'il eût dû assumer.

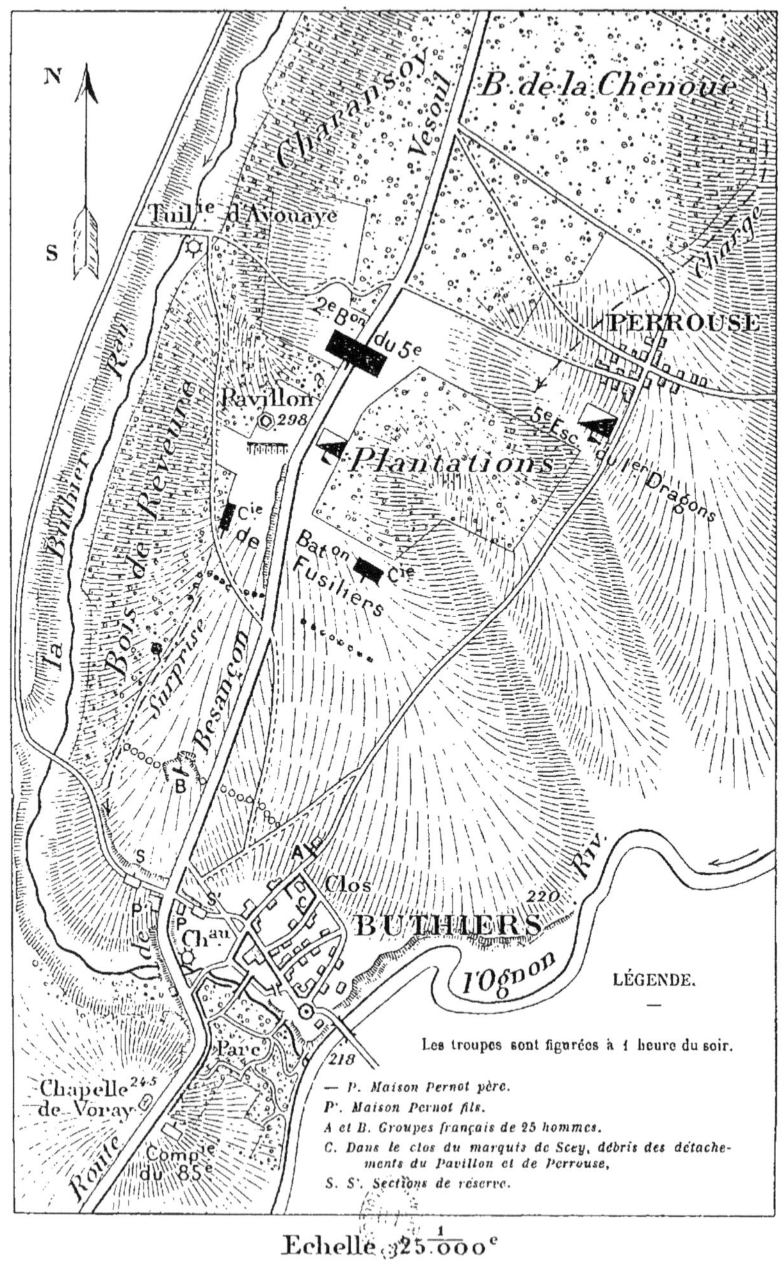

N
S
Charansoy
Vesoul
B. de la Chenoue
Tuil.ie d'Avouaye
2e B.on du 5e
Pavillon
298
Plantations
5e Esc. du 1er Dragons
PERROUSE
Cie de
Bat.on de Fusiliers
Cie
la Buthier R.au
Bois de la Reveune
Surprise de Besançon
B
V S
P de
Clos
Ch.au
BUTHIERS
l'Ognon
Riv.
220
218
Parc
Chapelle de Voray
24.5
Comp.ie du 85e
Route
LÉGENDE.
—
Les troupes sont figurées à 1 heure du soir.
— P. Maison Pernot père.
P'. Maison Pernot fils.
A et B. Groupes français de 25 hommes.
C. Dans le clos du marquis de Scey, débris des détache-
ments du Pavillon et de Perrouse.
S. S'. Sections de réserve.
Echelle 325.000e
500   300   o   500   1000   1500 m.

C'est avec raison que le général commandant la 7e division militaire annota ainsi le rapport du commandant Brachet, des Vosges (1) :

Certifié que les faits énoncés dans le présent mémoire sont exacts et constituent, pour ce bataillon tout entier, des titres à la reconnaissance du pays.

L'ennemi, lui-même, s'honora en rendant hommage à la conduite de nos jeunes troupes.

A 4 heures du soir, 1.200 mobiles environ et 11 officiers se trouvaient rassemblés sur la place de l'église de Cussey, surveillés par des Badois, dont la tenue correcte contrastait avec le misérable accoutrement de leurs prisonniers. On attendait Dégenfeld, qui arriva à cheval, vers 4 heures 1/2, avec son état-major, par la route d'Etuz, à la suite d'un long défilé d'infanterie et de cavalerie occupant toute la largeur de la route et poussant des hourras de victoire.

Le général, homme à la taille élancée et aux cheveux blancs, le visage empreint de bonté, s'arrêta devant les mobiles et les salua. Croyant avoir eu affaire à 4.000 ou 5.000 hommes, il constatait, à son grand étonnement, qu'il avait triomphé de deux bataillons mal armés.

Il prit la parole en français, félicita ces malheureux de la bravoure dont ils venaient de faire preuve, reçut lui-même les épées des officiers et promit à tous qu'ils seraient traités avec la plus grande humanité (2).

Ces éloges ont d'autant plus de valeur qu'ils furent décernés au milieu même de l'action, puisque le combat continuait sur la rive gauche, comme nous allons le voir.

---

(1) On voit aussi sur le rapport du capitaine Mansion une note élogieuse du même genre.

(2) D'après les notes journalières du curé de Cussey, témoin oculaire qui se trouvait momentanément parmi les prisonniers.

2° Phase.
Echecs successifs des Allemands devant la position principale.

(Croquis d'ensemble à la fin du volume. — Planche n° 5, page 117.)

Occupation de la position principale par les Français. (1, 4, 11, 12, 21, 26, 27, 29, 31, 32, 33, 34, 37, 38, 39, 41, 44, 45 et de 58 à 61.) — Conditions dans lesquelles s'exécutent les attaques des Allemands : 1° Démonstration de la brigade Keller (11, 32, 42, 65, 71); 2° Combat de jour d'Auxon-Dessus (12, 21, 29, 34, 37, 41, 44, 89, 90); 3° Combat de Cayenne (12, 20, 21, 33, 34, 65, 67); 4° Marche d'une colonne allemande sur le bois de Chailluz. (67, 89, 90.) — Les Français évacuent volontairement la position. (1, 2, 4, 21, 29, 32, 33, 34, 37, 84, 88.) — Combat de nuit d'Auxon-Dessus. (41, 62, 73, 89, 90.) — Cantonnements des Allemands dans la soirée du 22 et mesures de sûreté. (De 62 à 74.) — Cavalerie allemande sur le bas Ognon le 22 octobre. (54, 89, 90.) — Fonctionnement du service de santé. (30, 42, 79.)

Occupation de la position principale par les Français.

En dehors de ce compte rendu laconique : « Rien de nouveau », que le colonel Perrin lui avait expédié de Voray le 21 au soir, le général Cambriels ne paraît pas avoir reçu d'autres renseignements pendant la nuit. Comme le prouve un télégramme qu'il adressait à Tours dans la matinée du 22, il était loin de s'attendre à une attaque aussi brusque du corps allemand.

Etonné et contrarié de ce contretemps, si fâcheux pour l'organisation de l'armée de l'Est, il se porta à cheval, accompagné de son chef d'état-major, à Châtillon-le-Duc, où il arrivait vers 1 h. 1/2. Le lieutenant-colonel de Bigot (1) venait d'accourir également sur cet observatoire naturel.

Dès qu'il vit le développement que prenaient les combats de l'Ognon, le général prescrivit de faire occuper la position

---

(1) Le lieutenant-colonel de Bigot était accompagné des trois capitaines attachés à l'état-major de la division : MM. de Lénoncourt, Albéric et Gabriel de Froissard. A citer aussi M. Pélet, de Besançon, professeur d'équitation, qui vint à Châtillon se mettre à la disposition du lieutenant-colonel. Celui-ci l'envoya en reconnaissance vers les ponts de Voray et de Buthiers. M. Pélet s'acquitta de cette mission avec hardiesse. Il était en civil.

Auxon-Châtillon par les troupes sur lesquelles on pouvait mettre la main à temps. Malheureusement, elles devaient être peu nombreuses, puisque, ce jour-là, les unités de l'armée de l'Est procédaient aux changements de cantonnements imposés par la nouvelle organisation en divisions. Il était fort difficile d'atteindre les corps en mouvement. Une armée ne se manie pas comme une escouade, et, quand ses fractions sont disséminées, il faut de longues heures pour les ressaisir et les déployer.

On dut forcément se contenter de peu. La garnison de Besançon ne pouvait plus fournir que des francs-tireurs et un détachement de volontaires de la garde nationale sédentaire, qui sortirent de la place, tandis que le reste de cette garde nationale et l'artillerie de la garde mobile du Doubs occupèrent les forts et les remparts de la ville.

Dans l'armée de l'Est, on se borna à faire venir les troupes qu'on avait aperçues à Saint-Claude ou qu'on savait être dans les environs. Elles parvinrent sur le théâtre de l'action dans l'ordre suivant : 1er et 3e bataillons du 3e zouaves de marche, 2e bataillon de la garde mobile des Deux-Sèvres, légion d'Antibes et, enfin, 19e batterie du 12e, dont le retard s'explique par ce fait qu'elle avait déjà quitté son cantonnement de Saint-Claude pour celui de Saint-Ferjeux.

Les autres troupes, ne pouvant arriver avant la nuit, reçurent l'ordre de prendre, dès qu'elles seraient prêtes, une position en demi-cercle à 4 kilomètres autour de l'enceinte, chaque division protégeant le secteur de ses cantonnements. Par suite, le général Crouzat occuperait les hauteurs du Point-du-Jour, des Montarnots et de Valentin ; le général Thornton, celles des monts Boucons et des Tilleroyes, jusqu'à la route de Saint-Ferjeux (1).

---

(1) Dans l'après-midi, la division Thornton dirigea des reconnaissances vers Pirey et Pouilley pour surveiller les routes de Pin et de Marnay. La 14e batterie du 8e et une section de la 19e du 12e prirent position sur les crêtes qui dominent

En définitive, après la retraite des troupes de couverture sur la rive gauche et l'envoi des renforts qui viennent d'être énumérés, la position d'Auxon-Châtillon se trouvait ainsi occupée vers 4 heures du soir :

HAUTEURS DE CHATILLON. — 1° *Postes avancés :* A Devecey, la fraction de chasseurs à pied ayant battu en retraite directement sur Bonnay et la 6ᵉ compagnie du Doubs (capitaine Achaume); à la gare de Devecey, la 2ᵉ compagnie du Doubs (capitaine Meiner).

2° *Position principale (sur les pentes)* : Les autres compagnies du Doubs, en avant de la maison des scieurs de long dans une tête de ravin; entre les scieurs de long et Cayenne, quelques compagnies du 3ᵉ zouaves de marche, la compagnie Descourvières, du 85ᵉ, et le gros du détachement Mansion; plus à gauche encore, se reliant au bois Chailluz, le gros du bataillon du 85ᵉ, comprenant quatre compagnies, dont deux vers Cayenne et deux derrière le Bossu.

3° *Crêtes de Châtillon :* Fractions des corps francs ci-après (1) : francs-tireurs de l'Isère (capitaine Rostaing), francs-tireurs du Doubs (capitaine Schmitz), francs-tireurs du Jura (capitaine Cler), légion bretonne (commandant Domalain).

HAUTEURS D'AUXON. — 1° *A droite dans le bois de Chailluz* et le long de la voie ferrée, le 2ᵉ bataillon des Deux-Sèvres (2);

---

ces villages, et d'où l'on aperçut, à la nuit tombante, une colonne allemande dans les environs de Chaucenne. A l'extrême gauche, un détachement de la légion bretonne, commandé par l'adjudant-major, occupait Franois et envoyait des reconnaissances sur Lavernay et Audeux; elles annoncèrent l'occupation de Marnay, puis la présence de cavaliers sur les hauteurs au sud de Recologne. Quatre dragons badois s'étaient même avancés jusqu'à Champagney pour demander du tabac. Ces renseignements, considérablement grossis, faisaient supposer que les Allemands arrivaient de tous côtés.

(1) Chacun des corps francs désignés n'avait tout d'abord envoyé sur Châtillon qu'un détachement de 30 à 50 hommes pour jalonner la position. Dans la journée, le colonel Perrin dirigea ces détachements sur le pont de Bussières; mais, quand ils arrivèrent devant Geneuille, les Prussiens venaient d'entrer à Cussey; les francs-tireurs, sur le point d'être débordés, se replièrent et prirent position au sommet de Châtillon.

(2) Le 22 octobre, vers 2 heures de l'après-midi, le chef d'état-major de la

derrière ce bataillon et au sud de la maison du Péage, un peloton du 7ᵉ chasseurs à cheval et le 47ᵉ de marche (légion d'Antibes).

2° *En face d'Auxon-Dessus* et également couvert par le chemin de fer, le 1ᵉʳ bataillon de zouaves, ayant à sa gauche le 1ᵉʳ bataillon de mobiles des Vosges ; on avait détaché quelques zouaves à Auxon-Dessus et sur la croupe de la maison Gillet ouest (1).

3° *En seconde ligne*, sur la hauteur, vers le point 327, les débris du bataillon des Hautes-Alpes et du 3ᵉ bataillon des Vosges.

ARTILLERIE. — La section de deux pièces de 4 du colonel Perrin (2ᵉ section de la 18ᵉ batterie du 14ᵉ) avait quitté son cantonnement de Devecey et s'était mise en batterie, sur le plateau de la maison des scieurs de long, face à la direction de Voray.

Les 2ᵉ et 3ᵉ sections de la 19ᵉ batterie du 12ᵉ venaient d'arriver de Saint-Ferjeux (2). Par ordre du général Cambriels, la 3ᵉ section (sous-lieutenant Etienne) fut envoyée sur la hauteur du Bossu, en arrière du déblai de la voie ferrée. La 2ᵉ section (adjudant Chouler) fut placée, quelque temps après, sur la rectification de la route de Gray, entre le pont du chemin de fer et la maison Gillet (est). Ces deux sections faisaient face à la direction de Cussey (3).

2ᵉ division, chef d'escadron de Verdière, transmettait au 2ᵉ bataillon des Deux-Sèvres, qui se trouvait alors bivouaqué au nord de Saint-Claude, l'ordre de se porter rapidement sur les pentes de Châtillon. Ce bataillon avait été désigné parce qu'il était commandé par un officier de l'armée active, le lieutenant Proth. Il comprenait sept compagnies et 1.134 hommes. Précédé de fractions du 3ᵉ zouaves de marche qui avaient reçu un ordre analogue, il fit une partie de la route au pas gymnastique.

(1) La façade de cette maison, du côté du Grand-Bois, a été criblée de balles allemandes.

(2) On a dit que cette batterie venait de débarquer à la gare de Besançon. C'est une erreur. (Voir le rapport du capitaine Boussard, appendice n° 13.)

(3) Les 1ʳᵉ et 3ᵉ sections de la 18ᵉ du 14ᵉ furent encore acheminées vers le lieu du combat ; mais elles arrivèrent peu de temps avant la nuit et se placèrent en réserve sur la grande route de Besançon à Vesoul, à hauteur de Miserey.

Résumé. — La forte position d'Auxon-Châtillon était judicieusement occupée, mais elle ne se trouvait pas aussi formidablement armée que les historiques allemands le feraient croire.

En tout, six petites pièces disséminées par sections et qui eurent à lutter contre quatre batteries. A Châtillon, il n'y avait aucune pièce de gros calibre, quoi qu'en disent les Prussiens. Ce jour-là, du reste, pas un coup de feu ne fut tiré du sommet. Il n'y avait pas davantage de retranchements sur les hauteurs d'Auxon, où ils ne s'élevèrent que plusieurs semaines après. Enfin, les forces de la défense auraient été insuffisantes contre une attaque sérieuse, puisque 7.500 hommes seulement étaient répartis sur un front de 5 kilomètres.

Conditions dans lesquelles s'exécutent les attaques des Allemands.

Le cours de la rivière étant oblique par rapport à la ligne Devecey-Auxon, Werder devait, avant d'aborder celle-ci, faire tout d'abord pivoter le 14e corps autour de la brigade de gauche (général Keller).

Mais, pour donner cet ordre, il aurait fallu que le général en chef connût la position principale des Français ; or il ne la soupçonnait même pas. Trompé, nous le savons, par de faux renseignements, il avait acquis l'intime conviction que l'unique ligne des Français était la rivière de l'Ognon. Celle-ci enlevée, il ne cherchait plus qu'à traquer leurs débris.

Dans l'après-midi et le soir du 22, on assiste donc simplement à l'offensive de petites colonnes allemandes traversant les ponts de l'Ognon pour poursuivre ou cerner les défenseurs de cette rivière. Croyant n'avoir affaire qu'à des fuyards, elles marchent sans précautions, séparées par les grands intervalles que les ponts déterminent, et viennent, complètement surprises, se heurter successivement à la position principale, devant laquelle elles échouent piteusement.

1° Démonstration de la brigade Keller.

Nous étudierons dans l'ordre chronologique ces combats isolés.

Les premiers obus qui arrivent sur la position sont tirés, vers 3 h. 1/2, par la 1ʳᵉ batterie lourde, placée, comme on l'a vu, à proximité de la chapelle de Voray. Elle canonne les troupes françaises, qui viennent de quitter Voray et s'installent dans les environs de la maison des scieurs de long.

Un obus éclate, tout d'abord, près du cheval du commandant d'Ollone au moment où cet officier supérieur vient d'en descendre pour placer ses hommes. Les autres obus tombent devant les tirailleurs, mais ils s'enfoncent dans les labours sans éclater. Le tir est généralement trop court.

Nos deux pièces de 4 ripostent par un ou deux obus et se dérobent ensuite, car la distance est trop grande (1); fait singulier, leur exemple est suivi par les pièces badoises, qui disparaissent aussi, mais pour une autre raison.

Le général Keller, croyant toujours en avoir assez fait, venait de donner l'ordre de cesser le feu, au grand déplaisir des artilleurs badois (2) qui se rendirent au cantonnement de Buthiers,

---

(1) En 1870, les projectiles tirés par le canon de 4 de campagne étaient : l'obus ordinaire, l'obus à balles, la boîte à mitraille. Un coffre de 4 contenait 26 obus ordinaires, 3 obus à balles, 3 boîtes à mitraille.

L'obus ordinaire était muni de la fusée fusante à deux durées seulement, déterminées par des évents. Avec le premier évent, l'obus éclatait vers 1.500 mètres; ses éclats couvraient la zone de 1.500 à 2.000 mètres. Avec le deuxième évent, l'obus éclatait vers 2.850 mètres ; ses éclats allaient de cette dernière distance jusqu'à 3.200 mètres. Quand l'ennemi se trouvait en dehors de ces zones, on ne pouvait guère l'atteindre, d'autant plus qu'à partir de 2.400 mètres l'obus ne ricochait plus et éclatait en terre. L'obus à balles ne produisait de l'effet que jusqu'à 1.500 mètres.

Ce qui précède peut s'appliquer à peu près au canon de 12. Sa portée était même plus faible.

(2) « Nous entendions le canon des 1ʳᵉ et 2ᵉ brigades qui tiraient assez vite à l'aile droite; il n'était pas plus de 4 heures, et il faisait encore grand jour. Nous aurions volontiers soutenu encore nos camarades; cependant, l'ordre fut donné de cesser le feu et de disloquer les troupes. » (Historique de la 1ʳᵉ batterie lourde.)

où ils eurent à éteindre les incendies qu'ils avaient allumés antérieurement. (Appendice n° 21, page 251.)

2° Combat de jour d'Auxon-Dessus. (Pl. n° 5, p. 117.)

Ce combat fut engagé par les premières troupes badoises lancées de Cussey à la poursuite des Français.

Insuccès d'un escadron allemand. — Vers 4 h. 1/2, l'escadron qui précédait ces troupes apparaît sur la grande route, à la crête entre Cussey et Auxon. Il est alors salué par les obus de la section d'artillerie du Bossu, qui, malheureusement, ne vont pas jusqu'à lui. L'escadron continue au trot et atteint la lisière sud du Grand-Bois. Il se déploie alors, longe, à l'abri, le pied de la croupe qui descend de la maison Gillet sur le bois de Vauvereille, puis essaie de pénétrer dans le village d'Auxon par le saillant nord. (Récit de M. Roman, page 85.)

Quelques feux de salve, exécutés à 600 mètres par les zouaves, suffisent pour faire comprendre à cette cavalerie l'extravagance de son projet. Aussitôt, elle se dérobe, sans pertes sérieuses, grâce au vallon par lequel elle était venue, et se replie sur les hauteurs au nord de Geneuille, où, jusqu'à la nuit, elle servira de soutien au groupe de batteries qui vient de s'y installer.

Attaque d'un bataillon badois. — Après cet insuccès de la cavalerie, le 1er bataillon du 4e régiment badois s'avance à son tour. Il avait pris la tête de l'infanterie au sortir de Cussey, et, à 4 h. 1/2, il débouchait de la lisière sud du Grand-Bois, marchant résolument à l'attaque d'Auxon. Les compagnies de la ligne de combat, en colonne et précédées de tirailleurs, abordent le village entre les maisons Chapuis père et Cloutot, sur un front de 300 mètres.

Les zouaves continuent le feu avec la hausse de 600 mètres (1).

____

(1) Les zouaves avaient surnommé leur lieutenant-colonel, M. Bousson, « A 600

Lutte d'artillerie et contre-attaque des zouaves. — L'artillerie française (1) venait d'arriver vers la maison Gillet est et ripostait au groupe de trois batteries (4e légère, 4e lourde, 2e légère) établi sur le plateau de Geneuille entre la grande route et le point 252.

Enfin, pour la première fois, on entendait le canon de campagne français. Jusque-là, les Badois avaient écrasé nos mobiles avec leurs obus, l'infanterie s'avançant ensuite pour cueillir des lauriers faciles à récolter. Il leur semblait étrange que cet ordre de choses, auquel ils s'habituaient, pût être changé. Aussi, les Allemands, d'un ton inquiet, répétaient ces mots: *Kanone Franzoze!* Le canon français, vu la distance, ne faisait aucun mal il est vrai, et l'on aurait pu tout aussi bien tirer à blanc; mais l'effet moral était considérable.

Voyant distinctement le terrain que parcourait l'infanterie badoise, en marche sur Auxon, les zouaves se sont aperçus que la partie est égale: un bataillon contre un bataillon. Certes, ils ont dans leurs rangs un grand nombre de jeunes soldats; mais leurs cadres d'Afrique valent mieux que ceux des Badois: il y a compensation.

Electrisés par le bruit du canon, et sous les yeux du général Cambriels, qui accourait de Châtillon, deux compagnies de zouaves, établies sur la vieille route, près de la maison Jeandenans, font par le flanc droit. Une compagnie du 1er bataillon des Vosges, entraînée par l'exemple, les suit.

Les zouaves traversent le pont du chemin de fer au pas gymnastique, baïonnettes au soleil. Ils n'attendent pas les Badois: ils vont les chercher, suivant les anciennes traditions de l'infanterie française.

A ce moment, le bataillon allemand abordait le village

mètres », en raison de sa prédilection pour cette hausse dans les exercices. Ici elle s'appliquait parfaitement.

(1) En tout deux sections, dont l'une était celle du colonel Perrin et arrivait de Châtillon.

Les avant-trains de la section de la 18e batterie du 14e étaient sur la route d'Auxon, et même quelques hommes de la 1re compagnie s'étaient déjà introduits dans le grenier de la maison Cloutot, cassant les tuiles du toit pour pouvoir tirer.

Les cris des zouaves qui traversaient le village n'annonçaient rien de bon ; l'ennemi, frappé de stupeur, s'empressa de faire demi-tour et regagna, aux allures vives, les bois d'où il était venu. Là, il fut recueilli par le 1er bataillon du 3e, qui venait d'arriver. Ces troupes restèrent inactives à la lisière sud jusqu'à la nuit.

Les autres compagnies de zouaves, qui occupaient les hauteurs du Chailluz, n'avaient pas eu à se déranger.

Telle fut, réduite à ses proportions exactes, la charge d'Auxon. Depuis lors, on a souvent parlé d'un véritable carnage d'Allemands, accompli jusque dans l'église même ; mais on se garde bien de nous dire où est la sépulture des cadavres (1). Ici, c'est encore ce document fondamental, l'état officiel des pertes (Appendices nos 17 et 18), qui nous a fait entrevoir la vérité historique.

Le 1er bataillon du 4e badois n'a eu, le 22, que 11 hommes atteints et aucun par coup de baïonnette. Par contre, nous relevons, sur l'état en question, une clavicule brisée en sautant précipitamment un mur, ce qui prouve que les Allemands ne perdaient pas leur temps pour évacuer le village.

Ainsi, il n'y a pas eu de mêlée, mais seulement choc entre deux volontés inégales.

La retraite prématurée de l'adversaire, loin de diminuer le mérite de nos hommes, témoigne plutôt de l'entrain irrésistible avec lequel fut exécutée la charge. Dès le baptême du feu, les jeunes soldats du 3e zouaves se montraient dignes de leurs glorieux aînés de Palestro.

Les historiques allemands, voulant masquer la défaillance

---

dans le bois Chailluz, avec les caissons des deux sections ; les avant-trains de la section de la 19e du 12e, derrière la maison Gillet, sur la même route.

Après la retraite du bataillon badois, on ne voyait dans le village d'Auxon aucun cadavre allemand. (*Renseignements locaux.*)

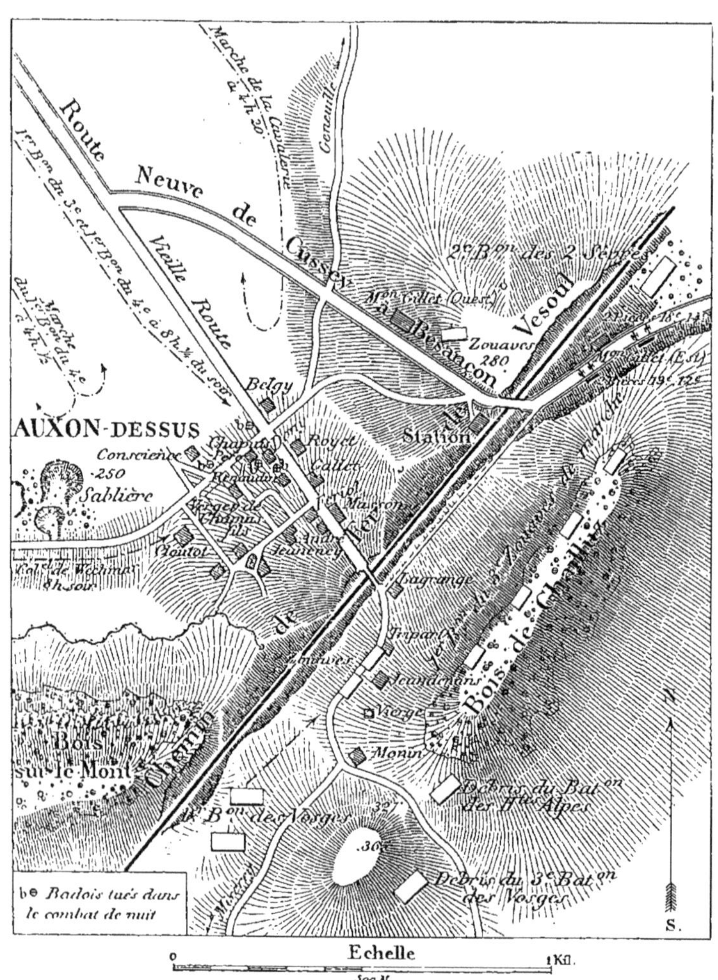

Combat d'Auxon-Dessus.

(Emplacement des Français vers 4 heures du soir.)

d'Auxon, attribuent la retraite à l'action de l'artillerie française ; or ils sont en contradiction flagrante avec leur état officiel déjà cité, d'après lequel nous constaterons encore que *pas un homme* du 1er bataillon du 4e badois n'a été blessé par le feu de notre artillerie ; celle-ci était, du reste, entièrement absorbée par la lutte disproportionnée qu'elle soutenait contre les batteries allemandes.

3o Combat de Cayenne (1).

Nous avons vu que le général de Werder, toujours hanté par la même idée, avait résolu de couper les communications des Français, qu'il supposait encore à Voray, bien qu'ils fussent depuis longtemps en sûreté sur les pentes de Châtillon. Constatant que la brigade Dégenfeld est fatiguée, le général en chef puise dans sa brigade de fer et ordonne aux 1er et 2e bataillons du 30e prussien de se diriger sur Châtillon.

A 4 heures, ils passent sur le pont de Cussey derrière la brigade Dégenfeld et marchent vivement sur Bussières par la rive sud. Le 1er bataillon vient occuper le pont de ce dernier village, tandis que le 2e se porte sur la hauteur du château Chalandre. Mais, avant de reprendre leur mouvement vers les pentes de Châtillon, sur lesquelles on voit des troupes françaises en position, ils attendent que l'artillerie ait achevé de préparer la voie.

Le groupe de trois batteries du plateau de Geneuille a redoublé son feu sur les petites pièces de la maison Gillet est et du Bossu. Fort heureusement, l'artillerie française, placée au sommet d'un haut talus qui descend sur la voie ferrée, ne pouvait être atteinte que par un tir de grande précision.

Les deux pièces du Bossu furent indemnes ; les obus alle-

---

(1) Hameau de construction récente sur les pentes de Châtillon, le long de la grande route. En 1870, il ne comprenait qu'une ou deux maisons. ainsi baptisées par les mauvaises langues du pays.

mands passaient au-dessus. Ils finirent même par inquiéter deux compagnies du 85ᵉ, abritées dans un pli de terrain en arrière, et qui durent se déplacer latéralement vers la droite. Sur la batterie de la maison Gillet, le feu allemand était un peu mieux dirigé, et, après une soixantaine d'obus qui s'enfoncèrent inoffensivement dans le talus, deux d'entre eux tombèrent exactement sur la route, tuant l'adjudant Chouler et blessant trois servants d'une même pièce. Telles furent les seules pertes éprouvées par nos sections, qui continuaient à tirer avec calme. Le capitaine Boussard avait simplement pris la place de l'adjudant pour commander les deux pièces de sa batterie qui se trouvaient là.

Cependant, l'infanterie prussienne ne pouvait attendre plus longtemps ; la nuit approchait. Le 2ᵉ bataillon du 30ᵉ, commandé par le capitaine Netzer, s'avance tout d'abord. Il descend les pentes raides entre Geneuille et la papeterie, puis débouche dans les vastes prairies de l'Ognon, se dirigeant sur le sommet de Châtillon. Le bataillon, en colonne par compagnies déployées à distance entière, marche comme sur le terrain d'exercice, dans un ordre parfait, que trouble à peine, de temps à autre, le passage de petits fossés pleins d'eau. D'après les témoins oculaires, l'aspect de cette troupe est superbe, et du haut des terrasses qu'ils occupent nos soldats improvisés admirent, malgré eux, le bataillon prussien manœuvrant sur le champ de bataille.

De son côté, le sous-lieutenant Etienne, de la section d'artillerie du Bossu, observait ce mouvement avec un intérêt croissant. Dès que la portée lui semble bonne, il ouvre le feu rapide (1) avec d'autant plus d'effet que la formation des Prussiens est profonde. Les obus à balles, pointés sur la tête de la colonne, atteignent généralement les compagnies de

---

(1) Soit 3 ou 4 obus par minute pour deux pièces ; il tire ses 24 obus à balles, la totalité, sur le bataillon prussien s'avançant de 1.500 à 800 mètres et obtient le plus joli pour cent de la journée. (V. l'Appendice n° 13 et l'Appendice n° 20, page 246.)

queue, qui éprouvent des pertes sensibles. Sous cette pluie de fer qui les accueille, les compagnies prussiennes font bonne contenance et continuent leur mouvement avec une bravoure incontestable, sans chercher à riposter. On les voit, toutefois, accélérer le pas, pour atteindre au plus vite l'angle mort protecteur formé par les pentes qui limitent les prairies à l'est. Les tirailleurs de la 5e compagnie occupent rapidement une croupe à 500 mètres au nord-ouest du Bossu pour protéger le bataillon, qui, très essoufflé, *dépose ses sacs* à l'abri. Bientôt le reste de la 5e compagnie rejoint ses tirailleurs ; la 6e prolonge à droite et la 7e à gauche. Toute cette ligne exécute des feux nourris, devant lesquels nos deux pièces de 4 amènent leurs avant-trains.

Les Prussiens se portent en avant en poussant des hourras. Mais leur élan est bientôt arrêté par les mobiles des Deux-Sèvres et les compagnies du 85e, qui bordent la voie ferrée du bois de Chailluz à Cayenne (1). Quelques fractions du 85e, par le chemin de Cayenne à la grange du Marot, prennent l'ennemi en écharpe, et, pour parer à ce crochet offensif, la 8e compagnie prussienne, encore en réserve, est forcée de se déployer à l'extrême gauche, où elle contient péniblement les Français.

Le bataillon prussien ayant ses quatre compagnies en ligne, sans aucun soutien, ne pouvait plus avancer sur ces pentes où l'adversaire surgissait de toutes parts. La situation devenait critique, 70 hommes gisaient à terre, et, détail paraissant confirmer la violence du feu, la lance même du drapeau était atteinte par une balle (2). Continuer, c'était aller au-devant d'un anéantissement devant une position dont l'enlèvement aurait nécessité l'emploi d'une brigade. Aussi, profitant des ombres de la nuit, qui lui permirent de voiler sa défaite et de reprendre ses sacs, le bataillon rétrograda sur Geneuille.

---

(1) Les bâtiments des salines du Bossu n'existaient pas à cette époque.

(2) Depuis 1870, le drapeau du 2e bataillon du 30e prussien porte un insigne honorifique rappelant cette noble mutilation.

Secours envoyé par la brigade Keller. — Cette brigade, comme nous l'avons vu, se désintéressant de la suite des opérations, avait pris ses cantonnements de bonne heure ; mais, sur de nouveaux ordres de Werder enjoignant de suivre l'ennemi, le major Röder, commandant le bataillon de Voray, dut marcher dans la direction de Châtillon avec deux compagnies et se relier au 30e prussien.

Prenant les 5e et 6e compagnies, il franchit le pont et s'avança en se couvrant par le remblai de la grande route. Arrivé près de la gare, il laissa un détachement pour contenir les Français qui occupaient Devecey, puis continua sur Cayenne. La route lui fut alors barrée par les fractions françaises postées entre la maison des scieurs de long et Cayenne. Les deux compagnies de Voray participèrent naturellement à l'insuccès des Prussiens et se retirèrent en même temps qu'eux.

Signalons encore un détachement badois envoyé par le bataillon de Buthiers dans le bois des Mouillotes, et qui tirailla jusqu'à la nuit contre des francs-tireurs ou mobiles embusqués sur le flanc est du village de Devecey.

4° Marche d'une colonne allemande sur le bois de Chailluz.

Pendant que le 2e bataillon du 30e prussien s'avançait sur Châtillon, il reçut des coups de feu tirés par quelques zouaves occupant le plateau de la maison Gillet ouest, qui paraissaient menacer son flanc droit. Pour couvrir celui-ci, on fit avancer le 1er bataillon du 30e prussien et trois compagnies du 2e bataillon du 3e régiment badois.

Le 1er bataillon du 30e, laissant la garde du pont de Bussières à une compagnie du 2e bataillon du 3e badois, se dirigea tout d'abord sur le bois de Vauvereille, pour marcher ensuite sur celui de Chailluz. Il fut suivi par les trois autres compagnies du 2e bataillon du 3e.

La marche des Allemands à travers le bois de Vauvereille fut tellement lente, que la nuit était venue quand ils atteignaient la lisière sud. L'historique prussien dit qu'il fallut attaquer et enlever ce bois ; mais nous ne pouvons admettre qu'il ait été conservé par les Français, en présence de l'occupation du Grand-Bois depuis plus d'une heure par deux bataillons badois. En réalité, les Allemands veulent encore dissimuler une faute tactique. Ils ont empêtré maladroitement leurs sept compagnies dans les taillis de Vauvereille, où il n'y avait aucun Français, au lieu de faire contourner hardiment ce bois, pour seconder en temps utile le malheureux bataillon qui marchait sur Cayenne complètement abandonné à lui-même.

A Vauvereille, comme devant Châtillon, vers 5 h. 3/4, la nuit mettait fin aux opérations, et les Allemands refluèrent sur l'Ognon, ne laissant que des avant-postes sur la rive sud.

Les Français évacuent volontairement la position.

Pas un pouce de la position principale n'était tombé entre les mains de l'ennemi, et cependant nous allions nous replier.

Le général Cambriels avait pu constater, sur le champ de bataille, que, sauf quelques exceptions, les bataillons de mobiles étaient très peu solides encore (1), et il craignait de voir ses troupes se désagréger s'il leur demandait de suite un trop

---

(1) « Les routes, les champs et le versant des coteaux (dans l'après-midi du 22 octobre), étaient semés de jeunes gardes mobiles ; ils nous disaient avec sérieux qu'ils prenaient leurs positions. Nous ne tardâmes pas à être fixés sur la valeur de leur réponse. Quelques-uns paraissaient nous fuir ; nous aurions voulu les rallier, mais la frayeur n'écoute rien. » (Docteur Bron, de l'ambulance lyonnaise.)

« Du Grand-Bois jusqu'au Calvaire, nous pûmes voir, de nos yeux, ce qu'était la discipline de cette armée improvisée ; le terrain était couvert d'armes, de munitions, de vivres et d'effets d'habillement et de campement, dont ces soldats de quelques jours s'étaient allégés. » (Notes du curé d'Auxon.)

« Beaucoup de mobiles jettent leurs cartouches, sans doute pour avoir un prétexte de ne pas aller au feu. Ne pourrait-on pas recommander aux officiers de faire de fréquentes inspections de gibernes et d'être impitoyables pour ceux qui ne pourraient justifier de l'emploi de leurs cartouches ?

» Il y a aussi de nombreuses ventes de chaussures ; on a vu *un soldat de la ligne* vendre en pleine rue, à un paysan, des chaussures toutes neuves. Il faut

grand effort. Une attaque générale pouvait se produire le lendemain, peut-être avant le jour, et, l'Ognon n'arrêtant plus les Allemands, nos jeunes soldats pourraient-ils présenter une résistance assez énergique, sur une ligne de défense éloignée de la place ? Cambriels en doutait, et, puisque son armée était pour le moment incapable de prendre l'offensive, mieux valait, pensait-il, lui donner l'appui immédiat des forts. Il prescrivit, en conséquence, de replier les troupes de première ligne sur le demi-cercle tracé à 4 kilomètres de la ville et dont nous avons parlé. Là, tenant les fortes positions des Torcols, des Graviers-Blancs et des monts Boucons, le dos à la place, il se croyait invincible.

A la nuit, la retraite volontaire s'exécutait en présence du général Cambriels, placé sur la route de Vesoul, en face de Miserey ; pour couvrir le mouvement, qui avait lieu avec un certain désordre, deux compagnies de zouaves restaient provisoirement sur les hauteurs d'Auxon-Dessus, en avant du point 327, et le 2ᵉ bataillon du Doubs occupait en seconde ligne le Calvaire.

Tout en se résignant à évacuer la position, le général voulut conserver, toutefois, le mamelon de Châtillon, qui en est la clef, et dont les défenseurs avaient une retraite assurée sur la forêt de Chailluz. Le colonel Perrin reçut, en conséquence, l'ordre suivant :

Colonel Perrin restera en position sur les hauteurs de Châtillon-le-Duc. Il aura avec ses troupes un bataillon des Deux-Sèvres ; il aura pour réserve à la croisée des routes un bataillon de la légion d'Antibes, sur lequel il se replierait au besoin. Les troupes reprennent leurs positions autour de Besançon. Elles seront sous les armes à 4 heures du matin.

A. CAMBRIELS.

---

que les officiers portent leur attention sur ces détails ; la sévérité qu'on leur recommande aurait une sérieuse influence. » (Note du conseil de défense de Besançon, le 20 octobre.)

Le bataillon des Deux-Sèvres ayant reçu contre-ordre, voici en réalité les troupes qui occupèrent les hauteurs de Châtillon dans la nuit du 22 au 23 : les francs-tireurs de l'Isère et de la légion bretonne, renforcés à 8 heures du soir par leurs fractions encore à Besançon dans la journée; le 4e bataillon du 85e, une compagnie de zouaves et le détachement Mansion.

Pendant une partie de la nuit, le colonel Perrin parcourut les pentes de Châtillon une lanterne à la main et plaça lui-même les sentinelles.

Combat de nuit d'Auxon-Dessus.

Tout semblait terminé, lorsque des troupes de la 1re brigade badoise arrivèrent en pleine nuit se heurter aux deux compagnies de zouaves laissées vers Auxon-Dessus pour protéger la retraite. Ce combat tardif résulte cependant d'un ordre donné sept heures auparavant par le général de Werder; le résumé des opérations de la 1re brigade permet de se rendre compte de cette lenteur d'exécution.

Vers 10 heures du matin, quand son avant-garde eut atteint le pont d'Emagny, le prince Guillaume se borna à rendre compte de cette occupation et resta de sa personne au gros de la brigade rassemblée à Autoreille. Le vent soufflant de l'ouest, dit un historique allemand, l'avant-garde, à Pin, n'entendait pas le bruit du combat d'Etuz, dont la fumée lui parut être celle des usines Chalandre. En admettant même que cette assertion extraordinaire soit exacte, nous devons nous étonner du manque d'initiative de cette avant-garde, qui aurait dû se relier à la brigade Dégenfeld tout au moins par quelques cavaliers jetés de Pin sur Chambornay. Le prince Guillaume, comme le général Keller devant Buthiers, attendait des ordres. Ils ne pouvaient lui arriver rapidement; entre Oiselay et Autoreille, distants de 12 kilomètres environ, s'étend un terrain boisé et accidenté où les chemins sont rares et mauvais.

Les instructions de Werder ne parvinrent qu'à 2 heures du soir ; elles prescrivaient de porter la 1re brigade au sud de la rivière et de la rabattre par Montcley sur les derrières des défenseurs de Cussey. Bien que le prince Guillaume eût immédiatement mis en marche le gros, celui-ci, vu la distance, ne put franchir l'Ognon, au pont d'Emagny, qu'à 3 h. 1/2, au moment où le combat de Cussey se terminait. La rivière traversée, il fallait prendre des mesures pour couvrir le flanc droit de la colonne du côté de Besançon. A cet effet, le colonel de Wechmar se dirigea sur Auxon-Dessus par Fontaine-de-l'Epine, avec six compagnies des grenadiers du corps, quatre canons (2e et 3e sections de la 3e batterie légère) et quelques dragons. Sous cette protection, le gros de la brigade se dirigeait vers Geneuille par Montcley et le Petit-Bugnoz et parvenait, à la nuit tombante, au ruisseau des Moulins, à proximité de la Famine; mais, là, il fut atteint par un ordre de Werder, qui, voyant le mouvement manqué, prescrivait de replier la brigade sur l'Ognon et de la cantonner à Pin, à Emagny et à Beaumotte.

Le prince Guillaume oublia sans doute de prévenir le détachement de Wechmar, puisque nous voyons celui-ci continuer, malgré la nuit, son grand mouvement, qui ne couvrait plus personne. L'ordre de marche de ce détachement de flanc était le suivant :

Avant-garde : quatre dragons et 1re compagnie des grenadiers du corps.

Gros : deux sections d'artillerie et le reste de la colonne.

La route suit une vallée à flancs boisés, et les Allemands marchaient lentement, en prenant les plus grandes précautions ; l'avant-garde était couverte par de nombreuses patrouilles fouillant le terrain. Le détachement Wechmar n'arriva devant Auxon-Dessus qu'à 8 heures du soir.

Les deux compagnies de zouaves (5e et 6e du 1er bataillon) se gardaient bien, et une de leurs patrouilles avait signalé la marche des Allemands venant d'Auxon-Dessous. Aussitôt, ces compagnies (1) se portent vivement en avant, franchissent la voie ferrée et, guidées par un des rares habitants qui n'avaient pas fui, traversent le village dans les ténèbres et viennent occuper le verger Chapuis. Les zouaves vont recevoir les Badois.

Ceux-ci, croyant Auxon-Dessus occupé par les leurs, se sont départis de leur prudence ordinaire et s'avancent maintenant sans souci, d'un pas lourd, comme de bons Allemands qui arrivent au gîte. Beaucoup même ont allumé des cigares pillés, pendant la journée, dans les bureaux de tabac des villages. En avant, escorté par deux hommes, se trouve un habitant d'Auxon-Dessus, Grosjean, emmené de force pour servir de guide.

L'avant-garde vient de dépasser la Sablière et se trouve à 200 mètres du village, quand, tout à coup, des cris formidables se font entendre, suivis aussitôt d'une vive fusillade. En ce moment, le guide Grosjean profite de la stupeur des Allemands et décampe, leur laissant ses sabots.

La compagnie badoise recule précipitamment sur la Sablière ; le 1er bataillon des grenadiers du corps essaie de se déployer et commence le feu, absolument au hasard. L'anxiété est grande, surtout parmi les artilleurs. Leurs pièces, au milieu de cette infanterie en désordre, ne peuvent quitter la route en pleine nuit sans savoir où aller. Elles restent immobiles à la merci des événements. La surprise est complète, et les grenadiers, dont les rangs se trouvent rompus, vont infailliblement tirer les uns sur les autres dans l'obscurité puis fuir dans toutes les directions, quand les zouaves, de leur côté, sont attaqués à l'improviste sur leur droite.

Les deux bataillons badois (1er du 3e régiment et 1er du 4e) postés à la lisière sud du Grand-Bois et remis de leurs émotions de l'après-midi donnent un bel exemple d'initiative et de

---

(1) Sauf une section, qui reçut l'ordre de prendre pied dans la partie sud du village ; elle était commandée par le sergent-major Thévenez et se retira la dernière. M. Thévenez, qui depuis vingt-six ans fait partie de l'armée d'Afrique, est actuellement capitaine au 2e tirailleurs.

solidarité. Entendant la fusillade, ils se sont portés résolument en avant et, un quart d'heure après le commencement du combat, entrent dans la pointe nord du village d'Auxon.

Heureusement que ces nouveaux adversaires s'arrêtent vers la maison Belgy et se mettent à tirer (1), ce qui donne aux zouaves le temps de se reconnaître. Sur le point d'être enveloppés par deux masses représentant un total de 3.000 hommes, ils évacuent rapidement le verger Chapuis et se retirent sur les hauteurs d'Auxon. Ils avaient dix hommes hors de combat et l'ennemi une vingtaine. Ces tireries de nuit sont peu meurtrières.

Pendant ce temps, la panique s'était arrêtée dans la colonne de Wechmar. Elle venait d'entendre les batteries des tambours du 4ᵉ régiment qui annonçaient le concours d'une troupe amie. Aussitôt, les officiers de grenadiers font cesser le feu, et le colonel, heureusement inspiré, lance le commandement « à la baïonnette », répété par tous. La charge bat, des hourras retentissent, et, pêle-mêle, les six compagnies du 1ᵉʳ régiment se jettent sur le village, évacué depuis quelques minutes.

Pour la seconde fois pendant la journée, Auxon était le théâtre d'une charge à la baïonnette dans le vide.

Les Badois, furieux de la surprise éprouvée, se répandent dans le village pour piller et faire ripaille. Quelques-uns veulent emmener le cheval de Pierre Jeanney ; ce pauvre journalier, dont c'était l'unique fortune, essaie de retenir sa bête : il est roué de coups ; on le fusille, et les Badois brûlent sa maison. Ils sont d'autant plus cruels que la peur a été plus forte.

Vers 9 h. 1/2, les trois bataillons et demi qui ont pris part à l'engagement de nuit se conforment aux ordres donnés précédemment par Werder et reviennent sur l'Ognon. Ils emmènent cinq vaches, prises à Auxon-Dessus, qui reste inoccupé entre les deux partis.

---

(1) Les cadavres de trois Badois, trouvés le lendemain matin dans les vergers avoisinant les maisons Belgy et Dony, frappés tous trois à la tête, attestaient que la colonne dont nous parlons avait fait un arrêt derrière les murs pour tirailler.

Cantonnement des Allemands dans la soirée du 22.
Mesures de sûreté.

STATIONNEMENT. — *Quartier général :* Oiselay.

Brigade Guillaume de Bade : Pin, Beaumotte et Emagny, le général au château de Pin. (Par exception, la 2ᵉ compagnie du 2ᵉ grenadiers et quatre pièces de la 3ᵉ batterie légère à Etuz.)

Brigade Dégenfeld : Etuz, Cussey et bivouac au sud de Cussey (1).

Brigade Keller : Voray (1 bataillon); Buthiers (1 bataillon, 1 batterie); Rioz (état-major de la brigade et gros); Fontenois, près de Montbozon (1 bataillon) (2).

Brigade prussienne : Oiselay (gros de la brigade); Bonnevent (30ᵉ prussien, dont les deux bataillons engagés n'arrivèrent que fort tard dans la nuit au cantonnement).

Avant-postes : La brigade Guillaume de Bade se gardait, pour son compte, par des avant-postes placés sur le plateau au sud d'Emagny.

En avant de la brigade Dégenfeld, le bataillon de fusiliers du 3ᵉ régiment, employé seulement en seconde ligne dans la journée, établissait, à 8 h. 1/2 du soir, deux compagnies en grand'garde perpendiculairement à la grande route de Cussey à Besançon : la 10ᵉ, au bois de Vauvereille; la 9ᵉ, à la lisière sud du Grand-Bois. Derrière cette partie de la ligne, il n'y avait pas de réserve d'avant-postes. Les deux autres compagnies du bataillon cantonnaient : la 11ᵉ, à Cussey; la 12ᵉ, à Etuz, gardant le lazaret.

Les avant-postes de la 2ᵉ brigade étaient prolongés par le 2ᵉ bataillon du 3ᵉ badois, dont une compagnie, la 6ᵉ, se trou-

---

(1) Ce bivouac était établi sur le plateau vers le cimetière de Cussey. Les hommes couchaient sur des gerbes de blé. Des voitures de réquisition apportèrent les vivres, puis furent démontées et brûlées.

(2) Le lendemain, le bataillon envoyé le 22 à Montbozon se rapprochait de la brigade et venait à Perrouse et Cromary.

vait en grand'garde entre le bois de Vauvereille et la grange du Marot, tandis que les trois autres étaient en cantonnement d'alarme à Geneuille.

Le 2ᵉ bataillon du 5ᵉ badois avait des postes au sud du pont de Voray, le long de la voie ferrée, se reliant à droite à la 6ᵉ compagnie du 3ᵉ régiment et appuyés à gauche au bois des Mouillottes.

Enfin, le 3ᵉ bataillon du 5ᵉ badois surveillait le terrain entre le pont de Buthiers et Bonnay.

On voit que les deux ailes du corps d'armée se gardaient, pour leur compte, en avant d'Emagny et de Buthiers, tandis qu'une ligne de postes irréguliers était établie devant le centre, entre le Grand-Bois et les Mouillottes. Les villages de Cussey et de Geneuille étaient solidement occupés comme têtes de pont, permettant aux Allemands de déboucher facilement sur la rive gauche.

Cavalerie allemande sur le bas Ognon le 22 octobre.

Dans la matinée, la brigade de cavalerie de La Roche (1), qui observait les directions de Dôle et d'Auxonne, avait marché de Gray sur Pesmes, où elle entrait à midi et demi, après avoir échangé quelques coups de feu avec la compagnie des francs-tireurs dôlois (capitaine Habert). La batterie à cheval de la brigade qui, pendant cette escarmouche, avait pris position sur les hauteurs nord de Pesmes, prête à frayer le chemin à la cavalerie, n'eut pas à tirer. Les francs-tireurs, au nombre de 40 à peine et non de 400, chiffre donné par les Allemands, avaient disparu devant ces masses, après avoir chicané pendant quelques instants le passage de la rivière.

---

(1) *Troupes sous les ordres du général de La Roche* : 6 escadrons de dragons badois (3 du 2ᵉ régiment et 3 du 3ᵉ); 2 escadrons de hussards prussiens de réserve; la batterie à cheval badoise; 2 compagnies d'infanterie en voitures (une du 1ᵉʳ badois et une du 30ᵉ prussien). Les Prussiens entraient dans la composition de tout détachement important.

Mais, après ce fait d'armes, le général de La Roche resta prudemment à Pesmes pendant toute la journée, n'osant pas s'aventurer au sud de l'Ognon, dans le terrain boisé et difficile qui s'étend jusqu'à Dôle, où des rassemblements garibaldiens étaient signalés.

Fonctionnement du service de santé le 22 octobre.

Le service de santé fonctionnait régulièrement au XIVe corps.

Les brancardiers des régiments (musiciens) et ceux de la division recherchèrent les blessés pendant la nuit, tâche particulièrement difficile pour le 30e prussien, dont le 2e bataillon avait laissé des hommes très près de Cayenne.

De Châtillon, on aperçut, pendant une partie de la nuit, les lanternes des brancardiers sillonner la plaine de l'Ognon ; elles occasionnèrent même dans nos avant-postes un commencement de panique, arrêtée à temps par le colonel Perrin.

Les blessés du 30e prussien furent déposés au château Chalandre, sous la garde d'une compagnie, et ceux des autres corps dans leurs cantonnements respectifs. Tous les blessés transportables étaient dirigés le 23 sur Vesoul.

Chez les Français, au contraire, le personnel du service de santé ne comprenait que les médecins militaires attachés aux corps de troupe.

Quand un homme tombait, un certain nombre de combattants s'empressaient de quitter le terrain, sous prétexte de le porter. Comme il n'y avait pas de voitures d'ambulance pour conduire à Besançon les blessés transportables, et que les moyens d'hospitalisation sur place manquaient, la plupart des blessés furent soignés par les médecins des villages où ils avaient été recueillis.

Cependant, la « 1re ambulance lyonnaise » se trouvait à Besançon ce jour-là ; mais ses éléments, disséminés dans la ville, ne purent être réunis à temps, et elle ne fonctionna pas comme unité. Quelques-uns de ses membres seulement s'employèrent individuellement. (Appendice n° 14.)

Jugement porté sur l'action du XIVᵉ corps pendant la journée.

Il est facile d'apprécier les manœuvres du XIVᵉ corps; les faits parlent d'eux-mêmes.

En présence de troupes à l'état de cohue, traversant la phase critique de l'amalgame, il ne put rien. Cependant, l'organisation des Allemands était solide, et, gonflés par leurs succès antérieurs, ils ne demandaient qu'à être conduits de nouveau à la victoire.

Comment expliquer un fait aussi anormal, une telle disproportion entre la médiocrité du travail accompli et la puissance de l'instrument? Il faut remonter à la direction supérieure.

Le commandant du XIVᵉ corps avait violé les principes primordiaux de la guerre.

Malgré sa nombreuse cavalerie, il ne sut pas se renseigner. Son armée fut aussi aveugle que celle de Cambriels.

Ebranlant ses colonnes avec hésitation et sans but précis, il ne produisit pas la surprise, cette cause déterminante du succès.

Disséminant ses troupes, il ne put donner le coup de massue et écraser l'adversaire.

Dans ces conditions, si de Werder avait eu devant lui la 1ʳᵉ armée de l'Est telle qu'elle se montra un mois plus tard à Beaune-la-Rolande, il s'exposait à un grave échec.

On peut se livrer aux plus longues recherches dans notre histoire militaire de tous les temps, il sera impossible de rencontrer une pareille mollesse chez les troupes françaises victorieuses.

Sur les champs de bataille de l'avenir, si les Allemands n'amènent que des corps d'armée conduits comme le fut celui de Werder, il leur sera difficile de nous « saigner à blanc », selon l'expression du prince de Bismarck.

IV

RECONNAISSANCES BADOISES DU 23 OCTOBRE
DÉPLOIEMENT DE L'ARMÉE DE L'EST

(Croquis d'ensemble à la fin du volume. — Planche n° 3, page 93.)

Projets des Allemands. (89, 90.) — Reconnaissance partie de Voray. Combat de Châtillon-le-Duc. (29, 38, 39, 65, 84, 86.) — Reconnaissance partie de Cussey. Combat du Calvaire ou des Trois-Croix. (46, 64, 72.) — Déploiement de l'armée de l'Est. (1, 2, 22, 32, 33, 34, 37, de 43 à 51, 82, 86.)

Projets des Allemands.

Le 22 octobre, le général de Werder, opérant pour ainsi dire contre un ennemi figuré, avait donné un coup d'épée dans l'eau. L'ensemble des forces françaises restait intact. Mais la plupart des troupes allemandes, tenues sur pied pendant toute la journée, étaient fatiguées et en partie dégarnies de munitions; elles avaient, en outre, perdu le contact de l'adversaire, dont on ignorait absolument les nouveaux emplacements.

Dans ces conditions, le commandant du XIV° corps crut devoir agir avec circonspection, et se borna à prescrire, pour la journée du dimanche 23, des reconnaissances destinées à déterminer la position des Français et leurs forces approximatives. Pendant ce temps, le gros des troupes allemandes se reposerait et se ravitaillerait. Instruit par ses erreurs précédentes, de Werder voulait, cette fois, avant de prendre une décision, se munir de renseignements exacts.

Le 23 octobre, les Allemands envoient deux reconnaissances bien distinctes : l'une dirigée de Voray sur Châtillon, dans la matinée, et l'autre de Cussey sur Besançon, dans l'après-midi.

Reconnaissance partie de Voray. Combat de Châtillon-le-Duc.

Le général Keller, se rendant compte de la dispersion de ses forces, avait envoyé le 23, avant le jour, de Rioz à Voray, le 1ᵉʳ bataillon du 5ᵉ régiment. Deux de ses compagnies traversèrent l'Ognon pour relever les grand'gardes établies le long de la voie ferrée par le 2ᵉ bataillon, tandis que ce dernier reçut l'ordre d'envoyer vers Besançon, sur le terrain qu'il connaissait depuis le combat de la veille, une reconnaissance comprenant les 5ᵉ et 6ᵉ compagnies appuyées par deux pelotons de dragons. Elle partit de Voray à 6 h. 1/4 du matin.

En s'avançant dans la direction de Besançon, la reconnaissance allait défiler au pied des hauteurs formidables occupées par les troupes du colonel Perrin. Pour conjurer ce danger autant qu'il était en son pouvoir, le capitaine Engler résolut de prendre à revers, avec une partie de ses forces, les défenseurs de Châtillon. Dans ce but, il envoya sur Devecey le capitaine Flad avec deux pelotons de la 5ᵉ compagnie et six dragons. Sur son flanc droit, il se contentait d'une patrouille de sous-officier vers Geneuille pour communiquer avec les troupes de la 2ᵉ brigade. Au centre, par la grande route, s'avançait le gros du détachement, précédé d'une pointe de dragons.

Dès que ces cavaliers approchèrent de Cayenne, ils essuyèrent le feu d'éclaireurs postés sur les pentes de Châtillon. Aussitôt, le capitaine Engler fait face à ce danger en détachant à gauche, avec 40 hommes, le lieutenant Baumann, de la 6ᵉ compagnie ; puis, s'apercevant que les Français se maintiennent groupés sur le sommet de Châtillon, il continue sa marche jusqu'au Péage pour les couper de Besançon et les tourner par le sud, tandis que le capitaine Flad les attaquerait par le nord et le lieutenant Baumann par l'est. Rien n'était plus imprudent que cet égrènement, sur un front immense, de faibles détachements dont aucun mouvement ne pouvait échapper aux défenseurs établis sur une position élevée et presque inexpugnable.

L'anéantissement des deux compagnies badoises ne pouvait faire aucun doute, quand, par suite d'une mesure intempestive, la garnison de Châtillon fut privée, avant le commencement de l'action, de ses éléments les plus solides et de toute direction. Le général Cambriels, qui, faute de cavalerie, ne pouvait contrôler les rapports erronés et grossis par la peur, signalant l'ennemi partout, venait d'adresser au colonel Perrin la note suivante, qui lui parvint vers 6 h. 1/2 du matin, un peu avant le lever du jour :

D'après certains renseignements, l'ennemi semble nous menacer de tous côtés, particulièrement aux ailes vers Pouilley-les-Vignes et Palente. M. le colonel Perrin appréciera s'il n'y a pas lieu de se porter avec sa colonne sur Palente dès le commencement de la journée. Il y aurait peut-être possibilité de prendre l'ennemi à revers.

Le colonel Perrin prit rapidement sa décision. Craignant de voir l'ennemi se glisser de la route de Marchaux dans la forêt de Chailluz sur ses derrières, il partit pour Palente à 7 heures du matin, avec le bataillon du 85e et le détachement Mansion. Il ne laissait à Châtillon que les francs-tireurs et la compagnie de zouaves. Mais bientôt des isolés, dont le nombre alla en augmentant, vinrent prêter leur concours.

C'étaient : des gardes nationaux sédentaires, cinq ou six mobiles des Vosges, une dizaine des Hautes-Alpes, des francs-tireurs en toutes tenues, deux chasseurs à cheval, des marins et aussi de nombreux Bisontins ou paysans, venus là pour passer leur dimanche, la plupart sans armes, quelques-uns avec des fusils de chasse. Pendant une grande partie de la journée, la terrasse du château fut transformée en un véritable stand que personne ne surveillait. Ceux qui n'avaient pas d'armes utilisaient des fusils abandonnés. On s'installait derrière le mur de soutènement pour tirer, souvent à des distances invraisemblables, sur les groupes allemands apparaissant dans la plaine; puis on replaçait les armes contre le mur et d'autres amateurs continuaient. Quand, par hasard, une balle assez bien dirigée arrivait à proximité d'une patrouille ennemie, de toute la terrasse partaient des éclats de rire, provoqués par la frayeur que causait le sifflement des projectiles aux pauvres Badois, comparés irrévérencieusement à des lapins. On plaisantait aussi la légion bretonne, qui avait amené un petit canon de montagne, que personne ne réussit à faire partir. En somme, la hauteur de Châtillon était occupée surtout par une foule à la recherche des émotions de la guerre, mais n'ayant pas laissé au logis la vieille gaîté gauloise.

Le capitaine Engler, qui allait combattre ces adversaires, avait déboîté de la route au Péage, se dirigeant sur le petit bois situé entre ce point et la maison de paille. Après avoir exécuté un feu rapide à la lisière, il se jeta avec bravoure sur la maison de paille pour escalader ensuite les pentes sud de Châtillon ; mais son attaque fut vigoureusement repoussée. Pendant que les francs-tireurs occupaient le château et maintenaient les détachements Flad et Baumann, la compagnie de zouaves, descendant le glacis au sud de Châtillon, se portait, au pas gymnastique, dans la direction du point 414, sur le plateau qui domine la maison de paille et fusillait de flanc le détachement Engler.

Celui-ci recula en toute hâte, vers 9 heures du matin; il avait perdu 17 hommes (1). Comme la veille à Auxon, les zouaves venaient de montrer que le secret du succès réside dans le mouvement.

Pendant cet engagement, un sous-officier de dragons badois s'était porté hardiment dans la direction de Besançon ; mais

---

(1) On a parlé d'un colonel badois tué, des hauteurs de Châtillon, par un adroit chasseur du pays. C'est inexact : pas un officier supérieur allemand n'a été touché dans les combats des 22 et 23 octobre. Mais, parmi les hommes hors de combat, se trouvait le jeune Naff, premier des étudiants de l'université de Fribourg, qui mourut à Voray des suites de ses blessures. La veille; du côté français, le sous-lieutenant Delang, brillant élève de la faculté de Nancy, était tombé à Cussey. La guerre offre de ces compensations.

à hauteur de Miserey, recevant des coups de feu de plusieurs côtés, il dut rebrousser chemin.

Au nord, le capitaine Flad était également arrêté dans son offensive. Il s'était dirigé tout d'abord de Devecey sur l'Ermitage et, de là, avait cherché à tourner le mamelon du château ; mais, dans ce mouvement, il faillit être enveloppé. Les francs-tireurs, appuyant leur gauche au château, leur centre au village et leur droite à des bois, dessinaient un arc de cercle autour de la tête du ravin que gravissait le détachement allemand. A un moment, un groupe de gardes nationaux de Besançon et la compagnie de l'Isère, vigoureusement commandés par le capitaine Rostaing, gagnaient du terrain sous bois à l'extrême droite, rendant intenable la position des Badois.

Ceux-ci, maintenus par leurs officiers, que l'on apercevait distinctement gesticulant et criant, s'accrochaient aux sinuosités du terrain, à mi-côte ; mais la lutte était inégale et devait se terminer par leur écrasement.

Ils furent sauvés d'une mort inutile par l'intervention du major de Röder. Des environs de la gare de Devecey, celui-ci, ayant vu la tournure que prenait l'affaire, ordonna au capitaine Flad de battre en retraite et envoya, en même temps, deux compagnies pour le dégager s'il en était besoin. Le capitaine put se retirer n'ayant perdu qu'une dizaine d'hommes, dont quelques-uns tombèrent à 200 mètres du château ; un Badois non blessé se fit prendre volontairement.

Le lieutenant Baumann, placé au début dans une position intermédiaire entre les attaques des deux capitaines, se retira, à son tour, vers 11 heures du matin, quand il vit qu'on l'avait oublié.

Les détachements français avaient résisté victorieusement sur leur position à 500 assaillants, et il leur était facile de compléter ce succès. Mais, pour cela, il aurait fallu quitter les hauteurs, mettre la baïonnette au canon, poursuivre à outrance, mouvements que seul peut déterminer un chef énergique, et personne ne commandait à Châtillon.

Secours envoyés de Geneuille. — Le major Steinwachs, commandant le 2ᵉ bataillon du 3ᵉ badois, qui de Geneuille suivait des yeux le combat de Châtillon, envoya de ce côté, à 9 heures du matin, le peloton du lieutenant Kosmann. Vers 11 heures, celui-ci ayant demandé du secours, le major, tout en regrettant de voir la reconnaissance dégénérer en combat véritable-expédia dans la direction de Châtillon les 5ᵉ et 8ᵉ compagnies. Celles-ci arrivèrent trop tard et ne furent pas engagées. Elles étaient de retour à midi et demi.

Reconnaissance partie de Cussey. Combat du Calvaire ou des Trois-Croix.

La reconnaissance badoise partie de Voray avait permis de constater que Châtillon était occupé comme poste avancé ; mais elle n'avait rien vu de la position principale de l'armée de Cambriels, que le général en chef allemand voulait cependant déterminer à tout prix. En présence de l'échec de la matinée, il prescrivit au général Dégenfeld d'envoyer une reconnaissance offensive qui s'avancerait sur la place de Besançon par Auxon-Dessus et serait constituée assez solidement pour percer jusqu'au gros des forces ennemies.

Cette reconnaissance, formée aussitôt à Cussey, fut composée de 2 bataillons, 1 batterie et 1 peloton de cavalerie. A sa tête se trouvait le lieutenant-colonel Kraus, commandant le 3ᵉ régiment d'infanterie badoise, accompagné *du capitaine Friedebourg, de l'état-major du corps d'armée.* Le détachement partit à 2 h. 3/4 dans l'ordre de marche suivant : *avant-garde :* 1 peloton de dragons, 1 compagnie et un peloton du 1ᵉʳ bataillon du 4ᵉ régiment, 2 pièces (4ᵉ lourde) ; *gros de la colonne :* 2 compagnie du 4ᵉ régiment, 1 bataillon du 3ᵉ régiment 4 pièces (4ᵉ batterie lourde).

Arrivée à Auxon, où les traces du combat de la nuit précédente subsistent encore, la reconnaissance détache 2 compagnies du 4ᵉ régiment pour couvrir ses flancs. Celle de droite se dirige sur Miserey ; l'autre se place à la maison du Péage.

Le reste de la colonne continue sa marche et prend une position centrale sur le mont Chailluz, vers la cote 364. A ce moment, ses nombreuses patrouilles abordent la crête rocheuse et boisée qui des Rancenières au Calvaire présente un couvert dangereux. Une fusillade nourrie part des environs des Trois-Croix, occupés par des fractions de la légion d'Antibes.

Le chef de la reconnaissance allemande, avec beaucoup d'à-propos, fait alors vivement appuyer les patrouilles par deux compagnies, qui marchent sur le Calvaire, l'une directement, l'autre faisant un crochet plus au nord, le long de la crête boisée. Leur attaque, facilitée par le feu de la batterie lourde qui avait pris position vers la chapelle de Miserey, réussit complètement, et les deux compagnies occupent vers 4 h. 1/2 la crête du Calvaire, après un court engagement, pendant lequel le capitaine Napoletti, de la légion d'Antibes, est blessé à mort.

Déploiement de l'armée de l'Est.

Du Calvaire, un spectacle inattendu frappe les yeux des Allemands. Sur les Montarmots, sur les Torcols, sur les Graviers-Blancs, et aussi loin que la vue peut s'étendre, ils aperçoivent des troupes nombreuses, appuyées par des batteries et même de la cavalerie, soutenues par des réserves que semble grossir encore le flot des curieux accourus de Besançon. C'était une armée tout entière qui se dressait devant eux (1). Cinq jours avaient suffi à la créer.

Après tant de misères, après la retraite malheureuse des Vosges et les alertes incessantes, les troupes de l'Est se trouvent pour la première fois rassemblées et défient l'attaque du XIVe corps, qu'elles croient devant elles. Le souvenir de Valmy semble planer dans l'air.

Le tableau était d'autant plus saisissant qu'un rayon de

---

(1) Voir le croquis d'ensemble à la fin du volume.

soleil venait de percer les nuages, donnant une vie intense à ces rassemblements. Lentement et pour ainsi dire solennellement, la section des Graviers-Blancs tire deux coups de canon, notifiant, en quelque sorte, à l'ennemi la création de l'armée de l'Est.

Le chef de la reconnaissance allemande a compris. Suffisamment renseigné, il ne cherche plus qu'à dégager ses deux compagnies avancées. Celles-ci, qui échangeaient des feux précipités avec les tirailleurs français occupant le chemin d'École et le mamelon au nord de la croisée des routes, se retirent par échelons. On les suit : 5 hommes tombent entre nos mains (1) et leur ligne de retraite est jalonnée par des blessés.

Mais bientôt ces compagnies sont recueillies par le gros de la reconnaissance, qui rétrograde sur Cussey en ralliant les autres détachements. Celui qui s'était posté au Péage pour protéger le flanc gauche avait échangé tout l'après-midi des coups de feu avec les défenseurs de Châtillon. Le colonel Kraus avait rempli entièrement sa mission. Par lui le général de Werder apprenait que l'armée de l'Est était réellement constituée, et qu'elle se trouvait solidement établie sur les hauteurs en demi-cercle à 4 kilomètres de Besançon.

Ne voulant pas attaquer un adversaire ainsi appuyé à la place, le général commandant le XIV° corps décida que, le lendemain matin, ses troupes abandonneraient la ligne de l'Ognon et reprendraient leur direction primitive sur Dijon.

---

(1) M. Théodore Fontane, homme de lettres prussien, incarcéré à Besançon, rapporte dans ses mémoires, publiés récemment, que les prisonniers allemands de la citadelle, montés sur des tables, cherchaient à distinguer par les lucarnes les phases de l'engagement, qui, d'après ce qu'on leur disait, devait avoir lieu à quelques kilomètres. Il raconte ensuite l'arrivée des cinq nouveaux prisonniers : « A 5 heures du soir, il nous vint de la ville que 1.200 Badois venaient d'être faits prisonniers, et qu'ils allaient être amenés, le soir même, à la citadelle. Deux heures après, en effet, les prisonniers firent leur entrée parmi nous ; mais il n'y en avait que cinq. Comme on questionnait l'un d'eux, pour savoir ce qu'étaient devenus les 1.200 captifs, il répondit tranquillement : « On a au moins cette con- » solation quand on ne part que 500 de ne pouvoir perdre 1.200 hommes. » Je tra- duisis cette réponse, qui excita une hilarité générale ; chez personne d'ailleurs aucune trace de ressentiment. »

V

CHANGEMENT DE LIGNE D'OPÉRATIONS DU XIV⁰ CORPS

(Croquis d'ensemble à la fin du volume.)

Marche sur la Saône. (89, 90, 91, 92.) — Affaire de Seveux. (24, 68, 89.)

Marche vers la Saône.

Pour se rendre à Dijon, le XIV⁰ corps pouvait descendre la vallée de l'Ognon, route directe; mais, en l'utilisant, il aurait fallu défiler devant les troupes de Garibaldi, qui se trouvaient au nord de Dôle, et celles du docteur Lavalle, rassemblées à Pontailler. Une pareille marche de flanc parut inadmissible au général de Werder; il résolut de prendre tout d'abord du champ vers le nord-ouest, en utilisant les routes perpendiculaires à la Saône.

Il obtenait ainsi cet autre avantage d'atteindre rapidement la riche vallée que sa nouvelle ligne de communication allait suivre (1), et par où devaient venir les ravitaillements devenus indispensables. Arrivé sur la Saône, le XIV⁰ corps franchirait cette rivière pour couvrir son mouvement ultérieur vers

---

(1) Quand Werder fut arrivé sur la Saône, sa nouvelle ligne de communication passa par Gray, Scey et Port-sur-Saône, Faverney. Le détachement qui occupait Vesoul évacuait cette ville, emmenant comme otage le maire pour répondre des blessés et des médecins que les Allemands y laissaient.

« Lure, 27 octobre.

» *Sous-préfet de Lure à Ministre intérieur, Tours.*

» Vesoul évacué par l'ennemi le 26, à 11 heures du matin. 90 blessés laissés aux ambulances. S'est dirigé sur Vaivre, Raze, Scey. Préfet de Vesoul fait prisonnier le 21, conduit à Epinal le 23. Maire de Vesoul arrêté le 24 et emmené. Je signe et remplace préfet. Lure évacué le 19, aujourd'hui en communication avec Vesoul et Belfort. Hier francs-tireurs ont pris 9 voitures à l'ennemi. »

Dijon contre toute offensive de l'armée de l'Est ou de Garibaldi.

Dans la soirée du 23, au moment de donner les ordres de mouvement, le général en chef recevait un télégramme contenant des directives pour ses opérations ultérieures.

Le maréchal de Moltke lui faisait connaître qu'après la chute de Metz, attendue d'un jour à l'autre, le prince Frédéric-Charles se mettrait en marche pour gagner la Loire avec le gros de son armée. Le XIV⁰ corps, au lieu de se diriger par Dijon sur Bourges, comme le prescrivaient les ordres antérieurs, se bornerait à couvrir le mouvement de Frédéric-Charles et contiendrait dans la vallée supérieure de la Saône les troupes françaises qui s'y trouvaient. Pour atteindre ce résultat, il devait *occuper fortement Dijon* et se garder dans les directions de Langres, Besançon, Belfort.

Ainsi, le maréchal revenait à une appréciation plus exacte de la situation. Les levées de la Défense nationale, qu'il n'avait pas prises au sérieux tout d'abord, devenaient menaçantes, et une armée entière n'était pas de trop pour les combattre sur la Loire.

Quant au XIV⁰ corps, il se voyait condamné, jusqu'à la fin de la campagne, à exécuter des navettes incessantes entre Dijon et Belfort. C'était un rôle ingrat. On entendit souvent les soldats badois se plaindre de cette existence vagabonde à travers un pays épuisé par leurs passages successifs. La mission du corps allemand devint pénible ; sans cesse harcelé par les troupes qui l'entouraient, il eut des heures difficiles et subit des défaites partielles. Toutefois, le grand succès sur la Lisaine, à la fin de la guerre, a pu l'indemniser de ses peines, bien que nos mobiles aient été surtout vaincus par le froid et la misère.

Mais revenons à la marche de Werder sur Dijon, que les instructions du maréchal ne suspendaient pas, puisque l'occupation de cette ville restait prescrite par le nouveau plan.

Le 24 au matin, le XIV⁰ corps fit exactement demi-tour ; la

brigade prussienne était, par conséquent, en flèche en avant du centre. Elle se dirigea sur la Chapelle-Saint-Quillain. Plus en arrière venaient les trois brigades badoises ; la 3e se portait sur Fresnes-Saint-Mamès, la 2e sur Etrelles dans les traces des Prussiens, la 1re sur Velesmes. La cavalerie du général de La Roche, qui surveillait le bas Ognon, quittait cette ligne et rétrogradait sur Gray.

Le départ des cantonnements avait eu lieu généralement avant le jour, avec tant de secret et de silence que, dans la plupart des villages, les habitants, à leur réveil, furent étonnés de se voir libres.

Les Allemands avaient projeté de faire sauter les ponts sur l'Ognon ; mais ces destructions exigeaient de grandes quantités de poudre que l'ennemi n'eut pas le temps de se procurer. Il se contenta de les barricader avec des chariots pour arrêter momentanément les Français s'ils prenaient l'offensive. Seul, le pont d'Emagny fut détérioré et rendu impraticable aux voitures.

Affaire de Seveux.

(24 octobre.)

La brigade prussienne, se rendant à la Chapelle-Saint-Quillain, avait lancé sur les pont de Seveux et de Savoyeux (pont suspendu et pont du chemin de fer) une avant-garde commandée par le major Herzberg et comprenant sept compagnies, 10e, 11e, 12e du 30e et 1er bataillon du 34e, plus un escadron et une batterie.

Parvenue à la lisière sud de la forêt de Belle-Vaivre, cette troupe aperçut des paysans en armes. Quels étaient ces adversaires d'un nouveau genre ?

La population de la région de la Saône que les Prussiens abordaient était debout. Elle venait d'apprendre que l'ennemi, écrasé devant Besançon, fuyait dans un désordre complet. Il n'y avait donc plus qu'à l'anéantir, et nos paysans allaient s'en charger (1). Un certain nombre de villages, Membrey, Roche, Raucourt, Vaitte, Brotte, Fouvent, Larret, Savoyeux, Mercey, avaient fourni des contingents qui marchaient à l'ennemi.

Ils auraient pu défendre les passages de la Saône sans s'exposer beaucoup ; mais ils ne voulaient pas seulement arrêter les Prussiens : leur but était de les détruire quand ils seraient engagés dans le long défilé de la forêt de Belle-Vaivre. Aussi se dirigèrent-ils tout d'abord sur Seveux, où ils passèrent vers 8 heures du matin, entraînant, par leur exemple, les gardes nationaux de ce village, qui reprirent leurs fusils, déposés quelques jours avant dans une cachette sous bois (n° 5 sur le croquis d'ensemble à la fin du volume).

Le rassemblement comprenait environ 400 combattants de 15 à 60 ans, dont une moitié armée de fusils à piston et l'autre de fourches et de haches. Seuls, les 30 pompiers de Membrey portaient un uniforme. Le contingent de chaque commune était commandé par le capitaine de la garde nationale sédentaire. Celle de Seveux, qui eut l'honneur de supporter toutes les représailles de l'ennemi et mérite, par cela même, une mention spéciale, avait à sa tête Bourderot, ancien maréchal ferrant d'artillerie ; elle comprenait quelques autres soldats libérés, tels que Quantin, Thibolot, Gerbet.

Prise de position dans la forêt. — En l'absence de tout chef supérieur, les combattants de chaque village se placèrent où ils voulurent, formant des groupes entre lesquels se tenaient un grand nombre d'isolés gênant tout le monde. Voici l'emplacement des groupes principaux (figurés sur le croquis avec leurs numéros) : le 1er groupe se tenait sur les bords d'un ruisseau, vers la maison du garde, où les coupeurs du marquis

---

(1) Dans le haut Doubs, les dispositions des populations étaient les mêmes.

« *Sous-préfet de Montbéliard à général de division et préfet, à Besançon.*

» Bruit court combat engagé aujourd'hui dans la plaine de l'Ognon. Télégraphiez immédiatement résultat. Nos gardes nationales sont prêtes à s'embusquer dans les bois pour attendre l'ennemi s'il remonte en désordre. Donnez-moi avis ; marcherons à leur tête. »

de Marmier avaient renversé des peupliers en travers de la route ; le 2ᵉ groupe occupait le chalet de chasse, ayant devant lui une petite clairière ; le 3ᵉ groupe était au *Chêne du rendez-vous*, en arrière d'une crête et, par suite, sans champ de tir suffisant. Enfin, un 4ᵉ groupe fut formé plus tard par les hommes de Seveux ; ils n'avaient pu être armés qu'à 9 h. 1/2 et atteignaient seulement le hameau de la Vaivre quand les premiers coups de canon retentirent. Le capitaine Bourderot, s'adressant alors à ses hommes, leur dit simplement : « Ne nous séparons pas. » C'était la seule recommandation à faire, en ce moment, à de pareils soldats, dont la plupart n'avaient jamais tenu un fusil. Le combat semblant se rapprocher, le contingent de Seveux se jeta au plus près dans la forêt et garnit la lisière parallèle à la route, dont il surveillait le débouché.

Développement de l'action. — La 1ʳᵉ compagnie des Poméraniens, pointe d'avant-garde, arrivée à 600 mètres des peupliers abattus, s'arrêta un instant pour tirer ; puis, suivie par le reste du bataillon, elle descendit, à travers les taillis, la pente qui mène à l'étang, tandis qu'une pièce était mise en batterie sur la route (point A).

On s'imagine l'effet que produisit sur nos paysans le bruit du canon, si impressionnant sous bois. Ils virent de suite que la déroute de l'ennemi était une fable et qu'ils allaient être broyés. Leur moral, si exalté quelques instants auparavant par les chants de guerre entonnés pendant la prise de position, s'affaissa subitement ; mais, s'ils n'espéraient plus vaincre, du moins essayèrent-ils de faire contenance.

Les paysans des 1ᵉʳ et 2ᵉ groupes avaient ouvert le feu. Ils étaient embusqués de chaque côté de la route, au milieu de laquelle se tenait, en arrière des peupliers abattus, Quantin, de Seveux. Ancien dragon, il n'avait pas voulu se mêler à la foule des gens de pied. Monté sur un vieux cheval pris dans les écuries de M. de Marmier, armé d'un sabre rouillé, et ses belles moustaches au vent, il restait impassible sous le feu des Poméraniens maladroits, arrivés à si courte distance qu'ils purent distinguer les traits de son visage.

Bientôt, devant le bataillon ennemi progressant sous bois, les deux premiers groupes de paysans se replièrent ; Quantin se retira alors tranquillement, par la route, à un pas d'autant plus lent que son cheval avait été grièvement blessé à une jambe.

Lorsque les Prussiens parvinrent à 300 mètres du *Chêne du rendez-vous*, devant le 3ᵉ groupe, la fusillade recommença. Près de cet arbre séculaire, tombait Marion, facteur de la gare, ancien militaire, âgé de 36 ans, frappé d'une balle à la tempe. C'est lui qui avait appris aux hommes de Seveux à charger leurs armes. Tout à côté, Guyot, de Membrey, avait le crâne ouvert et, à quelques pas plus loin, à l'entrée d'un sentier, un adolescent de 18 ans, Durget, de Vellexon, frappé d'une balle en plein front, gisait à terre, serrant encore sa fourche dans sa main crispée. Comme compensation, un pompier de Membrey *tuait son Prussien* et trois autres ennemis étaient touchés. Mais le groupe du *chêne* finit par se disperser devant la poussée de l'adversaire.

A son tour, le contingent de Seveux allait entrer en action. Les Poméraniens ont une tactique lourde comme leur personne; au lieu de tourner sous bois ces derniers combattants, ils vinrent s'aligner à 100 mètres d'eux (point B), après avoir rampé derrière le remblai de la route, élevé de 0ᵐ,50 seulement. On échangea pendant quelques minutes une fusillade au cours de laquelle Chenavard (Jean-Baptiste), de Seveux, eut un doigt enlevé. Le capitaine Bourderot, comprenant que ses 30 ou 40 hommes allaient être infailliblement cernés par d'autres troupes ennemies, ordonna la retraite, qui se fit sur Combonin (1).

---

(1) La promenade des gens de Seveux, après ce combat, mérite d'être relatée. Arrivés devant Combonin, ces hommes y trouvent les Prussiens. Ils font alors demi-tour et, précédés du lieutenant Grandgérard, qui marchait hardiment à 100 mètres en avant comme éclaireur, reviennent sous bois sur le chalet

Pas un des groupes n'avait, pour se retirer, utilisé la route directe, constamment menacée par l'ennemi. Tous s'échappèrent à travers la forêt, les uns au nord sur Combonin et Vellexon, les autres au sud sur la Tuilerie. Le hameau de la Vaivre et le village de Seveux ne furent pas occupés un seul instant par des paysans en armes, malgré cette affirmation de l'historique prussien :

A la vue des Allemands, les paysans se retirent sur le village voisin et s'y mettent en état de défense ; force est de recourir à l'artillerie pour les en déloger.

En réalité, l'artillerie ne tira pas sur les villages ; mais, d'un plateau (C sur le croquis) d'où l'on découvre bien la vallée de la Saône, elle incendia la Tuilerie isolée, où se rassemblait le contingent de Mercey rejoignant ses foyers.

Vers 2 heures du soir (1), l'infanterie prussienne était en marche sur les ponts, qu'il fallait occuper rapidement pour en empêcher la destruction. Les 10ᵉ et 12ᵉ compagnies du 30ᵉ prussien se portaient sur le pont du chemin de fer, pendant que le bataillon poméranien s'avançait sur le pont de Seveux. Une fraction de ce dernier couronnait le mamelon au nord du village (point D) et poursuivait de ses feux les fuyards épars de l'autre côté de la Saône. Deux pauvres vieillards attardés furent les seules victimes de cette dernière tirerie, au cours de laquelle les vainqueurs avaient pris possession des ponts. Le

où ils coupent la ligne de marche de l'ennemi. De là, ils se rendent à la cachette (n° 5 du croquis) et y déposent leurs fusils.

Le groupe se tient, la nuit du 24 au 25, à Mercey et, la journée du 25, dans un bois voisin, sauf une dizaine d'hommes mal inspirés, qui passent la Saône pour retourner à Seveux, où ils sont faits prisonniers. Le 26, à son tour, le gros traverse la rivière et se rend à Membrey, puis à Recologne ; il vient ensuite coucher chez un chef d'équipe entre Vellexon et Seveux ; enfin le 27, ces malheureux peuvent rentrer dans leur village, évacué par les Prussiens.

(1) A la même heure, on tirait encore quelques coups de fusil dans la forêt. M. Vieil, docteur à Membrey, et Montagnon, contremaître à Savoyeux, étaient revenus au chalet, où ils attaquaient une voiture de bagages qui passait sur la route escortée par des hommes de la 2ᵉ compagnie du 30ᵉ prussien préposés à la garde du convoi.

passage de la Saône par le XIV⁰ corps allemand se trouvait désormais assuré.

Répression méthodique. — Tout n'était pas fini : il fallait réprimer le patriotisme des paysans comtois. Le malheureux village de Seveux, le plus à portée de l'ennemi, allait fournir les victimes. Les Poméraniens, avec une fureur sauvage, perquisitionnèrent partout et s'emparèrent des hommes valides, environ trente-huit, qu'ils qualifient pompeusement dans leurs historiques de *prisonniers faits dans le combat.* Ceux-ci furent rassemblés devant le château, près du pont suspendu : les coups de pied et les coups de crosse pleuvaient. Quantin, qui avait eu la mauvaise idée de rentrer au village, fut reconnu par les Poméraniens, qui, pour le confondre, firent sortir de l'écurie son cheval blessé ; puis ces brutes, se précipitant sur ce brave, toujours superbe de sang-froid, le rouèrent de coups et lui arrachèrent les moustaches. Le village fut frappé d'une contribution de 10.000 francs et le pillage en règle commença. Les soldats saccagèrent tout dans les maisons, et le soir, complètement ivres, s'habillèrent en femmes, se livrant à toutes sortes d'orgies. Les habitants furent si bien dévalisés que, les jours suivants, ils circulaient dans les rues n'ayant pour tout costume que leur pantalon et leur chemise. Du reste, ils sortaient peu ; pendant le jour, un planton devait les accompagner. La nuit, personne ne pouvait quitter sa maison et, par surcroît de précaution, les Allemands tiraient des coups de fusil dans les rues pour effrayer la population.

Le 24 au soir, l'avant-garde de la brigade prussienne avait cantonné à Seveux (Poméraniens) et Savoyeux (Rhénans). Le gros s'était échelonné de la Vaivre à la Chapelle-Saint-Quillain.

L'ennemi prit un jour de repos le 25 ; puis, le 26, l'avant-garde se rendit à Gray, emmenant les prisonniers, dont six, Bourderot, Riff, Quantin, Noly, Verneret et Brand, étaient condamnés à mort. Afin que la nouvelle de l'exécution eût le temps de se répandre, ils ne devaient être fusillés que le surlendemain 28. Ce jour-là, dans la matinée, on fit sortir les condamnés de la maison Berthée, où ils étaient gardés à vue ; on les promena dans la ville, puis ils furent conduits sur la hauteur qui domine le village d'Arc-les-Gray, choisie comme lieu d'exécution. Les Allemands avaient réuni là, comme spectateurs, tous les prisonniers, dont deux enfants de 15 ans, et les parents des condamnés, munis de charrettes pour enlever les corps.

Jusqu'au dernier moment, ceux qui allaient mourir pour le pays donnèrent l'exemple d'un grand courage ; pas une défaillance ne se manifesta dans leur attitude. Loin de là, le capitaine Bourderot, s'adressant aux Prussiens avec chaleur, leur affirma que les plus jeunes des condamnés, Verneret et Brand, n'avaient pas tiré sur eux et sauva ainsi leur vie. Cette abnégation et cette volonté de faire le bien en présence même de la mort feront passer à la postérité le nom du vaillant citoyen de Seveux.

Le lendemain, samedi 29, on enterra au cimetière de ce dernier village les quatre fusillés d'Arc et les personnes tuées le 24, celles-ci, par ordre des Prussiens, laissées jusque-là sans sépulture à la place où elles étaient tombées (1).

En 1870, on a admiré, et avec juste raison, la belle résistance de Châteaudun, cette ville ouverte qui a bien mérité de la patrie et porte fièrement la croix de la Légion d'honneur suspendue à ses armes. Cet acte de patriotisme, fort heureusement pour les destinées de notre pays, n'est pas un fait anormal, et la Beauce n'en a pas le monopole. Dans l'Est, les résistances de Rambervillers (2), Épinal, Dijon, Dôle, bien que moins connues, furent tout aussi meurtrières et auraient dû être honorées au même titre. Les paysans de Seveux se présentaient seuls à l'ennemi avec des armes d'un autre âge ; ils n'étaient pas sou-

---

(1) Au combat de Seveux onze personnes avaient été tuées, dont deux femmes.

(2) La petite ville de Rambervillers eut une trentaine d'habitants tués, comme à Châteaudun. Si, devant cette dernière ville, les Allemands perdirent 113 hommes, chiffre relativement considérable puisque devant Rambervillers ils n'en perdaient que 30, cela tient à la présence à Châteaudun de francs-tireurs de Paris bien armés et commandés énergiquement par Lipowski.

tenus, comme les Dunois, par les braves francs-tireurs de Lipowski. Mais Châteaudun couvrait Tours, siège du gouvernement, tandis que la région de l'Est se trouvait loin du soleil.

Nous ne cherchons pas à diminuer le prestige que conservera, à travers les âges, la noble résistance de Châteaudun : nous voulons simplement signaler une inégalité de traitement.

VI

LA 1re ARMÉE DE L'EST PENDANT LA PÉRIODE
DU 24 OCTOBRE AU 17 NOVEMBRE

L'armée complète son organisation. (78, 83, 87.) — La colonne mobile est enfin dirigée sur les Vosges. (1, 75.) — Départ du général Cambriels. (1, 2, 83.) — Intérim du général Crouzat. (2, 4, 77, 82, 83.) — Arrivée du général Michel. (2, 4, 82, 83.) — Marche de l'armée de l'Est sur Chagny. — Commandement du général Crouzat. (13, 78, 81.) — Création du 20e corps. (81, 83.)

L'armée complète son organisation.

En présence du départ précipité de l'ennemi, le 24 octobre, rien n'était plus tentant, pour l'armée de l'Est, que de marcher sur ses traces. Malheureusement, le général Cambriels n'avait pas encore dans ses troupes la confiance nécessaire pour les aventurer loin de la place. La dépêche suivante, qu'il avait adressée au ministère le 21 octobre, caractérise bien son état d'esprit.

Vous me demandez, en outre, ce que je compte faire pour couvrir Dijon. Vous me brisez le cœur, Monsieur le Ministre ; mais mon devoir est d'y répondre. J'ai trouvé en arrivant des bataillons de mobiles mal armés, sans munitions de réserve, sans campement, sans organisation, sans chefs, sans instruction, sans discipline : c'était le chaos.

Entreprendre, avec ces bandes, une opération sérieuse, considérable, c'est s'exposer à un vrai désastre.

Si vous comptez sur cette armée de l'Est, qui en ce moment est à l'état naissant, laissez-la s'organiser, s'habiller, se chausser, se discipliner surtout, et alors, quand le moment sera venu, et j'use de toute mon énergie à faire vite, je me mettrai en mouvement et tomberai sur la ligne d'opérations de l'ennemi.

Depuis lors, le 23 octobre, l'armée s'était, il est vrai, déployée sous Besançon, faisant bonne contenance en face de l'ennemi ; mais cette attitude prouvait simplement qu'elle était capable de défendre des positions particulièrement solides. Cela ne voulait pas dire qu'elle pouvait opérer en rase campagne et prendre un rôle offensif, qui eût été certainement au-dessus de ses forces morales et physiques. En suivant le XIVe corps, les troupes de l'Est pouvaient tomber dans un piège et donner au général de Werder l'occasion tant désirée de les écraser dans une action d'ensemble, loin de la place forte. Il semblait préférable d'utiliser, pour l'achèvement de l'organisation de l'armée, le répit que l'ennemi accordait. Le général Cambriels se borna donc, pour le moment, à reporter ses avant-postes sur la ligne de l'Ognon.

Le corps franc du colonel Bourras s'avança sur Pin et Marnay. Après avoir échangé quelques coups de feu avec des patrouilles ennemies, il établit d'abord ses grand'gardes en avant des ponts sur la rive droite, et, à la date du 30 octobre, le corps en entier passa la rivière. Les hommes devenaient hardis et plusieurs reconnaissances furent exécutées avec entrain, à grande distance. Au même moment, le 7e chasseurs à cheval avait envoyé sur les ponts de l'Ognon des postes qui prenaient le contact de l'ennemi ; l'un d'eux, commandé par le sous-lieutenant d'Orval, captura quatre dragons prussiens.

La colonne mobile est enfin dirigée sur les Vosges.

C'est pendant cette période que la colonne Perrin fut dirigée sur les Vosges. Gambetta, comme nous l'avons vu, avait prescrit la formation de ce détachement sans consulter le commandant supérieur de l'Est, qui, opposé à l'opération projetée, l'avait différée autant qu'il était en son pouvoir. A l'approche de l'ennemi, le 22 octobre, le général Cambriels avait même télégraphié au Ministre :

Je n'ai pas pu, comme vous l'aviez ordonné, envoyer encore

Perrin opérer du côté du Thillot, ayant besoin de lui pour nous éclairer ; je pense que vous m'approuverez.

Répondez-moi dans le cas contraire ; je l'enverrai suivant vos ordres.

Voici la réponse :

Besançon de Tours, le 22 octobre.

Intérieur à général Cambriels, 6 h. 40 soir.

Pouvez faire éclairer suivant vos besoins, mais je désire que le premier ordre soit suivi le plus tôt possible.

Après les combats de l'Ognon, Cambriels avait dû s'exécuter, bien à regret, car l'envoi de cette troupe dans les Vosges, c'est-à-dire sur un objectif géographique, sans tenir compte de l'emplacement des forces ennemies ni de la situation générale, était une aberration stratégique.

La colonne était composée du régiment de mobiles des Vosges, du régiment de mobiles de la Corse, d'une batterie de montagne et de quelques cavaliers. Elle partit de Besançon le 28 octobre, passant par Rougemont, Villersexel, Lyoffans, et se dirigea sur Fresse. Là, apprenant la reddition de Metz et l'approche d'une colonne allemande, le colonel Perrin s'empressa de battre en retraite sur Besançon, par Grange, l'Isle et la vallée du Doubs. C'est ce qu'il pouvait faire de mieux ; en pénétrant dans les Vosges, il serait allé au-devant d'un enveloppement.

Le commandant Bruté de Rémur, dans son intéressant ouvrage *Les Vosges en* 1870, apprécie ainsi ce mouvement offensif :

L'ennemi n'eut pas même connaissance de cette entreprise, et il s'en serait sans doute peu ému. Il tenait les Vosges avec des forces suffisantes et susceptibles d'être rapidement renforcées.

Enfin, il faut bien le dire, le pays avait donné tout ce qu'il pouvait donner, et l'appel du colonel Perrin y fût resté sans écho.

L'organisation est terminée. Départ du général Cambriels.

Malgré les difficultés de tout genre, l'organisation de l'armée de l'Est s'était complétée avec rapidité. Le 28 octobre, le général Cambriels pouvait écrire au Ministre de la guerre que ses troupes se trouvaient désormais en état de tenir la campagne. Sa lettre se terminait ainsi :

Tout avantage remporté sur le flanc de l'ennemi par l'armée de Besançon aura une influence capitale sur les opérations des autres armées, parce qu'un succès dans l'Est peut compromettre la retraite de l'ennemi et mettre dans l'embarras les troupes mêmes qui n'ont pas pris part à l'action, tandis qu'une victoire, *même aux environs de Paris, ne peut que désorganiser le corps ennemi qui aura pris part au combat.*

C'était énoncer d'une manière magistrale l'importance d'un mouvement sur les communications de l'ennemi. Une bataille de Coulmiers gagnée sur Werder aurait eu les conséquences les plus sérieuses.

Cette lettre fut le dernier acte du commandement du général Cambriels. Sa santé ne lui permettait plus de rester à la tête de l'armée de l'Est, et dès la veille il avait télégraphié au Ministre pour lui demander quelques jours de repos.

Besançon, le 27 octobre 1870, 10 h. 49 matin.

Cambriels à Gambetta, Tours, confidentielle.

Voici le rapport de mon médecin sur la blessure dont je vous ai signalé la gravité. (Suit le rapport.)

En vous demandant dix jours pour aller me faire opérer et guérir à Lyon, par exemple, je serai apte ensuite à reprendre mon commandement de l'Est, ou tout autre, dans des conditions morales et physiques que je ne puis avoir entières en ce moment.

Mes souffrances sont violentes et constantes, ma constitution en est épuisée. Donnez-moi le repos nécessaire pour pouvoir consacrer encore le reste de mes forces au pays.

Général CAMBRIELS.

Le Ministre de la guerre répondit :

L'état de votre santé me force à regret de vous relever de votre commandement, dont les multiples occupations ne peuvent qu'ajouter à votre situation.

Prenez un congé pour vous rétablir, et recouvrez des forces que je me promets d'utiliser, aussitôt qu'elles seront revenues, pour la défense du pays (1).

J'ai nommé le général Michel au commandement du corps d'armée de l'Est.

Cambriels quitta son armée en laissant à ses troupes un ordre du jour dans lequel il retraçait les travaux accomplis et exprimait une confiance qu'il ne partageait pas entièrement.

* * *

Intérim du général Crouzat.

Le 29 octobre, dès sa prise du commandement intérimaire, qui lui revenait par droit d'ancienneté, le général Crouzat s'empressait d'envoyer au gouvernement le télégramme suivant :

Je considère marche de Besançon vers Gray comme pouvant produire les meilleurs résultats si elle réussit. Dans quatre ou cinq jours, je serai en mesure de la tenter avec 20.000 hommes et 40 pièces de canon. Voulez-vous m'y autoriser ou bien faut-il attendre arrivée du général Michel ?

Le 30, le Ministre autorisait cette marche, mais il ajoutait :

Au surplus, le général Michel a reçu l'ordre de se rendre à son poste immédiatement; il arrivera, sans doute, avant votre départ.

----

(1) Le général Cambriels ne reçut pas de nouveau commandement pendant la campagne. En 1875, il fut nommé chef du 10ᵉ corps d'armée, à Rennes, puis plus tard du 13ᵉ, à Clermont-Ferrand. La limite d'âge l'atteignit en 1881. Il est mort le 21 décembre 1891.

Dans ces conditions, voulant laisser à son nouveau chef l'honneur d'entamer le mouvement, le général Crouzat attendit l'arrivée du général Michel, qui eut lieu le 2 novembre.

Les ponts du Doubs. — La période correspondant à l'intérim du général Crouzat fut troublée par les discussions qui eurent comme objet la destruction des ponts du Doubs.

Cette question fut soulevée par le général commandant la 7ᵉ division militaire. Invoquant les prétendus pouvoirs qui lui étaient conférés par les lois sur l'état de siège, mais, en réalité, profitant de ce que le commandement de l'armée de l'Est se trouvait exercé provisoirement par un brigadier, le général de Prémonville donna à son directeur du génie l'ordre de faire sauter les ponts du Doubs en amont et en aval de Besançon. Par la destruction des ponts en aval, il voulait empêcher l'ennemi de couper le chemin de fer de Lyon. En supprimant les ponts en amont, il lui interdisait l'accès des plateaux du Jura et entravait en même temps le commerce que les juifs d'Alsace, affiliés aux pourvoyeurs prussiens, avaient organisé sur une vaste échelle pour enlever le bétail très abondant sur ces plateaux et le conduire aux troupes ennemies (1).

---

(1)   « De Pont-de-Roide, 22 octobre.

Commandant du 1ᵉʳ bataillon mobile Doubs à général commandant division, Besançon.

« Viens d'arrêter un troupeau de bœufs se dirigeant sur Audincourt. Au dire des conducteurs, gens du pays, les acheteurs sont juifs d'Alsace; ils suivent sur des chevaux. Je vais tâcher de les joindre pour les interroger. Tous ces bestiaux achetés foire de Maîche sur bruit répandu que Montbéliard était occupé par l'ennemi. Beaucoup de troupeaux ont passé avant mon arrivée. J'attends vos instructions.

« 23 octobre.

» *Sous-préfet Montbéliard à préfet et général de division, Besançon.*

» Exportation énorme continue par frontière suisse et Haut-Rhin.

» Juifs font filer convois par chemins, de nuit, avec domestiques. Exaspération de la population, qui s'en prend aux douaniers et aux autorités; sept ou huit convois arrêtés et mis en fourrière. Urgence prendre décision et répondre si on veut éviter graves conflits. Faut-il expédier bétail à Besançon ? »

Lors de la sécheresse de 1893, nous avons vu des faits analogues se produire en pleine paix. Une partie des bestiaux des plateaux du Doubs, achetés à vil prix, ont été dirigés sur l'Allemagne, pour servir à la fabrique des boîtes de conserve.

A la rigueur, ces destructions pouvaient être justifiées, d'autant plus que la tête de pont de Besançon suffisait à assurer les mouvements en toute éventualité; mais, ordonnées à l'insu du général Crouzat et de Garibaldi, qui commandaient les troupes opérant sur le Doubs, elles devaient forcément amener des conflits avec ces deux chefs d'armée, dont le premier avait, du reste, le commandement supérieur du territoire.

A la date du 30 octobre, le général Crouzat, ayant appris, par hasard, de Garibaldi, que des dispositions étaient prises pour faire sauter les ponts du Doubs, s'adressa au directeur du génie de Besançon et lui ordonna de ne détruire aucun pont avant de lui en avoir référé. Ainsi pris à partie, le directeur du génie répondit qu'en effet il avait reçu du général commandant la 7e division l'ordre de couper ou faire sauter tous les ponts existant sur le Doubs, à l'exception du pont de Dôle, qui serait simplement miné ; il terminait ainsi :

J'ai obéi, bien que cette mesure me paraisse valoir la peine d'être discutée au conseil de défense.

Je pense qu'il est encore temps d'en suspendre les effets. J'en réfère au général de division... J'envoie à mes officiers l'ordre de ne pas mettre immédiatement le feu aux fourneaux.

Le commandant intérimaire de l'armée de l'Est soumit la question au Ministre, qui prescrivit de ne pas multiplier les ruines sans une absolue nécessité.

Il ne faut faire sauter qu'au dernier moment et, en quelque sorte, en présence de l'ennemi.

Cette décision mettait fin à l'affaire, et le conflit se régla dans des termes courtois entre les généraux Crouzat et de Prémonville.

Il n'en fut pas de même avec Garibaldi. Dès que celui-ci vit un capitaine du génie arriver à Dôle pour miner le pont, il le fit arrêter et lança les deux télégrammes suivants :

1° *Garibaldi au Ministre de la guerre.*

Dôle, le 30 octobre.

Un capitaine du génie est à la gare et dit qu'il est là pour faire sauter le pont du Doubs. Qui donne de pareils ordres, et en aurons-nous bientôt fini avec les turpitudes et les trahisons ?...

2° *Garibaldi à commandant supérieur, Besançon.*

Dôle, 30 octobre.

Capitaine génie arrivé en gare de Dôle pour faire sauter pont du Doubs (1). Qui a donné cet ordre ?

A ce dernier télégramme, le général Crouzat répondit :

31 octobre.

J'ignore complètement qui a envoyé capitaine du génie pour faire sauter le pont du Doubs à Dôle ; selon moi, vous seul pouvez faire sauter le pont si vous le jugez convenable. Quel est ce capitaine du génie ?

Le général Crouzat, ayant su que l'ordre émanait du général commandant la 7° division militaire, le chargea de donner des explications à Garibaldi. Le général de Prémonville employa toute sa diplomatie pour convaincre celui-ci des avantages que présentaient les destructions ordonnées. Il insistait, notamment, sur la nécessité de couvrir la vaste forêt de Chaux, « qui, écrivait-il, est d'un parcours facile, et qui, vous reliant à Besançon, vous donne la possibilité de suivre les plateaux, en arrière de cette place, sur la rive gauche du Doubs, pour aller, si vous le jugez nécessaire, déboucher vers Montbéliard et passer de là dans le massif des Vosges, ou opérer sur les derrières de l'armée ennemie dans le cas où Belfort serait investi ».

Mais on eut beau flatter l'esprit offensif de Garibaldi et lui

---

(1) On a vu que le général commandant la 7ᵉ division avait simplement donné l'ordre de miner le pont.

faire entrevoir les Vosges : il n'avait de plan à recevoir de personne. Par son ordre, les fourneaux de mine de plusieurs ponts en amont de Dôle furent déchargés, et il fit noyer les poudres qu'ils contenaient. Cet incident se produisit au moment où, comme on l'a vu, le Ministre de la guerre intervint de son côté.

Arrivée du général Michel.

Le général Michel, connu par la charge de sa brigade de cuirassiers à la bataille de Frœschwiller, arriva à Besançon le 2 novembre et prit, le 3, le commandement supérieur de l'Est.

L'impression qu'il éprouva en voyant les troupes fut loin d'être favorable. Tombant à l'improviste au milieu d'unités dont l'organisation laissait encore à désirer et n'ayant pas assisté aux progrès réels que l'armée de l'Est avait faits en quelques jours, il fut loin de partager la confiance du général Crouzat, et la défaite lui apparut certaine. A peine arrivé, il s'empressa d'adresser au Ministre de la guerre un rapport dans lequel la situation était peinte sous les couleurs les plus sombres ; d'après lui, l'armée de l'Est était non seulement incapable d'une offensive quelconque, mais elle ne pourrait résister, même appuyée sur la place de Besançon.

M. de Freycinet, délégué à la guerre, répondit au général Michel qu'il le laissait juge du moment où la retraite sur Lyon lui paraîtrait indispensable, mais qu'il ne convenait pas de se replier à l'apparition de la première colonne ennemie, enfin qu'il ne fallait point précipiter le mouvement.

En même temps, le Ministre envoyait en mission à Besançon, auprès de la 1re armée de l'Est, M. Sourdeaux, attaché à son cabinet (1), qui, après avoir conféré avec le général Michel,

---

(1) M. Sourdeaux fut un des *missi dominici* de M. de Freycinet. Le 17 octobre, il était allé trouver le général d'Aurelle porteur de la lettre suivante :

rédigea la lettre suivante, qui résume tout un plan de campagne :

Besançon, 6 novembre, 1 h. 5 du soir.

Sourdeaux à délégation, à Tours.

Je vous ai écrit et télégraphié hier. Mais la situation se modifie d'heure en heure et se tend de plus en plus. D'après avis annonçant puissante concentration et marche rapide de l'ennemi (marche de Frédéric-Charles), je conclus nécessité immédiate d'une concentration correspondante de toutes nos forces vives sur un terrain choisi par vous pour y livrer une grande bataille coûte que coûte.

Ligne à choisir paraît devoir être en arrière du Morvan, en raison des marches à faire pour opérer jonction des généraux d'Aurelle et Michel, ce dernier prêt à servir sous le premier.

Les places fortes de l'Est se défendent avec leurs seules garnisons.

Décidez tout de suite le parti à prendre et donnez immédiatement vos ordres de mouvement. Tout indique extrême urgence.

Ce qui était impossible hier paraît ne plus l'être ce matin.

Les généraux, ici, sont désireux de se mesurer avec l'ennemi et commencent à compter pour cela sur la mobile. S'il y a une grande bataille, un résultat mauvais n'empirera pas beaucoup la situation si compromise, mais bon il pourrait l'améliorer beaucoup.

Francs-tireurs très gênants et compromettants quelquefois.

E. SOURDEAUX.

« Tours, 17 octobre 1870.

» Général,

» La lettre ministérielle ci-jointe, renfermant des instructions pour la campagne, vous sera remise par M. Eugène Sourdeaux, attaché à mon cabinet, et qui est un homme absolument sûr.

» Vous pouvez vous ouvrir à lui, sans réserve, de vos plans. Lui-même est au courant de nos intentions et, au besoin, vous les expliquera. Enfin, il sera à votre disposition pour nous transmettre toutes les lettres ou dépêches que vous jugerez à propos.

» Il est bien entendu, d'ailleurs, que M. Sourdeaux n'a à s'immiscer en rien dans votre commandement, dont vous êtes seul responsable. »

Il est probable qu'une lettre analogue accréditait M. Sourdeaux auprès du général Michel.

En conséquence de la lettre ci-dessus, que le Ministre approuva d'une façon générale, ordre fut donné à l'armée de l'Est de se porter sur Chagny. Le général Michel ne devait pas diriger ce mouvement. Frappé du peu de confiance que ce chef semblait avoir dans ses troupes, le Ministre l'appela à Tours sous prétexte de lui faire donner des explications sur ses projets.

Guerre à général en chef, Besançon.

Venez à Tours m'expliquer votre plan de campagne et remettez le commandement au général Crouzat, qui fera l'intérim de général en chef.

Vous lui communiquerez mes précédentes dépêches.

Avisez-moi de votre départ.

A peine arrivé à Tours, le général Michel fut relevé du commandement de l'armée de l'Est et reçut, en échange, celui d'une division de cavalerie sur la Loire.

Marche de l'armée de l'Est sur Chagny. — Commandement du général Crouzat.

Le général Crouzat reprenait le commandement le 8 novembre, jour même où l'armée de l'Est se dirigeait sur Chagny.

Il n'approuvait pas la marche qui lui était imposée par le Ministre et pensait qu'on aurait dû maintenir l'armée dans le rayon d'action de la place de Besançon, prête à se jeter sur les lignes de communication de l'ennemi. Dans l'après-midi du 8, alors même qu'il avait commencé son mouvement et qu'il se trouvait déjà à Quingey, il télégraphia encore au Ministre de la guerre pour le suspendre.

Mais le gouvernement ne voulut pas changer ses plans, qui consistaient à masser ses forces sur la Loire pour marcher de là à la délivrance de Paris.

Comment fut protégée la marche. — De Besançon à Chagny,

l'armée de l'Est allait exécuter une véritable marche de flanc, étant donnée la position de l'ennemi à Gray et à Dijon.

Garibaldi avait évacué Dôle pour se rendre à Autun par les voies ferrées, de sorte que la forêt de Chaux, qu'on allait longer au sud, ne se trouvait plus protégée contre les entreprises de Werder. On dut prendre des mesures spéciales pour couvrir l'armée pendant son mouvement.

Le corps franc du colonel Bourras reçut l'ordre de se diriger de Marnay sur Dôle comme flanc-garde mobile, tandis que le général commandant la subdivision de Lons-le-Saunier faisait occuper les ponts du Doubs et de la Loue par des flanc-gardes fixes. (Appendice n° 15.) L'armée de l'Est, ainsi protégée, marchait avec sécurité au sud de la Loue par Quingey, Mouchard, Mont-sous-Vaudrey, le Deschaux, Pierre et Verdun.

A Pierre, le 12 novembre, on apprend la victoire de Coulmiers, qui excite un grand enthousiasme. Les troupes sont tranformées ; de résignées qu'elles étaient, on les voit tout à coup, pleines d'espoir, s'avancer avec le plus grand entrain. La discipline s'en affermit, et les colonnes arrivent à Chagny dans un ordre satisfaisant. C'est le 14 novembre que l'armée de l'Est atteint cette localité, après avoir parcouru 120 kilomètres en quatre jours, ce qui est un fort bel exemple de marche à la guerre.

A la date du 13 novembre, le Ministre avait envoyé au général Crouzat l'ordre de former, avec l'armée de l'Est, un corps d'armée de trois divisions d'infanterie, et, pour lui donner l'autorité nécessaire, il le nommait au grade de général de division à titre provisoire. L'effectif de ces trois divisions, à la date du 15 novembre, s'élevait à 36.000 hommes environ. (Appendice n° 16.)

Après un repos de trois jours dans les environs de Chagny, le général Crouzat reçut l'ordre de se diriger par chemin de fer sur Gien ; mais ce mouvement, qui était fixé au 17, ne put, faute de matériel, être exécuté que le 18 et le 19.

Création du 20ᵉ corps.

En réponse à une dépêche du général Crouzat demandant quelle appellation devait recevoir l'armée de l'Est qui se dirigeait sur la Loire, le Ministre de la guerre adressa à Gien le télégramme suivant, qui, par suite du retard des transports signalé plus haut, vint rejoindre son destinataire à Chagny.

Tours, 17 novembre 1870, 6 h. 15 du soir.

Guerre à général Crouzat, Gien.

Vous recevrez lettre relative à la réorganisation de vos troupes, qui cesseront de s'appeler armée de l'Est et deviendront le 20ᵉ corps (1).

Le 20ᵉ corps livre, quelques jours plus tard, aux troupes aguerries qui venaient de faire capituler Bazaine, le combat honorable de Beaune-la-Rolande. Il est rejeté ensuite au sud de la Loire lorsque l'offensive de Frédéric-Charles sur Orléans coupe notre armée principale en deux tronçons. En janvier 1871, il reviendra dans l'Est par Chagny et prendra une part glorieuse à la victoire de Villersexel. Il sera enfin englobé dans le désastre de l'armée de Bourbaki, terminant ainsi la campagne non loin des Vosges, où ses combattants de la première heure l'avaient commencée.

On peut dire que la navette du 20ᵉ corps, de la Saône à la Loire et réciproquement, n'eut aucune influence sur la marche générale des événements ; elle ne fit qu'allonger le chemin de la croix que parcoururent ses malheureux soldats, qui, pendant la campagne, eurent cependant la consolation de voir deux fois le dos des Allemands : à Auxon et à Villersexel.

---

(1) La 1ʳᵉ armée de l'Est cessait d'exister après une durée d'un mois, 17 octobre au 17 novembre, consacré surtout, comme on l'a vu, à des travaux d'organisation tout à l'honneur de ceux qui les ont dirigés.

VII

LA PLACE DE BESANÇON

Mise en état de défense. (2, 4, 28, 83.) — Service des troupes dans la place (septembre et octobre). (14.) — Conseil de défense et comité militaire départemental. (15.) — Situation de la place au départ de l'armée de l'Est. (2, 3, 4.) — Rectification de la ligne des postes du haut Doubs. (6, 29.) — Reconnaissances dans la Haute-Saône. (2, 4, 68.)

Jusqu'ici, pour éviter toute digression inutile, les événements dont Besançon et Dôle furent le théâtre pendant la période étudiée ont été négligés à dessein. Les chapitres VII et VIII comblent cette lacune et font connaître le milieu dans lequel la première armée de l'Est s'est développée.

Mise en état de défense.

La place de Besançon doit assurer en principe la possession du plateau séquanais et permettre de déboucher à volonté dans la vallée du Rhin ou dans celle de la Saône. Mais, au moment de l'invasion, ces avantages offensifs ne se trouvaient pas suffisamment garantis par les fortifications d'alors. Les ouvrages les plus avancés, Brégille et Chaudanne, situés tous deux sur la rive droite du Doubs, ne facilitaient pas l'accès du premier plateau du Jura et, d'un autre côté, vu leur éloignement de la vallée de l'Ognon, ne pouvaient appuyer une marche dans cette direction. La défensive était également précaire ; rien de plus facile que d'investir Besançon par des forces peu considérables et même de bombarder la ville avec la seule artillerie de campagne.

De nouveaux travaux s'imposaient ; malheureusement, le

temps et les moyens faisaient défaut pour donner aux fortifications tout le développement qui paraissait nécessaire. L'ennemi était menaçant et d'un moment à l'autre la place pouvait être attaquée. Il fallait donc se borner à exécuter tout d'abord les ouvrages les plus urgents. On crut atteindre ce but en construisant : deux forts, dits de l'Est et de l'Ouest, aux points extrêmes de la crête des Buis, qui domine la citadelle; une redoute sur le mamelon du petit Chaudanne; une lunette à Charmont; enfin, un fort sur la butte des Justices, près Saint-Claude. Ces ouvrages, considérés comme travaux de fortification permanente, furent l'œuvre du chef du génie, qui avait fait approuver ses plans par le Ministre. Ils n'étaient pas à l'abri de critiques; ainsi, le fort des Justices, dominé à 1.500 ou 2.000 mètres par des hauteurs en demi-cercle, n'était pas tenable; au lieu de se trouver sur le périmètre de la position, il en marquait à peu près le centre.

Pour compléter ces demi-mesures, le commandement de la 7e division, de son côté, se préoccupa de prolonger vers l'extérieur les défenses de la place de Besançon au moyen d'autres travaux de moindre relief, destinés à donner un appui éventuel aux troupes mobiles. Ce dualisme fâcheux, que nous constatons en passant, était inhérent à la situation troublée dans laquelle on s'agitait à cette époque, même dans les milieux militaires.

Dans un premier projet écrit de la main du lieutenant-colonel de Bigot, il est question de faire passer la ligne de la défense mobile : à l'ouest, par les hauteurs de Planoise, de Serres et de Pouilley; au nord, par les mamelons qui surveillent les débouchés de la forêt de Chailluz; à l'est, par le plateau de Palente; au sud, par les crêtes de Montfaucon et de Fontain. En résumé, sauf du côté de la forêt de Chailluz, le commandement voulait déjà s'établir sur les emplacements des forts actuels de Besançon. Voici les travaux qu'il fit entreprendre :

1° A Montfaucon, une redoute pour 24 bouches à feu, proté

geant la place contre une armée qui, après avoir forcé les passages du Doubs en amont, viendrait occuper le premier plateau du Jura;

2° A Palente, une redoute à deux étages de feux, battant l'angle mort situé à l'est du fort de Brégille et défendant l'accès de Besançon par la vallée du Doubs et la route de Rougemont;

3° Au Point-du-Jour, une redoute destinée à compléter l'action du fort des Justices;

4° Aux monts Boucons et aux Tilleroyes, une redoute pour 24 bouches à feu, couvrant la place du côté ouest;

5° Au Rosemont, une redoute de six pièces, croisant ses feux avec les forts de Chaudanne et du Petit-Chaudanne pour battre la route de Dôle;

6° Deux redoutes, l'une à Fontain, l'autre à Arguel, battant les routes de Quingey et d'Ornans par Clairon et complétant l'action de Montfaucon;

7° Du côté de la vallée de l'Ognon, des épaulements en avant d'Auxon et aux Rancenières.

Ces divers ouvrages furent exécutés, sous la direction du chef d'état-major de la division militaire, par le 2ᵉ bataillon des gardes mobiles de la Loire, transformé en bataillon de mineurs et commandé par M. de Montgolfier, ingénieur des ponts et chaussées. On adjoignit à ce bataillon, devenu technique, une partie des mobilisés de la Haute-Saône.

Nous venons de voir se manifester une fois de plus l'activité du lieutenant-colonel de Bigot, qui, vu l'état de fatigue dans lequel se trouvait le général de Prémonville, commandait en son nom, avec le consentement tacite du Ministre, à qui les généraux manquaient. Emporté par son zèle ardent pour la défense du plateau séquanais, objet de ses constantes préoccupations, le chef d'état-major de la 7ᵉ division militaire a parfois dépassé la mesure, comme dans l'affaire des ponts du Doubs. Mais, au milieu de l'affolement général, ce fut un homme de bon conseil, vers qui tous les regards se tournaient

quand survenait une difficulté paraissant insurmontable.
Gambetta, qui plus tard le fit appeler à Lyon pour lui demander un avis, lui dit confidentiellement : « Disposez des hommes et des choses sans craindre les lettres de délation ; je les
mets régulièrement au panier. »

Tous les témoignages nous le représentent comme le véritable organisateur de la défense de la place et de la région ;
n'en citons qu'un, le moins suspect, celui du préfet du Doubs,
son adversaire de tous les jours.

Le 1er décembre, quand il fut question de remplacer le général de Prémonville à la tête de la division, M. Ordinaire télé-
graphiait au ministère :

Puisque impossible de vous indiquer un autre général et vu
l'urgence, je vous propose de nommer de Bigot colonel.

Il ignore cette proposition, mais il accepterait par dévouement.
Nul ne connaît mieux que lui la place et la division qu'il comman-
derait de droit par intérim, comme il la commande de fait....

Sur l'original, les derniers mots manquent de clarté ; on lit :
« Comme il la commande de fait en luttant contre résistance
et énergie. »

Service des troupes dans la place (septembre et octobre).

Au début, avant l'exécution des ouvrages projetés, ce service
se faisait dans le cadre des vieilles fortifications.

Le tableau ci-contre indique la répartition, à la date du
26 septembre, des troupes d'infanterie de la garnison, comprenant les dépôts du 16e chasseurs et du 78e de ligne, le
54e mobiles (Doubs) et le 55e mobiles (Jura).

EFFECTIF NÉCESSAIRE POUR LA GARDE JOURNALIÈRE DES REMPARTS

POINTS OCCUPÉS.	NOMBRE		CORPS
	d'hommes	d'officiers.	DE TROUPE.
Double couronne de battant............	500	9	16ᵉ, 78ᵉ, 55ᵉ
Enceinté de la ville (rive gauche).......	211	2	54ᵉ, 55ᵉ.
Citadelle................................	155	3	78ᵉ, 54ᵉ.
Lunettes 90 et 91 et chemin couvert.....	150	3	16ᵉ, 78ᵉ.
Fort Brégille...........................	203	2	78ᵉ, 54ᵉ.
Fort Beauregard........................	17	»	78ᵉ.
Fort Chaudanne........................	104	1	16ᵉ, 55ᵉ.
Réserve centrale (sur la place Granvelle).	150	3	78ᵉ.
	1.490	23	

La surveillance de chaque front bastionné était confiée à un commandant permanent, ce qui nécessitait en plus, pour :

La double couronne.......................	4	officiers.
La ville.................................	2	—
La citadelle (un seul officier pour les deux fronts 2-3 et 3-4).................................	2	—
Brégille..................................	3	—
Chaudanne (un seul officier pour les deux fronts 3-4 et 4-5).................................	3	—
TOTAL...................	14	officiers.

Les officiers et les hommes ne devant être de service qu'un jour sur trois, il fallait, pour la garde des remparts :

Infanterie
- Hommes de troupe...... $1.490 \times 3 = 4.470$
- Officiers............... $23 \times 3 + 14 = 83$

Effectifs existants. — L'effectif des troupes d'infanterie était le suivant :

16ᵉ Bataillon de chasseurs	948
78ᵉ Régiment de ligne........................	1.633
54ᵉ Régiment de mobiles......................	2.729
55ᵉ Régiment de mobiles.....................	2.082
Pompiers..................................	306
Garde nationale sédentaire.................	878
Existants....................	8.576

Nombre total de fantassins nécessaires pour la défense des anciens ouvrages :

Pour la garde des remparts	4.470
Comme auxiliaires pour le service des pièces de l'artillerie.......................................	2.397
Soit.....................	6.867

Il restait donc 1.709 disponibles, dont 1.184 gardes nationaux sédentaires ou pompiers.

Artillerie. — Les troupes d'artillerie comprenaient 1.455 canonniers, dont 307 du 9ᵉ d'artillerie, 648 de la garde mobile et 500 de la garde sédentaire.

Le service des 243 pièces existantes et des petits magasins était largement assuré avec ces effectifs augmentés des auxiliaires d'infanterie.

Dans la répartition des emplacements, on avait affecté aux divers ouvrages les troupes casernées à proximité, tout en plaçant celles de l'armée active aux points les plus importants. Aucun poste sur les remparts n'était assigné à l'infanterie de la garde nationale sédentaire et aux pompiers. Ces derniers devaient rester prêts à assurer leur service spécial ; quant à la garde nationale, on ne voulait pas l'astreindre au service journalier. Dans les prises d'armes, elle se rassemblerait sur la place Saint-Pierre et la place Labourée, comme réserve disponible.

Conseil de défense et comité militaire départemental.

D'après la nature des délibérations de ces conseils, on verra combien leur rôle fut effacé.

CONSEIL DE DÉFENSE. — Voici, tout d'abord, à titre de spécimen, la 1re séance du conseil de défense, le 9 octobre 1870 : délibération sur la question soumise au général de division par le colonel directeur des fortifications, au sujet de l'opportunité de la destruction des habitations dans les zones de défense :

Lecture de la lettre du colonel du génie Benoît, directeur.

Le général Bonamy, commandant la subdivision de Besançon, fait observer qu'il n'est question, d'abord, que de la 1re zone.

Le colonel Benoît demande la parole et dit qu'il s'agit d'apprécier le fait de l'imminence de l'attaque de la place. Il pense qu'elle n'est pas démontrée, Besançon étant couvert par Belfort, Schlestadt et Neuf-Brisach. Toutefois, le colonel fait des propositions en vue d'une attaque possible.

La 1re zone, dit-il, comprend les faubourgs Rivotte et Taragnoz (1), le hameau de la Mouillère et la gare des voyageurs. On pourrait détruire immédiatement, dans cette zone, les murs de clôture, les haies, et prévenir les habitants de se mettre en mesure de démolir les maisons dans les trois jours à partir de la signification qui leur en sera faite. En outre, on abattrait les arbres du terrain militaire, à l'exclusion de Micaud.

On blinderait les étages de Griffon, d'Arènes et de la citadelle en commençant par le premier et successivement.

Ces propositions furent adoptées. Elles amenèrent une énergique protestation de la municipalité contre les démolitions projetées, qui heureusement ne furent pas entreprises.

COMITÉ MILITAIRE DÉPARTEMENTAL. — Par décret du 14 octobre, un comité militaire destiné à favoriser la défense locale avait

---

(1) Les faubourgs de Rivotte et Taragnoz sont à l'intérieur de la boucle du Doubs, au pied du rocher de la Citadelle, c'est-à-dire des mieux abrités contre les entreprises de l'ennemi.

été institué dans chaque département en état de guerre, c'est-à-dire à moins de 100 kilomètres de l'ennemi. Ce comité, composé de cinq à neuf membres, devait désigner les points paraissant favorablement situés pour disputer le passage aux Allemands et y faire exécuter les fortifications nécessaires. Il avait le droit de réquisition ; les dépenses devaient être payées à l'aide de bons acquittés sur les fonds du département et des communes. Il pouvait lever les gardes nationaux jusqu'à 40 ans.

Le comité du Doubs fut composé ainsi qu'il suit :

Président : Général Bonamy, commandant la subdivision.
Membres : MM. le colonel du génie Granier ; le capitaine d'état-major de Lénoncourt ; Berthelin, ingénieur en chef du département ; Langlois, ingénieur des mines ; Delmas, agent voyer en chef ; Estignard, conseiller général ; Chofardet, adjoint au maire.

1re *séance, 23 octobre.* — Ouverte, à 2 heures du soir, par la lecture du décret du 14 octobre. Le président fait observer qu'à Besançon le rôle du comité est bien simplifié. Il ne peut faire exécuter des travaux de sa propre autorité sans porter atteinte aux prérogatives du général Cambriels, qui commande à la fois l'armée de l'Est et le territoire.

Sur la proposition d'un membre, le comité ne se résigne pas à considérer son rôle comme absolument nul et se décide à procéder par vœux.

Il conseille tout d'abord de faire occuper un point de la forêt de Chailluz, d'où l'on peut bombarder Besançon.

Un membre fait ensuite remarquer que la réunion des fourrages à Chamars, ou dans les magasins de l'Etat, est un danger, une seule meule embrasée devant mettre le feu à toutes les autres. Il propose, pour parer à cet inconvénient, d'entreposer, sur des bateaux, les fourrages amenés par les cultivateurs, et de les répartir sur les points de la rivière les moins exposés au feu de l'ennemi. On pourrait, ajoute-t-il, utiliser aussi les fossés de la place pour ces fourrages et pour le bétail, sous abri en planches. Le danger d'incendie y serait moins grand et, en cas d'assaut, le feu mis aux fourrages deviendrait un moyen de défense.

La séance se termine par une observation concernant un dépôt de 3.000 traverses en bois établi par la compagnie de Lyon à 3 kilomètres de Besançon, sur la route de Vesoul. Ces pièces doivent être rentrées dans la place pour les soustraire à l'ennemi.

Séances du 30 octobre et du 7 novembre. — Le comité délibère sur les mesures prescrites par le nouveau décret du 22 octobre. Celui-ci ordonnait que, dans tous les départements en état de guerre, le comité de défense devait requérir et mettre à l'abri tout ce qui pouvait être utile à l'ennemi. On détruirait au besoin les approvisionnements ; des reçus, en poids et en nombre, seraient donnés aux habitants.

Le comité, consulté sur le lieu de refuge à assigner aux denrées et bestiaux, est d'avis que l'on commence par approvisionner suffisamment la ville de Besançon, puis qu'on place le surplus dans la partie de l'arrondissement de Montbéliard comprise entre le Dessoubre, le Doubs et la Suisse, dont le territoire neutre offrirait un abri le cas échéant.

Sur une observation du préfet, la publicité ne sera pas faite par affiches, mais par les gendarmes et les gardes.

Séance du 13 novembre. — Examen des moyens pour trouver les chevaux et les harnais nécessaires à l'attelage des pièces de campagne qui sont à Besançon.

Coupures à faire aux routes qui conduisent de Voray et de Cussey aux positions de Châtillon et d'Auxon-Dessus.

Corps de 50 éclaireurs à créer.

Séance du 25 novembre. — Dernières mesures relatives à l'exécution du décret du 22 octobre. Le comité décide qu'on ne peut plus compter pour l'évacuation des denrées et des bestiaux que sur les moyens de rigueur.

Mais, avant de les prescrire, il demande au préfet s'il ne serait pas convenable d'en référer au gouvernement central à Tours.

Telles sont les séances assez peu intéressantes dont nous avons pu retrouver la trace et qui furent sans doute les seules. Un semblable comité a pu rendre des services dans certains départements, mais à Besançon, siège momentané du commandement supérieur de l'Est et chef-lieu permanent d'une division militaire, il n'y avait pas place pour lui, et ce rouage devait rester absolument superflu. Le général Bonamy l'avait prévu en ouvrant la première séance; on aurait dû s'en tenir à sa déclaration, au lieu de continuer à siéger bien inutilement.

Situation de la place au départ de l'armée de l'Est.

Le séjour de l'armée de l'Est avait nécessité l'établissement, tant à Besançon même que dans sa banlieue, de nombreuses ambulances supplémentaires, qu'elle avait, à son départ, encombrées de ses malades et de ses blessés. Le personnel de santé militaire était extrêmement réduit, et les médecins de la ville luttaient d'activité et de dévouement pour parer aux difficultés de cette situation.

Les approvisionnements de toute nature, réunis précédemment dans la place, avaient été employés pour armer, équiper, habiller et nourrir les soldats du général Cambriels, et il restait à pourvoir aux besoins des bataillons que l'armée de l'Est ne laissait à Besançon qu'en raison même du dénûment dans lequel ils se trouvaient.

Cette armée emmenait en outre la seule batterie attelée dont la place pût disposer, diminuant encore, par ses réquisitions en chevaux et voitures destinés à assurer le service de ses transports, les ressources que le pays pouvait offrir pour la défense locale.

A cette époque, les Allemands venaient d'investir la place de Belfort avec des troupes de réserve. Leur XIV\ :sup:`e` corps, qui se trouvait disponible en entier et n'avait plus devant lui, dans un rayon immédiat, des forces pouvant tenir campagne, constituait pour Besançon un danger d'autant plus menaçant que cette place était réduite à une garnison de 6 à 7.000 hommes, dont voici la composition :

2 bataillons à 2 compagnies d'un régiment de marche d'infanterie (63e), de 400 hommes chacun, sans colonel et avec des cadres incomplets.

1 bataillon de marche de chasseurs à pied (15e) dans des conditions analogues, également à 2 compagnies.

Le bataillon des mineurs de la Loire.

3 bataillons de la garde mobile du Doubs.

1 bataillon de la garde mobile de Tarn-et-Garonne.

1 bataillon de la garde mobile de la Haute-Garonne.

1 bataillon de la garde mobile du Haut-Rhin.

Le bataillon unique de la mobile des Hautes-Alpes, qui avait fait des pertes considérables le 22 octobre.

Le 3e bataillon de la garde mobile des Vosges, en partie détruit à Cussey, et dont les débris étaient dans un tel état de désorganisation que, après quelques jours de marche sur Chagny, le commandant de l'armée de l'Est, dont il faisait partie, dut le renvoyer à Besançon.

Les mobilisés de la Haute-Saône, qui s'étaient rassemblés à Besançon.

Enfin une batterie de 4, dont 2 pièces seulement pouvaient s'atteler à la fois, faute de chevaux et de harnais, et qui constituait toute l'artillerie de campagne.

C'est avec ces faibles moyens que la 7e division militaire va opérer jusqu'à l'arrivée du général Bourbaki en janvier.

Rectification de la ligne des postes du haut Doubs.

En présence des forces que les Allemands avaient devant Belfort, on comprit la nécessité d'évacuer quelques positions, trop en l'air, sur le cours du haut Doubs et de concentrer davantage les troupes de la région du Lomont.

Le capitaine d'état-major auxiliaire de Lénoncourt, envoyé le 7 novembre pour reconnaître les emplacements des grand'-

gardes, put constater, en effet, que quelques compagnies disséminées de Blamont à Voujaucourt et de Voujaucourt à l'Isle-
sur-le-Doubs ne résisteraient pas à une attaque sérieuse. A
la réception de son rapport, le général commandant la 7e
division ordonnait, le 9 novembre, par télégramme, de faire
replier les postes sur la ligne du Lomont, entre Pont-de-Roide
et Clerval.

Tandis que des officiers du génie faisaient sauter les ponts
de la boucle du Doubs à Voujaucourt, Audincourt, Valenti-
gney, Mandeure, le 1er bataillon de la mobile du Doubs quittait
Voujaucourt et venait se placer entre le Lomont et la vallée de
la Barbèche. Il occupa Solemont, Valonne, Vyt-les-Belvoir,
ayant un détachement au col du Lomont qui conduit à Dam-
belin.

Le bataillon des douanes suivait ce mouvement et expédiait
ses magasins, ses archives et les non-valides sur Maiche.

Le bataillon du Haut-Rhin, évacuant Colombier-Fontaine
et les autres postes qu'il occupait sur le Doubs, se rapprochait
également de la crête du Lomont et prenait position à Clerval
et Anteuil.

Le 3e bataillon du Doubs quittait l'Isle et venait à Glainans,
à la droite du précédent.

Sur leur nouvelle ligne, ces troupes devaient se relier entre
elles par des patrouilles et se prêter un mutuel appui. C'est
ainsi que, le 12 novembre, un détachement allemand ayant
marché sur l'Isle et paraissant menacer Glainans, le 1er bataillon du Doubs partit de Valonne à 10 heures du soir et se porta
au secours du 3e. L'ennemi se retirant, le 1er bataillon reprit
ses emplacements.

Quelque temps après on étendit un peu le front des postes
du Lomont, en réoccupant le plateau de Blamont, pour appuyer
la droite à la frontière suisse. Les communications de ces
troupes de première ligne avec Besançon étaient couvertes
par quelques compagnies de mobiles occupant Baume-les-
Dames et les ponts du Doubs en aval.

Reconnaissances dans la Haute-Saône.

Les directions dangereuses de Vesoul et de Gray fixaient également l'attention du commandant de la 7e division.

Le chef d'état-major fit opérer plusieurs reconnaissances au delà de la vallée de l'Ognon, dans la Haute-Saône, où il dirigeait sans cesse des compagnies de partisans pour s'assurer des forces et des projets de l'ennemi et gêner ses détachements de réquisition. Dans ces reconnaissances s'illustrèrent les capitaines de francs-tireurs Huot et de La Barre, le premier horloger, le second chasseur intrépide ; leurs hardis coups de main sont devenus légendaires en pays comtois.

Les patrouilles allemandes contre lesquelles ces mesures étaient prises venaient généralement de Vesoul, souvent appuyées par des troupes assez nombreuses. Ainsi, le 34e prussien, qui avait quitté Gray le 2 novembre et s'était installé à Vesoul depuis le 3, envoyait le 7, à 6 heures du soir, sur Oiselay, un détachement commandé par le lieutenant-colonel de Westernhagen et composé d'un escadron de hussards, de quatre pièces, et de trois compagnies sur des voitures du train badois. Parti de Vesoul par une nuit froide et obscure, le détachement s'avança dans la direction d'Oiselay et rentra le 8, vers 5 heures du soir, après avoir parcouru 82 kilomètres en vingt-trois heures. Il ramenait avec lui un maître d'école fait prisonnier de guerre.

VIII

GARIBALDI A DOLE. — SES RELATIONS AVEC LE COMMANDANT SUPÉRIEUR DE L'EST

Arrivée de Garibaldi en France. (77, 83.) — Son entrée à Dôle. Ses menées à Besançon. (77, 83.) — Création de l'armée des Vosges. (28, 34, 77, 83.) — Premiers mouvements de cette armée. (54, 77, 89, 90.) — Secours donnés à l'armée de l'Est. (73, 83, 90.) — Surprise de Broyes-les-Pesmes et reconnaissances prussiennes sur Dôle, le 23 octobre. (35, 67, 77.) — L'armée des Vosges attribue à son action le recul de Werder sur Gray. (77.) — Redoutant une attaque imaginaire, elle demande du secours. (1, 77, 83.) — Colonne envoyée inutilement vers Dôle par l'armée de l'Est. (1, 77, 78.) — Combats d'avant-postes après l'occupation de Dijon par les Allemands. (63, 65, 77, 82.) — Garibaldi évacue Dôle le 8 novembre. (77, 82, 83.)

Le rôle de Garibaldi à Dôle a été jusqu'ici assez mal déterminé. L'esprit de parti, qui dénature tout ce qu'il touche, s'est emparé des événements, et la vérité s'est trouvée altérée dans un sens ou dans l'autre, suivant que l'historien épousait ou non les idées politiques du héros italien. A ce nom seul de Garibaldi, les écrivains surexcités ont arrondi des périodes, au lieu de se borner à exposer avec simplicité des opérations, d'ailleurs sans importance par elles-mêmes, et qu'on pourrait laisser dans l'ombre s'il ne s'en dégageait un enseignement pour l'avenir.

Arrivée de Garibaldi en France.

En allant chercher Garibaldi à Caprera, M. Bordone, ancien médecin de 2e classe de la marine française et colonel garibaldien pendant l'expédition de Sicile, mettait dans un grand embarras le gouvernement de la Défense nationale. Ce haut personnage, en effet, était beaucoup plus apte à provoquer des mouvements populaires, dont le besoin ne se faisait d'ailleurs nullement sentir, qu'à diriger une armée en face d'un adversaire sérieux.

Jusque-là, il ne s'était signalé dans la grande guerre que par des opérations malheureuses. En 1859, sur le point d'être cerné à Varèse par la division autrichienne Urban, il n'était dégagé de son étreinte que par la marche offensive de l'armée française sur Magenta. En 1866, dans le Tyrol, ses 36.000 volontaires avaient été battus dans toutes les rencontres importantes par les 17.000 soldats du général Kühn, notamment à Bécéca, où les garibaldiens perdirent 1.800 hommes dont 1.100 prisonniers, tandis que les Autrichiens n'avaient qu'une centaine des leurs hors de combat.

Malgré l'immense réclame que la presse italienne fit toujours aux opérations de Garibaldi, au point de changer ses revers en victoires (1), la vérité finissant par percer, le gouvernement de la Défense nationale mettait en doute ses talents militaires. Plein d'appréhensions, il essaya tout d'abord de le retenir loin des opérations actives.

N° 5390. Tours, le 7 octobre 1870, 8 h. 35 soir.

Justice à préfet, Valence.

Recevez Garibaldi comme je le recevrais moi-même. Si vous pouvez le retenir à Valence vous ferez un acte de la plus grande utilité pour le gouvernement.

---

(1) Voici une citation du major Rustow, de l'armée suisse, ancien colonel garibaldien, relative aux articles de la presse pendant la campagne de 1866 :

« La masse du peuple italien ne connaissait nullement ce qui se passait dans les corps de volontaires et connaissait encore moins la minime importance de leurs services actuels et de leurs soi-disant succès. Le peuple croyait tout au contraire, et par suite des articles de gazette les plus confus, que, dans le temps même où l'armée régulière perdit la bataille de Custozza, les volontaires avaient réellement fait la conquête du Tyrol italien. »

En 1870 les procédés sont les mêmes, et les paroles qui précèdent peuvent notamment s'appliquer, avec de simples changements de noms, aux opérations de Garibaldi sous Dijon à la fin de la guerre.

Je fais partir Auguste Bartholdi, chef de bataillon de la garde nationale, qui le recevra à son arrivée à Valence et aura pour vous des instructions particulières.

Je lui donnerai aussi une lettre pour Garibaldi, qu'il faut absolument retenir à Valence.

Garibaldi, qui n'était pas homme à se laisser arrêter en chemin, se hâta de se rendre au siège de la Délégation, à Tours; il y débarquait le 9 octobre, jour même où Gambetta descendait de ballon. Celui-ci, reprenant l'idée primitive du gouvernement, lui proposa d'aller commander à Chambéry les volontaires qui s'y trouvaient rassemblés; mais Garibaldi, très froissé de l'offre d'une situation secondaire, annonça qu'il allait retourner à Caprera. Il savait, par cette menace, intimider le gouvernement; l'explosion d'enthousiasme provoquée dans les grandes villes par son arrivée donnait à supposer que son départ serait le signal de troubles. M. Bordone espérait, de son côté, que les populations ne laisseraient pas se réembarquer celui qu'elles considéraient comme un sauveur, et il écrivait à un de ses amis :

Tu dois tout préparer pour qu'on nous retienne à Marseille.

Gambetta dut s'exécuter, et, par décision du 13 octobre, il créa pour Garibaldi un commandement de première ligne et l'investit de ce titre aussi vague que pompeux : *Commandant de tous les corps francs de la zone des Vosges, de Strasbourg à Paris.*

Le colonel Bordone choisit comme quartier général la ville de Dôle :

Quoique ville absolument ouverte, elle avait, par sa position entre les forêts de Serre et de Chaux et sur les lignes ferrées, une importance capitale comme base d'opérations et d'approvisionnements. (Bordone.)

Garibaldi allait ainsi s'intercaler entre les troupes qui se groupaient autour de Besançon et de Dijon, relevant toutes du commandant supérieur de l'Est, le général Cambriels. Celui-ci fut informé, par une lettre du 14 octobre du ministre de la guerre, de la création de cette nouvelle armée, dont la mission était parallèle à la sienne.

Général, je fais appel à votre patriotisme : le commandement des compagnies franches avec une brigade de mobiles dans la zone des Vosges a été donné au général Garibaldi, qui a généreusement offert son épée et ses services à la République française.

Le général Garibaldi est parti pour aller vous voir et se concerter avec vous sur les moyens d'action. Je compte sur le bon accueil que vous allez lui faire, et je suis sûr qu'un homme de cœur tel que vous mettra loyalement sa main dans celle de l'illustre patriote, pour triompher ensemble des difficultés présentes. Rendez-moi compte de votre entrevue.

Entrée de Garibaldi à Dôle. — Ses menées à Besançon.

Garibaldi, arrivé à Dôle, passa la journée du 14 octobre à reconnaître la belle position du mont Roland, tête de pont gigantesque au nord du Doubs. Le lendemain, il se rendit à Besançon, où le préfet lui avait fait préparer une ovation. Il fut absolument impossible à Garibaldi de rencontrer ce jour-là le général Cambriels, et, après un voyage inutile à Belfort, il rentrait directement à Dôle.

Au même moment, dans l'après-midi du 15, Cambriels, terminant sa retraite des Vosges, établissait son quartier général devant Besançon, au faubourg de Saint-Claude. Le 16 au matin il en informait le général Garibaldi, à qui cette nouvelle était confirmée par trois télégrammes successifs, de plus en plus pressants, du préfet du Doubs, et dont le dernier commençait ainsi :

Au nom du ciel, arrivez vite ! Francs-tireurs et armée débandés vous attendent. Cambriels tête malade, etc., etc.

Trouvant ces télégrammes à son retour d'une reconnaissance dans les environs de Dôle, Garibaldi s'empressa de partir pour Besançon, où il arrivait à 5 heures du soir. Le préfet lui annonça que, de concert avec M. Albert Grévy, il venait de télégraphier à Tours pour demander le remplacement du général Cambriels.

Le 17 au matin seulement, Garibaldi se rendit au quartier général de Cambriels, qui lui promit de l'aider autant que possible, et, pour se conformer aux instructions de Gambetta, lui céda quelques troupes : deux bataillons de mobiles des Alpes-Maritimes, le bataillon des Basses-Alpes, les francs-tireurs de Marseille, les francs-tireurs provençaux, etc. Cela ne pouvait satisfaire Garibaldi, qui, au lieu d'organiser péniblement une armée, eût préféré prendre celle de l'Est presque formée ; aussi, à la suite de cette visite faite pour la forme, les machinations continuèrent à la préfecture pendant l'après-midi du 17. Elles ont été révélées par M. Albert Grévy à la commission d'enquête sur les actes de la Défense nationale.

Je puis même dire que j'ai empêché Garibaldi de s'installer à Besançon comme général en chef. Il y a eu une réunion à la préfecture, où j'ai fait une opposition très énergique à cet égard.

Cette opposition se trouve confirmée par le télégramme du 17 octobre 1870 adressé par M. Albert Grévy au gouvernement de Tours.

Impossible de songer à nommer Garibaldi général en chef.

Comme nous l'avons vu, il ne fallut rien moins que l'arrivée de Gambetta, le 18 octobre, pour couper court à ces compétitions devant l'ennemi.

Ayant demandé dans cette même journée le général Thornton, on lui a fait humblement observer à la préfecture que c'était sans doute le général Bordone, aide de camp de Garibaldi, qu'il désirait voir. « *C'est le général Thornton, répliqua le Ministre ; j'ai assez de vos Italiens.* » (*La République et la guerre à Besançon,* par M. Estignard.)

Création de l'armée des Vosges.

Garibaldi, de retour à Dôle, va commencer l'organisation de ses troupes, auxquelles il donne le nom d'*armée des Vosges*, devenu disponible depuis la transformation des troupes de Cambriels en armée de l'Est. L'armée des Vosges, qui ne devait jamais apercevoir ces montagnes, même de loin, fut d'un recrutement très laborieux.

Quant à Garibaldi, écrit M. de Freycinet à Gambetta, j'éprouve une difficulté toute spéciale à le renforcer ; la plupart des mobilisés auxquels je m'adresse refusent absolument d'aller auprès du général.

Le 20 octobre, après l'arrivée des mobiles cédés par Cambriels et des francs-tireurs de provenances diverses, l'armée des Vosges comprenait à peine 4.000 hommes.

Voici sa composition à cette époque :

Commandant en chef de la zone des Vosges, de Strasbourg à Paris : général Garibaldi.

Chef d'état-major : colonel Bordone.

Ingénieur en chef : lieutenant-colonel Gauckler.

Compagnie génoise au quartier général.....   100 hommes.

1re *brigade.*

(Général Bossak-Haucke.)

1er bataillon des Alpes-Maritimes..........
Francs-tireurs Égalité de Marseille........
Volontaires du Rhône...................
Eclaireurs du Rhône................... } 1.560   —

A reporter....... 1.660   —

Report. . . . . . .   1.660 hommes.

2ᵉ *brigade* (à former).

3ᵉ *brigade.*

(Colonel Menotti Garibaldi.)

2 bataillons des Alpes-Maritimes.		
Bataillon des Basses-Alpes.	1.975	—
Francs-tireurs de Colmar.		
Corps francs de chasseurs d'Afrique.		
En outre, quelques petits corps de francs-tireurs, non encore embrigadés, tels que ceux de Dôle et de la Savoie, environ.	150	—
TOTAL.	3.785	—

Ces faibles forces s'augmentèrent à la fin d'octobre.
Le colonel Bordone dit à ce sujet :

Le bruit de nos succès (*sic*) commençait à attirer à nous cette
myriade de corps, de noms bigarrés et d'accoutrements plus bizarres
encore, qui s'étaient formés dans les villes.

On vit arriver à l'armée de l'Est : des *Vengeurs* de toute es-
pèce ; des *Renards du Centre* ; des *Ours de Nantes,* avec pèlerine
en poils percée de deux yeux dans le capuchon ; puis la légion dite bretonne, qui n'avait de breton que le nom, puisque
sur 1.000 hommes elle ne comptait qu'une cinquantaine de
Bretons (1). Elle comprenait divers corps juxtaposés, dont le
plus important était celui des francs-tireurs provençaux (2).

---

(1) « Ce même jour arriva la légion bretonne, qui prit logement au pensionnat des
Jésuites transformé en caserne, et que nous supposions devoir être mieux respecté
par une troupe qui avait un chapelain dans ses accessoires, ainsi que plusieurs
femmes que nous aurions pu prendre pour des sœurs de charité sans le luxe
de leur accoutrement et le sans-façon de leurs allures......

» La chasteté est une des premières vertus d'un militaire en campagne. » (Bordone.)

(2) Ce corps franc se fit remarquer par ses chapardages, dont l'un, commis à
Besançon, donna lieu à la réclamation suivante :

Enfin, l'armée des Vosges reçut, vers le 1er novembre, une batterie de 4 de montagne, et le général Cambriels lui céda à la même époque deux pelotons du 7e chasseurs à cheval, qui prirent à contre-cœur la direction de Dôle. Avant l'arrivée de cette cavalerie, le colonel Bordone avait essayé, mais en vain, de faire main basse sur les chevaux des gendarmes du département du Jura.

Premiers mouvements de l'armée des Vosges.

Avec si peu de monde, Garibaldi ne pouvait, pour le moment, tenter aucune opération sérieuse, et se bornait à porter vers l'Ognon, le 19 octobre, les francs-tireurs de Dôle et de la Savoie, avec mission de surveiller les détachements ennemis signalés en marche sur Gray (1).

Le lendemain, la petite armée, dont l'effectif n'était guère supérieur à celui d'un régiment, se déployait en éventail au

---

ASSOCIATION GÉNÉRALE
de secours et patronage
DE BESANÇON
—

« Besançon, le 19 octobre 1870.

» Monsieur le général commandant la place,

» Les francs-tireurs provençaux ont logé, depuis le 16 courant, dans l'établissement des sœurs de charité préposées à la préparation des aliments à prix réduits pour le service des pauvres.

» Hier, en quittant le logement, ils ont enlevé une caisse de lard du poids de 118 kilogrammes, déposée dans le magasin de l'Association, où ils avaient été admis à placer leurs munitions et leurs vivres.

» Nous pensons que c'est par erreur que cet enlèvement a eu lieu, et nous venons vous prier, Monsieur le général, de vouloir bien réclamer le renvoi de cette caisse d'une valeur de 190 francs et qui renferme toute notre ressource en lard sec pour les besoins d'hiver... C'est l'adjudant des Provençaux qui a présidé au chargement.

» Daignez agréer, Monsieur le général, l'expression de mes sentiments respectueux.

» *Le Secrétaire,*

» VIGUIEU. »

(1) Le dernier train de voyageurs quittait Gray pour Auxonne le 18 octobre, à 10 heures du soir. (*Salut public* de Lyon, n° du 20 octobre.)

Tout le matériel roulant de la gare de Gray fut mis en sûreté à Auxonne. (*Moniteur universel*, édition de Tours, n° du 23 octobre.)

nord de Dôle; la brigade Menotti Garibaldi occupait le mont Roland et celle de Bossak-Haucke se plaçait à sa droite, envoyant des détachements sur Ougney et Marnay.

Le 21 octobre, le capitaine Habert, des francs-tireurs dôlois, qui avait poussé jusqu'à Gray, rendait compte de l'arrivée des Prussiens à Vellexon. Il se retirait aussitôt sur Pesmes.

La distance respectable qui séparait alors les deux partis et le silence des états de pertes des Allemands (1) s'accordent pour témoigner, avec certitude, qu'à cette date les garibaldiens n'avaient pas encore tiré un coup de fusil; aussi est-on étonné de lire dans l'ouvrage du colonel Bordone :

D'autre part, les troupes de Bossak et de Menotti avaient eu des engagements heureux sur toute la ligne, et dans la soirée du 21, nous avions vu arriver à Dôle les premiers prisonniers prussiens, sans avoir eu à supporter des pertes sérieuses.

C'est le 22 seulement qu'eut lieu la première escarmouche, insignifiante du reste. Ce jour-là, le capitaine Habert, avec ses 36 hommes, évacuait Pesmes devant la brigade de cavalerie badoise, général de La Roche, après avoir échangé quelques balles sans résultat (page 130).

Secours donné à l'armée de l'Est.

Dans la matinée du 23 octobre, lendemain des combats de l'Ognon, le général Cambriels, à qui l'on signalait l'ennemi de tous côtés, redoutant un mouvement tournant par la route de Marnay, avait télégraphié à Garibaldi de vouloir bien amener par chemin de fer quelques bataillons sur l'extrême droite des Badois. Le commandant de l'armée des Vosges accéda à ce désir et rédigea immédiatement l'ordre suivant :

On marchera en chemin de fer sur la route de Besançon, directement, et sur celle de Dôle à Mouchard, et de Mouchard à Besançon.

---

(1) Voir la note sur les états de pertes des Allemands. (Appendice n° 17.)

Je marcherai avec le premier convoi et les premières troupes qui seront prêtes.

Tout le reste de l'armée, sauf les postes désignés pour garder leurs positions, suivra la même direction, suivant les ordres donnés par l'état-major général, et en chemin de fer.

On emportera tout : munitions et provisions de bouche.

J'espère que les corps que j'ai l'honneur de commander effectueront leur mouvement sans encombrement et sans désordre, et si jamais, chemin faisant, on découvrait des ennemis, j'espère que chacun fera son devoir et se repliera, suivant mes premières instructions, sous les bois et en forêt dans le cas d'une supériorité sensible du nombre des ennemis.

G. GARIBALDI.

Voici les seuls renseignements que le colonel Bordone fournit au sujet de ce transport :

On marcha dans la direction de Besançon jusqu'à la distance de quelques kilomètres de cette ville, *en fouillant sur la gauche toutes les positions où l'ennemi aurait pu s'établir;* on ne le rencontra nulle part, et on dut revenir à Dôle après s'être assuré qu'on n'entendait dans aucune direction le bruit d'un engagement.

Comment des troupes en chemin de fer peuvent-elles fouiller des positions ? Ce compte rendu est aussi vague que l'ordre de Garibaldi : ils ne fixent ni l'heure ni le lieu de l'embarquement. Le point extrême du mouvement vers Besançon est impossible à déterminer.

Le colonel Bordone rentra à Dôle le 23, vers 9 heures du soir, et, mécontent d'avoir été dérangé, adressa au Ministre ce télégramme :

La demande d'hier de Cambriels, réclamant secours sur aile gauche, nous a obligés d'abandonner certaines positions avancées vers Pesmes, où sont entrés sans combat, à 10 heures du matin, 3.000 hommes d'infanterie du 30e régiment, 3 régiments de cavalerie, dont un badois (dragons), un prussien, un uhlan, quatre pièces d'artillerie, qui, sans la contremarche d'hier, seraient prisonniers aujourd'hui.

Ces insinuations pleines de venin et destinées à influencer le Ministre manquent totalement de vraisemblance. Les faibles bandes de Dôle pouvaient-elles avoir la prétention de capturer les masses énumérées dans le télégramme précédent, quand sous Dijon, à la fin de la guerre, Garibaldi avec 40.000 hommes ne put réussir à percer une brigade ennemie?

Le colonel Bordone commet, du reste, une inexactitude flagrante: la demande de Cambriels est *du 23 au matin*, c'est-à-dire postérieure de 24 heures à l'entrée des Allemands à Pesmes. Garibaldi avait eu par conséquent le temps de capturer ces derniers, ou du moins de commencer sa marche sur Pesmes.

Surprise de Broye-les-Pesmes. (Pl. n° 6, page 189.)

Le 23, pendant que Garibaldi s'acheminait sur Besançon, des francs-tireurs relevant du docteur Lavalle, qui défendait la Côte-d'Or, franchissaient la Saône et surprenaient un détachement prussien à Broye-les-Pesmes, en avant du front assigné à l'armée des Vosges. Cette rencontre assez curieuse mérite un récit détaillé.

La 9ᵉ compagnie du 30ᵉ prussien, attachée à la brigade de cavalerie badoise et cantonnée aux usines de Pesmes, dirigeait sur Broye-les-Pesmes, le 23 dans l'après-midi, un détachement de réquisition comprenant 15 volontaires commandés par le *vice-feldwebel* (sergent-major adjoint) Herrig. Le village ayant été visité le matin par des patrouilles qui l'avaient trouvé inoccupé, les Allemands pensaient que ces quelques hommes pouvaient s'y rendre sans danger. Arrivé à Broye à 2 heures du soir, le détachement procéda aussitôt à la réquisition.

Il était couvert par un poste à la cosaque, établi vers la sortie nord du village, seule direction qui parût dangereuse; l'un des hommes se plaça en faction dans la rue, et les trois autres, entrant dans une maison, s'attablèrent tranquillement.

Le vice-feldwebel, trouvant que les denrées arrivaient trop lentement, malmenait le maire, M. Protet, quand des coups de feu retentirent.

Une centaine de volontaires de la Côte-d'Or, en observation au port Saint-Pierre, prévenus par un habitant, avaient passé le bac et entraient dans la partie nord du village. Le factionnaire prussien, qui, adossé contre une porte, négligeait complètement d'observer la campagne, fut absolument surpris, lâcha pied sans tirer et se cacha dans la maison Dédole. Une fraction des francs-tireurs suivit alors la grande rue, tandis que la plus grande partie longeait la lisière est du village et venait menacer les communications de l'ennemi en bordant un petit mur sur la route de Pesmes.

A ce moment, les francs-tireurs qui descendaient la rue tiraient sans succès sur les Prussiens réunis vers la mairie; toutefois, une de leurs balles, mieux dirigée, venait effleurer le ceinturon du vice-feldwebel, pénétrant ensuite dans la porte de l'école, où sa trace se voit encore. Saisis d'effroi, Herrig et ses hommes s'enfuient par la route de Pesmes. Ils longent le mur occupé, d'où ils sont fusillés à bout portant. Alors, ils se jettent instinctivement dans les prés, servant encore de cible à un adversaire qui, heureusement pour eux, manquait également de sang-froid. Attirés par le bois communal, ils cherchent à franchir la rivière, mais, grossie par les pluies, ses eaux jaunes coulent à pleins bords avec rapidité. Forcés de longer la rive nord, toujours sous le feu, quelques-uns reviennent au village et entrent dans la maison Bonaventure, tandis que la plupart remontent vers Pesmes. Six de ces derniers étaient blessés, dont un mortellement; mais la crainte de tomber aux mains des francs-tireurs leur donnait des jambes, et ils avaient raison de marcher, lors même qu'ils perdaient leur sang dans les prés, car un septième blessé resté à terre fut achevé à coups de baïonnette.

On doit réprouver énergiquement cette cruauté inconsciente de francs-tireurs émus, mais il est impossible de ne pas rap-

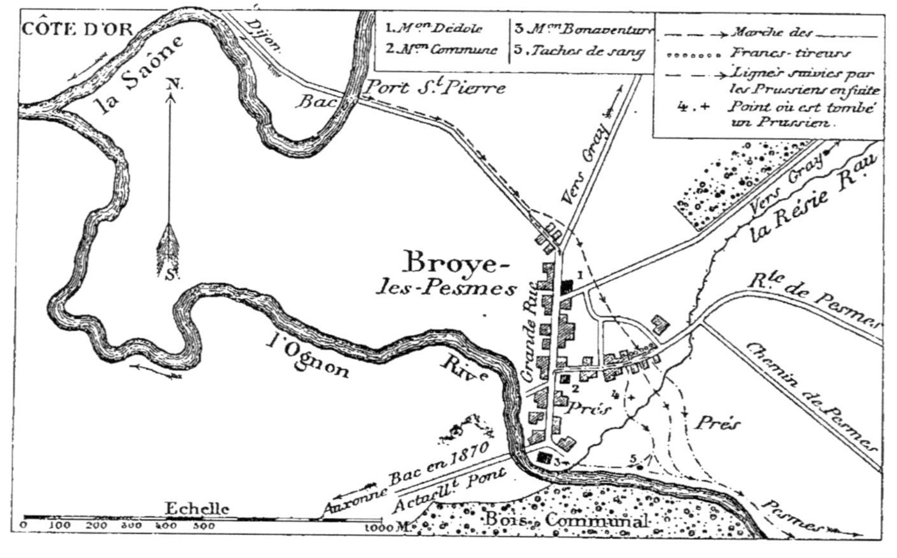

Surprise de Broye-les-Pesmes.
(23 octobre 1870.)

peler ici que le Prussien tué appartenait au 30e régiment, le
même qui, après la prise de Rambervillers, avait assassiné
lâchement, dans les rues de cette vile, 23 gardes nationaux
belligérants.

Le coup fait, les volontaires de la Côte-d'Or, sans même re-
chercher dans le village les quelques Allemands qui s'y trouvaient encore, se hâtèrent de repasser sur la rive droite de la
Saône. Ils avaient certainement fait preuve d'initiative en marchant sur Broye pour enlever le détachement ennemi, mais
leur mouvement était resté inachevé. Au lieu de s'immobiliser
timidement derrière un mur pour tirailler, il fallait se jeter sur
les Prussiens tremblants et les détruire. L'opération, bien
conçue, pécha par l'exécution.

Le village de Broye fut heureux d'échapper à des représailles, qui eussent été terribles. Il le dut à la retraite précipitée du XIVe corps vers la Saône, le 24 octobre. Les Allemands se bornèrent à faire reprendre, par des habitants de
Gray, les vêtements du Prussien tué, imposant cette condition
à la mise en liberté du maire du Tremblois, commune voisine,
lequel, en attendant le résultat de la démarche, resta attaché à
un poteau.

Reconnaissance prussienne sur Dôle.

Le 23 octobre, en même temps qu'elle dirigeait sur Broye le
détachement de réquisition commandé par Herrig, la 9e compagnie du 30e prussien avait envoyé un de ses pelotons dans
la direction de Dôle. Il perdit un homme, qui fut pris à Sampans,
à un kilomètre du mont Roland, évacué en partie ce jour-là.

Cette reconnaissance ne fut pas inutile; par les renseignements qu'elle obtint et les lettres qu'elle saisit, les Allemands
connurent la formation d'une nouvelle armée sous Dôle.

L'armée des Vosges attribue à son action le recul de Werder
sur Gray.

Le 24, quand Werder parut battre en retraite, Garibaldi,

dont les troupes ne s'étaient pas encore mesurées avec l'ennemi, attribua cependant à leur action ce mouvement de recul.

C'était véritablement à nos attaques, répétées et heureuses sur une foule de points à la fois, que l'ennemi, trompé sur le chiffre de notre effectif, et quoique nous n'eussions pu lui faire entendre un seul coup de canon, attendu que nous n'en avions aucun, s'était retiré sur Gray. (Bordone.)

Redoutant une attaque imaginaire, l'armée des Vosges demande du secours.

Le 25 octobre, l'armée des Vosges se décida à prendre pied en avant du mont Roland, sur les flancs de la forêt de la Serre ; toutefois, aucune troupe ne franchit l'Ognon, qui protégeait le front. Cette simple rectification de ligne était, aux yeux du colonel Bordone, une opération des plus hardies ; il télégraphia à Tours, le 27 octobre :

Menaces sérieuses de la part de l'ennemi s'avançant sur deux colonnes de 10.000 hommes chacune. Hier, dans une entrevue avec chef d'état-major de Cambriels, avions convenu, suivant sa demande, de rester sur expectative parce qu'il prétend ne pas être prêt ; mais ne pouvons, sans danger pour Dôle et même pour Dijon, où l'ennemi arriverait en tournant Auxonne, nous laisser entamer.

Nous nous enfermerons dans forêt de la Serre, qui sera, en cas d'ennemis très supérieurs en nombre, notre base et notre refuge.

Projet de l'ennemi est de nous écraser et celui de nos voisins de laisser faire ; c'est bien ! la France jugera, car nous ferons notre devoir.

Nous tenons notre promesse : n'attaquerons pas, mais nous défendrons à outrance ; quoi qu'il arrive, il vous sera impossible de ne pas nous remercier et de ne pas regretter d'avoir manqué de fermeté à Besançon.

Ce télégramme dénote une agitation que les circonstances étaient loin de justifier. Placée dans un rentrant par rapport aux forces françaises voisines qui l'encadraient, soit à Marnay, soit à Pontailler, et décidée à ne point attaquer un ennemi qui, de son côté, ne la menaçait nullement, et n'était même pas devant elle, l'armée des Vosges ne courait aucun danger.

Poursuivant toujours son idée d'action en commun, Garibaldi, le même jour 27, convia encore Cambriels et Lavalle à une vaste opération, qui consistait à faire envelopper, à Bonboillon, par ces deux derniers, des forces allemandes absolument imaginaires, que l'armée des Vosges maintiendrait de front.

Le docteur Lavalle, culbuté à ce moment par les Badois au combat de Talmay, était hors de cause.

Colonne envoyée inutilement vers Dôle par l'armée de l'Est.

Quant au général Cambriels, il répondit aussitôt à Garibaldi :

Mon chef d'état-major part demain, avec une colonne mobile, dans la direction d'Ougney pour observer et vous appuyer.

Cette colonne, sous les ordres du colonel Varaigne, se composait de :

1 peloton du 7e chasseurs à cheval,
1 bataillon du 85e,
2 bataillons du 3e zouaves de marche,
1 bataillon de Saône-et-Loire,
1 batterie d'artillerie.

Elle partit de Besançon le 28 et, dans l'après-midi, s'arrêta autour de Corcondray dans une belle position sur la rive droite du ruisseau de Cottier, à portée de soutenir Garibaldi.

Ayant envoyé des reconnaissances aux divers ponts de l'Ognon, elle apprit que l'ennemi n'était nulle part et n'avait prononcé aucun mouvement offensif sur la rive gauche de la Saône. La mission des troupes du colonel Varaigne était terminée.

Ce fut une simple politesse rendue à Garibaldi pour son voyage en chemin de fer du 23.

A la rentrée de ces troupes, le général Cambriels télégraphia au général commandant l'armée des Vosges :

Reconnaissances et renseignements m'ont démontré que pas un ennemi ne menace la droite de la forêt de Serre. Les ponts de Marnay et de Pin sont gardés par nous. J'ai fait rentrer la colonne qui devait vous appuyer, sa mission devenant sans objet.

Le 29 octobre, le général Cambriels ayant été remplacé par le général Michel, le colonel Bordone s'exprimait ainsi dans une note à Garibaldi :

Le général Michel, qu'on donne pour remplaçant au général Cambriels, est le même qui, à Frœschwiller, a fait charger ses escadrons de cavalerie dans des houblonnières ; devons-nous éternellement nous appuyer sur des traîtres ou des incapables ?

Combats d'avant-postes après l'occupation de Dijon par les Allemands.

Après la retraite des troupes du docteur Lavalle, qui découvrait sa gauche, et l'occupation de Dijon par les Allemands, Garibaldi, forcé de changer de front, vint border la Saône d'Auxonne à Seurre. La 1re brigade (Bossak), placée en première ligne, avait une compagnie de francs-tireurs vers Genlis, tandis que ses autres troupes gardaient Saint-Jean-de-Losne. C'est sur cette position nouvelle que les postes avancés des garibaldiens, sous la direction énergique du général Bossak, de nationalité russe, *allaient enfin recevoir le baptême du feu* aux petits combats de Brazey et de Genlis, où ils repoussèrent avec entrain les reconnaissances allemandes.

Garibaldi évacue Dôle.

L'armée de l'Est ayant reçu l'ordre de se porter sur la Loire, le gouvernement de Tours demanda à Garibaldi de vouloir bien occuper le Morvan pour couvrir les routes de Chagny à

Nevers, qui établissent des communications si importantes entre la vallée de la Saône et celle de la Loire.

Le chef de l'armée des Vosges répondit :

Merci de votre confiance; j'exécuterai le mouvement demandé.

Puis, faisant acte de général en chef et sans s'inquiéter des besoins éventuels de la 1re armée de l'Est, il mit en réquisition le matériel de la Compagnie P.-L.-M. et embarqua ses troupes.

Ce transport, qui nécessita neuf trains, fut exécuté du 8 au 10 novembre, par Dôle, Mouchard, Lons-le-Saunier, Bourg, Mâcon, Chalon. Grâce à ce long circuit, le mouvement fut couvert sur presque tout son parcours par l'armée de l'Est se rendant directement à Chagny par étapes et dont on coupait les lignes de marche à Arc-et-Senans et à Mouchard. Le général Crouzat, qui voulait entraîner ses troupes, n'avait pas cru devoir accepter l'offre du Ministre de les transporter par les voies ferrées.

Arrivé à Autun, Garibaldi avait sous ses ordres 6.000 hommes, répartis entre les deux brigades Bossak et Menotti; deux autres brigades (Delpech et Ricciotti Garibaldi) allaient être créées incessamment.

Quelques mots suffiront à résumer l'action de Garibaldi en 1870.

A Dôle, n'ayant sous ses ordres que de faibles bandes et aucun ennemi devant lui, son rôle devait être nécessairement effacé Cependant, pour se donner l'illusion du commandement général qu'il n'avait pu obtenir, il ne cessa de convier ses voisins à des opérations imaginaires, dans lesquelles la petite armée des Vosges, restant pour ainsi dire immobile, aurait été le pivot de mouvements dans le vide.

Dès sa création, elle fut une cause de troubles et de tiraillements sur le théâtre d'opérations. Ils continuèrent malheureusement pendant toute la campagne, et, sur un terrain propice aux entreprises contre les communications de l'ennemi, on n'entendit que des discussions entre les chefs d'armée.

Nos opérations de l'Est furent constamment décousues et se terminèrent par le plus grand désastre que le gouvernement de la Défense nationale ait eu à enregistrer. C'est alors que le délégué à la guerre, ne pouvant plus contenir son mécontentement, adressa à Bordone le télégramme suivant, qui justifie pleinement les appréhensions qu'avaient fait naître parmi les membres du gouvernement l'arrivée de Garibaldi sur notre territoire :

N° 7913. Bordeaux, 19 janvier 1871, 2 h. 15 soir.

Guerre à général Bordone, Dijon.

Je ne comprends pas les incessantes questions que vous me posez pour savoir qui commande, non plus que les difficultés qui surgissent toujours au moment où, dites-vous, vous allez faire quelque chose.

La situation est bien simple. Vous commandez l'ancienne armée des Vosges et les mobilisés de l'Isère. Vous avez pleins pouvoirs pour défendre tout le pays et vous jouissez exactement des mêmes prérogatives que tous les commandants en chef.

Vous êtes le seul qui invoquiez sans cesse des difficultés et des conflits pour justifier, sans doute, votre inaction.

Je ne vous cache pas que le gouvernement est fort peu satisfait de ce qui vient de se passer. Vous n'avez donné à l'armée de Bourbaki aucun appui, et votre présence à Dijon a été absolument sans résultat pour la marche de l'ennemi de l'ouest à l'est.

En résumé, moins d'explications et plus d'actes, voilà ce qu'on vous demande.

C. DE FREYCINET.

Nous reconnaissons volontiers que Garibaldi fut un illustre patriote italien, et que, dans sa jeunesse, il commanda avec une rare habileté des troupes de partisans.

Nous n'avons pas voulu, non plus, rabaisser les mérites des

soldats de l'armée des Vosges, qui se battaient comme les autres troupes de la Défense nationale, ni mieux ni moins bien.
Mais il fallait montrer à quoi on s'expose en intercalant, entre
des armées nationales, des troupes commandées par un général étranger : inévitablement les campagnes se passent en ré-
criminations.

La grande guerre repose sur quelques principes, simples il
est vrai, mais d'une application tellement délicate qu'on est
exposé à les violer lors de toute guerre nouvelle. Il ne suffit
pas de les apprendre dans un catalogue : il faut qu'ils soient
martelés dans la mémoire et dans l'esprit. Pour cela, l'unique
moyen est l'exemple, l'étude raisonnée des campagnes, et notre
modeste ouvrage sur la première armée de l'Est ne serait pas
complètement inutile s'il faisait ressortir, une fois de plus,
combien il est dangereux de briser l'unité de la pensée militaire sur un théâtre d'opérations.

APPENDICE

I

(Voir page 24.)

Extrait du rapport du capitaine Perrin au général commandant la 7e division militaire à Besançon.

Epinal, le 20 septembre 1870.

Mon général,

Dès mon arrivée à Epinal, je suis parti visiter les défilés des Vosges et les mettre en état de défense ; c'est vous dire que je suis -sur les dents. J'ai visité le col du Ballon. J'ai fait couper la route par un ouvrage de campagne au point marqué « *La goutte des Forges* », tout en maintenant libre la circulation. C'est un passage formidable ; 100 hommes peuvent le défendre contre une armée. J'y ai envoyé momentanément 50 gardes nationaux de Remiremont. Il faut, en même temps, occuper la route du Rouge-Gazon, qui part de Massevaux ; un petit redan s'y élève et 25 gardes nationaux y sont. De là, j'ai visité le col de Bussang. J'y ai arrêté la compagnie des francs-tireurs de Neuilly ; j'y ai fait élever en avant du tunnel, qui est disposé pour sauter, un ouvrage de campagne ; mais, sur la rive droite, il faut des tirailleurs sur la pente du bois, et il faut occuper le sentier de la tête des Allemands qui pourrait tourner le col de Bussang. De là, j'ai fait la reconnaissance du col de l'Oderen : ce col est miné ; les pentes seront trop raides pour pouvoir servir ; en arrière, j'ai fait élever trois redoutes qui serviront de point d'appui et permettront d'en terminer avec les plus hardis des assaillants. Il faut occuper en même temps le chemin de la tête Fellering ; il tournerait, par le col de la Hutte, le défilé de Bussang et celui de l'Oderen. J'y ai envoyé 120 hommes de la garde nationale d'Epinal. Puis, j'ai suivi le col de Bramont ; au point de jonction de la nouvelle et de la vieille route, j'ai fait élever une redoute avec abatis d'arbres et l'ai fait précéder d'un redan servant de contre-garde et d'avancée ; 150 gardes nationaux d'Epinal occupent ce défilé. Toutes ces troupes ne sont pas suffisantes et doivent être relevées par des gardes mobiles ; à chaque chef, je laisserai des instructions très détaillées sur les lignes de retraite, et on peut ne pas laisser prendre un seul homme..... Je vais repartir ce soir pour visiter le défilé de la Schlucht, celui de Metzrall, le col du Bonhomme et de la Poutre, enfin celui de Sainte-Marie-aux-Mines ; encore quatre jours.

Tous ces travaux sont nécessaires. En voici les raisons :

Pour entreprendre de couper les communications prussiennes, il faut être assuré de ses derrières, car, en partant de Saint-Dié pour aller à Lutzelbourg, les Prussiens, qui occupent Schirmeck, prendraient le défilé, se rendraient à Saint-Dié, à Raon-l'Etape, Baccarat : toutes les troupes seraient prises dans un deuxième Sedan. Il faut occuper le Bussang, et surtout le Ballon ; en évitant Belfort, ils prendraient, à Saint-Maurice par le Thillot, la route de Lure et, évitant Belfort et Langres, se rendraient à Besançon ou, négligeant Besançon, iraient droit à Lyon. Vous voyez, mon général, de quelle importance est l'occupation vigoureuse de tous ces défilés. C'est là qu'est le salut de notre pays ; la défense de Besançon est ici.

Il faudrait, mon général, que vous fissiez visiter par un *homme sûr*, et du corps du génie, les défilés du Jura qui passent vers Belfort et se dirigent vers la Haute-Saône, en vue de les occuper par des ouvrages de campagne et des mobiles (1). Cela habituera ces troupes à camper et à se garder, ce qui sera une excellente école.

Dans quatre jours, je ferai toute la reconnaissance de Saint-Dié vers Saverne, et, alors, si vous avez assez de confiance en moi, si ma réputation et la façon dont j'ai dirigé la défense des Vosges qui regardent le Rhin vous donnent assez de confiance en moi, je vous prierai de mettre à ma disposition deux bataillons de mobiles : ceux des Vosges (à Langres) qui m'ont fait prier de les demander et de les conduire. Les francs-tireurs se groupent autour de moi et ne s'en éloignent qu'à regret.

---

(1) Cette idée du colonel Perrin fut réalisée, et l'on envoya M. Vernis, ingénieur en chef, dans la trouée entre Belfort et le Lomont.

J'ai remonté le moral à toutes les populations (1)..... Les Prussiens, très bien renseignés, ont vu avec peine les préparatifs de défense des cols; ils ont reculé en apprenant la concentration sur Saint-Dié. Depuis quinze jours, de Langres à Bâle, tout le monde sait qu'on veut faire sauter le chemin de fer; ils ont immédiatement rétrogradé sur Colmar, se tenant par le défilé de Sainte-Marie-aux-Mines prêts à prendre d'un seul coup francs-tireurs et bataillon Brissac. Ils ont renforcé leurs postes sur le chemin de fer et tout est manqué pour moi. Il ne faut qu'un homme pour conduire des opérations pareilles. Appelé hier au conseil, j'ai démontré l'impossibilité de la réussite de vive force.

Ce matin, M. le capitaine du génie Varaigne et M. Brissac partent seuls; ils vont faire la reconnaissance jusqu'au viaduc, et cette opération doit être faite avec peu de monde. Ces messieurs ont adopté mon avis. Rien ne réussira, et vous serez envahis si vous ne nous délivrez pas de ce M. X... et de tous ces pékins qui ne savent rien.

La colonne prussienne se compose de 2 régiments de dragons, 18 pièces d'artillerie et 8.000 hommes landwehr ou landsturm, troupes peu solides.

Je serai obligé de me battre, probablement, dans le défilé de Molsheim. C'est pourquoi, mon général, cette opération, qui devra protéger les ouvrages de campagne, exigera que vous mettiez sous mes ordres les troupes régulières des Vosges : 1 bataillon et demi de garde aux défilés, et il me faudrait 2 bataillons et demi pour le combat de tirailleurs qui protégera le travail. Il faut que ces bataillons soient envoyés d'ici quatre ou cinq jours.'

Détail de la garde des défilés.

Col du Ballon d'Alsace.............	150 h. avec le petit sentier allant de Massevaux au sommet du col.
Col de Bussang ou de Rouge-Gazon .	300 hommes.
Col d'Oderen et de Fellering.......	200 hommes.
Col de Bramont..................	300 hommes.
Col de Metzral.	50 hommes.
Col de la Schlucht...............	50 hommes.

Ces hommes devant aller relever la garde nationale sédentaire.

---

(1) Les passages supprimés concernent M. X..., qu'il est inutile de mettre en scène ici.

Je pense qu'un demi-bataillon suffira pour les cols du Bonhomme et de Sainte-Marie-aux-Mines.

La défense des Vosges ainsi réglée et Besançon faisant occuper,
vers Clerval, le chemin de fer, il n'y a rien à craindre pour la
place de Besançon, qui pourrait même nous envoyer des troupes,
car, si nous étions obligés de reculer, les lignes de retraite par la
Haute-Saône sont si sûres et si bien défendues par l'occupation
des cols qu'en trois ou quatre jours toutes les troupes pourraient
être rentrées dans cette place; cela les formerait un peu et leur
donnerait une instruction bien supérieure à celle de la garnison.

En général, les francs-tireurs sont de mauvaises troupes qu'on
ferait bien d'éliminer. La compagnie Moulinié, tireurs libres du
Rhône, a donné l'exemple le plus déplorable, emmenant des
femmes de mauvaise vie, se promenant de tous côtés, faisant des
réquisitions, etc.... Les habitants de Colmar voulaient lui faire un
mauvais parti. Une autre s'est sauvée au feu, et le capitaine court
encore, etc.... Ce sont des gredins qui sont enchantés de ne pas
faire partie des mobiles, où ils devraient être incorporés, car beaucoup de francs-tireurs appartiennent à l'armée active. Ce sont des
hommes de 21 à 35 ans. Ils démoralisent les campagnes, qui disent
que ce sont eux qui, au lieu de les rassurer, augmentent leurs
craintes. Il faudrait y mettre ordre dans l'intérêt de tout le monde.

Je termine, mon général, en vous priant de bien peser tout ce
que j'ai l'honneur de vous écrire, et, maintenant que Paris est
cerné, vous pouvez vous débarrasser carrément de tous ces saltim-
banques qui nous entravent......

Le Capitaine détaché à la défense des Vosges,
PERRIN.

II

Composition du XIVe corps allemand et emplacement de ses unités pendant les combats du 22 octobre.

Commandant en chef : Général d'infanterie DE WERDER.
Chef d'état-major : Lieutenant-colonel badois DE LESZCZYNSKI.

Division badoise.
Commandant : Général DE BEYER.

DÉSIGNATION DES UNITÉS.	TROUPES		
	ENGAGÉES.	A PORTÉE DU THÉATRE des combats.	DÉTACHÉES.
1re brigade. (Général prince GUILLAUME DE BADE.) 1er régiment de grenadiers (du corps)............	6 comp. Combat de nuit d'Auxon.....	1 comp. à Pin	1 bat. à Marnay. 1 comp. à Pesmes.
2e régiment de grenadiers.	....	3 bat. à l'est de Mont-cley.	
2e brigade. (Général DÉGENFELD.) 3e régiment d'infanterie..	3 bat. Combat de Cussey.		
4e régiment d'infanterie..	1 bat. Combats de Cussey et d'Auxon	....	2 bat. Vesoul.
3e brigade. (Général KELLER.) 5e régiment d'infanterie..	2 bat. Combat de Bu-thiers............	1 bat. Rioz.	
6e régiment d'infanterie..	....	....	1 bat. Epinal. 1 bat. Rastadt. 1 bat. Montbozon.
Comp. de pontonniers...	....	à Pin (pour mémoire)	
Brigade de cavalerie badoise. (Général DE LA ROCHE.) 1er régiment de dragons (du corps).............	2 escad. Combat de Cussey........... 1 escad. 1/2. Combat de Buthiers.......	....	1/2 escad. Montbozon
2e régiment de dragons..	1/4 escad. Combat de nuit d'Auxon.....	1/2 escad. à l'est de Montcley.........	1/4 escad. Marnay. 3 escad. Pesmes.
3e régiment de dragons..	....	....	1 escad. Epinal. 3 escad. Pesmes.
Batterie à cheval.......	....	....	1 batt. Pesmes.
Artillerie division-naire. 1re batterie légère........	....	1 batt. Rioz.	
2e batterie légère........	1 batt. Combat d'Au-xon.		
1re batterie lourde.......	1 batt. Combat de Buthiers.		
2e batterie lourde........	....	1 batt. Rioz.	
Artillerie de corps. 3e batterie légère........	....	2/3 batt. devant Au-xon la nuit.......	1/3 batt. Marnay.
4e batterie légère........	1 batt. Combat de Cussey.		
3e batterie lourde........	....	1 batt. à l'est de Mont-cley.	
4e batterie lourde........	1 batt. Combat de Cussey.		

Troupes prussiennes.

Commandant : général KRUG DE NIDDA.

DÉSIGNATION DES UNITÉS.	TROUPES		
	ENGAGÉES.	A PORTÉE DU THÉATRE des combats.	DÉTACHÉES.
Brigade d'infanterie (Colonel WALHERT).			
4° régiment d'infanterie Rhénan (n° 30 de la série générale).........	2 bat. Combat de Cayenne et traversée de Vauvercille.	3 comp. Bonnevent.	1 comp. Pesmes.
Régiment de fusiliers de Poméranie (n° 34 de la série générale).........	....	3 comp. Bonnevent.	2 comp. Epinal. 7 comp. Port-sur-Saône.
Brigade de cavalerie (Lieutenant-colonel WALTHER).			
2° régiment de dragons de réserve...............	2 escadrons. Combat d'Auxon..........	....	2 escad. Port-sur-Saône.
2° régiment de hussards de réserve............	....	2 escad. Bonnevent.	2 escad. Pesmes.
Artillerie.			
Batterie lourde..........	....	....	1 batt. Port-s/-Saône
1° batterie légère à pied de réserve............	....	1 batt. Bonnevent.	
2° batterie légère à pied de réserve......	....	1 batt. Bonnevent.	

	TOTAL GÉNÉRAL DES UNITÉS du XIV° corps.	TROUPES ENGAGÉES.	RESTÉES INACTIVES bien qu'à portée du théâtre des combats.	DÉTACHÉES SUR LES FLANCS ou les communications.
Totaux.	24 bataillons	9 1/2 bataillons...	5 3/4 bataillons...	8 3/4 bataillons.
	20 escadrons	5 3/4 escadrons...	2 1/2 escadrons...	11 3/4 escadrons.
	12 batteries	4 batteries	5 2/3 batteries....	2 1/3 batteries.

III

(Voir page 39.)

Suspension du service des chemins de fer.

(Note adressée à M. Echalier, inspecteur à Besançon.)

Dijon, le 20 mai 1871.

En réponse à votre lettre n° 233 du 8 courant, je vous fais connaître, ci-dessous, les différentes dates auxquelles le service des trains a été complètement supprimé dans les gares de la 3ᵉ division.

Dijon : du 29 octobre 1870 au 6 janvier 1871 et du 1ᵉʳ février au 14 mars 1871.
Magny : du 28 octobre 1870 au 26 mars 1871.
Genlis : du 28 octobre 1870 au 26 mars 1871.
Collonges : du 28 octobre 1870 au 26 mars 1871.
Auxonne : du 28 octobre au 31 décembre 1870 et du 31 janvier au 14 mars 1871.
Champrans-lès-Dôle : du 31 janvier au 14 mars 1871.
Dôle : du 10 au 23 novembre 1870, du 22 au 27 décembre 1870 et du 21 janvier au 26 mars 1871.
Rochefort : du 22 au 29 décembre 1870 et du 23 janvier au 26 mars 1871.
Orchamps : du 23 janvier au 26 mars 1871.
Ranchot : du 23 janvier au 26 mars 1871.
Saint-Vit : du 23 janvier au 26 mars 1871.
Dannemarie : du 23 janvier au 26 mars 1871.
Franois : du 25 janvier au 28 février 1871.
Roche : du 22 au 29 décembre 1870 et du 23 janvier au 26 mars 1871.
Laissey : du 23 janvier au 26 mars 1871.
Baume-les-Dames : du 23 janvier au 26 mars 1871.
Clerval : du 23 janvier au 26 mars 1871.
L'Isle-sur-le-Doubs : du 3 novembre 1870 au 15 avril 1871.
Colombier-Fontaine : du 3 novembre 1870 (pas repris).
Voujaucourt : du 3 novembre 1870 (pas repris).
Montbéliard : du 3 novembre 1870 (pas repris).
Héricourt : du 3 novembre 1870 (pas repris).
Belfort : du 3 novembre 1870 (pas repris).
Lamarche : du 20 octobre 1870 au 26 mars 1871.
Pontailler-sur-Saône : du 20 octobre 1870 au 26 mars 1871.
Talmay : du 20 octobre 1870 au 26 mars 1871.
Mantoche : du 20 octobre 1870 au 26 mars 1871.
Gray : du 20 octobre 1870 au 13 janvier 1871 et du 18 janvier au 21 mars 1871 (La gare de Gray a fonctionné provisoirement en G. V. du 14 au 17 janvier et du 21 au 26 mars 1871.)
Champrans-lès-Gray : du 20 octobre 1870 (pas repris).
Valay : du 20 octobre 1870 (pas repris).
Montagney : du 20 octobre 1870 (pas repris).

Ougney : du 20 octobre au 13 décembre 1870 et du 21 janvier au 26 mars 1871.
Gendrey : du 21 janvier au 26 mars 1871.
Labarre : du 21 janvier au 26 mars 1871.
Fraisans : du 22 janvier au 26 mars 1871.
Grand-Contour : du 21 décembre 1870 au 26 mars 1871.
Montbarrey : du 21 décembre 1870 au 26 mars 1871.
Châteley : du 21 décembre 1870 au 26 mars 1871.
Arc-Senans : du 24 janvier au 12 mars 1871.
Liesle : du 24 janvier au 12 mars 1871.
Byans : du 24 janvier au 12 mars 1871.
Torpes : du 24 janvier au 12 mars 1871.
Montferrand : du 24 janvier au 12 mars 1871.
Mouchard : du 24 janvier au 12 mars 1871.
Salins : du 24 janvier au 12 mars 1871 et du 14 au 26 mars 1871.
Mesnay-Arbois : du 24 janvier au 12 mars 1871.
Pont-d'Héry : du 24 janvier au 12 mars 1871.
Andelot : du 24 janvier au 12 mars 1871.
Vers : du 24 janvier au 5 avril 1871.
Champagnole : du 24 janvier au 5 avril 1871.
La Joux : du 24 janvier au 12 mars 1871.
Boujeailles : du 24 janvier au 12 mars 1871.
Frasne : du 24 janvier au 12 mars 1871.
La Rivière : du 24 janvier au 12 mars 1871.
Pontarlier : du 24 janvier au 12 mars 1871.
Arbois : du 24 janvier au 12 mars 1871.
Grozon : du 24 janvier au 12 mars 1871.
Poligny : du 24 janvier au 12 mars 1871.
Saint-Lothain : du 24 janvier au 12 mars 1871.
Passenans : du 24 janvier au 12 mars 1871.
Domblans : du 24 janvier au 12 mars 1871.
Montain : du 24 janvier au 12 mars 1871.
Lons-le-Saunier : du 5 février au 12 mars 1871.
Gevingey : du 5 février au 12 mars 1871.
Sainte-Agnès : du 5 février au 12 mars 1871.
Beaufort : du 5 février au 12 mars 1871.
Cousance : du 5 février au 12 mars 1871.
Cuiseaux : du 5 février au 12 mars 1871.
Saint-Amour : du 5 février au 12 mars 1871.
Coligny : du 5 février au 12 mars 1871.
Moulin-des-Ponts : du 5 février au 12 mars 1871.
Saint-Etienne-du-Bois : du 5 février au 12 mars 1871.
Audincourt : du 13 octobre 1870 (pas repris).
Beaucourt : du 13 octobre 1870 (pas repris).
Fesches-le-Châtel : du 13 octobre 1870 (pas repris).
Morvillars : du 13 octobre 1870 (pas repris).
Grandvillars : du 13 octobre 1870 (pas repris).
Delle : du 13 octobre 1870 (pas repris).

L'Inspecteur principal de l'exploitation (3ᵉ *section*),
(Signature illisible.)

P. C. C.: *Le Chef d'état-major de la* 7ᵉ *division,*
L. DE BIGOT.

IV

(Voir page 40.)

<table>
<tr><td>

MINISTÈRE
DE LA GUERRE
—
4ᵉ DIVISION
—
ARTILLERIE
—
2ᵉ BUREAU
—
MATÉRIEL

</td><td>

Tours, le 2 octobre 1870.

Le Ministre de la guerre à Monsieur le généra.
commandant la 7ᵉ division militaire.

</td></tr>
</table>

Les armes données aux bataillons de la garde mobile ne sont pas des armes de rebut ; elles ont besoin de réparations, que l'on ne fait pas parce qu'on veut se faire donner des fusils se chargeant par la culasse.

Veuillez immédiatement donner des ordres pour promptes réparations. Le devoir des troupes est de se battre avec les armes dont on dispose. Le devoir des généraux est de les persuader qu'entre les mains d'un homme qui défend son pays le fusil à percussion doit être une bonne arme.

La substitution se fera progressivement suivant les ressources *et ceux qui se plaignent le plus seront servis les derniers.*

Le Vice-Amiral,
Ministre de la guerre par intérim,

Pour le Ministre et par son ordre :

Le Général Directeur,
(Signature illisible.)

<table>
<tr><td>

MINISTÈRE
DE LA GUERRE
—
4ᵉ ᴅɪᴠɪsɪᴏɴ
—
ARTILLERIE
—
2ᵉ ʙᴜʀᴇᴀᴜ
—
MATÉRIEL

</td><td>

Tours, 4 octobre 1870.

Le Ministre de la guerre à Monsieur le général commandant la 7ᵉ division militaire.

</td></tr>
</table>

Vous avez été autorisé à conserver à Besançon 4.000 fusils pour vos dépôts. Depuis lors, vous avez envoyé ces fusils dans les Vosges ; vous en avez donné 1.225 au bataillon de la Loire.

Grenoble doit vous envoyer 4.000 fusils. Tout ce que je puis faire, *tout, que cela soit bien entendu,* c'est de porter à 5.225 l'envoi de Grenoble ; vous serez ainsi dans les mêmes conditions qu'avant l'envoi dans les Vosges.

En même temps que je vous ai annoncé les cartouches, j'ai donné par télégramme l'ordre de les expédier sans retard. Les ordres, depuis le 27 septembre, comprennent 800.000 cartouches et 1.000.000 de capsules ; d'après un nouvel ordre, Valence va vous envoyer au moins 100.000 cartouches.

Je comprends votre impatience, mais vous êtes dans des conditions bien meilleures que beaucoup d'autres, puisque vous avez dans Besançon un atelier de cartouches.

Soyez donc persuadé, une fois pour toutes, que je fais pour Besançon tout ce qui est possible dans les circonstances actuelles, *mais que je ne puis pas donner les ressources de la France à une seule place.*

Le Garde des sceaux,
Ministre de la guerre par intérim,

Pour le Ministre et par son ordre :

Le Général Directeur,
(Signature illisible.)

V

(Voir page 42.)

Besançon, 18 octobre 1870, 10 h. 20 du soir.

Intérieur et Guerre à Délégué du ministère Intérieur
près la Guerre, Tours.

Il faut réorganiser d'urgence l'*armée de l'Est;* pour cela, toutes
affaires cessantes, avisez à trois choses principales.

Il faut trouver cinq généraux de brigade et les envoyer immédiatement sous Besançon. Au cas où on ne trouverait pas des colonels
pour en faire des généraux de brigade, il faudra prendre des lieu-
tenants-colonels à qui l'on donnera le commandement de brigades.
Il faut deux régiments de cavalerie. Il y a certainement dans les
dépôts du sud et du sud-ouest de quoi les constituer. Quant à l'en-
cadrement et à l'embrigadement des mobiles, qui forment à peu
près tout l'effectif de Cambriels, il y est procédé dès à présent et sur
place.

Prenez note, pour les armes, qu'il faut 10.000 chassepots, et qu'en
canons il faudrait constituer quatre nouvelles batteries ou tout au
moins le matériel pour les organiser à Besançon. Si les affûts
manquent, envoyez les pièces tout de même : nous ferons faire les
affûts ici. *En raison de l'importance de la place et de la base d'opéra-*
tions, il faut accumuler des vivres en plus grande quantité.

Pour l'habillement, voyez si on peut obtenir 30.000 pantalons
rouges et autant de capotes. Les hommes gaspillent beaucoup les
cartouches faute de gibernes; il faudrait 40.000 cartouchières en
cuir petit modèle.

Je vous le répète, je veux une réponse *aujourd'hui même* à Besançon, m'assurant que vous avez donné des ordres conformes et que
vous allez en presser l'exécution.

Je vous accuse réception de votre dépêche, qui m'a calmé; d'ailleurs, *les choses ici ne sont point aussi mauvaises que nous pouvions le craindre.*

Le Délégué à la guerre répondit immédiatement par le télégramme suivant :

Nous vous envoyons cinq généraux de brigade ou colonels faisant fonctions. Vous recevrez dans cinq jours un régiment de cavalerie et un autre régiment dans dix jours. Impossible d'aller plus vite.

Nous vous expédions 10.000 chassepots, dont 6.000 de Rennes, 4.000 de Grenoble, ainsi que quatre batteries, dont deux de Lyon, une de Toulouse et une de Toulon.

Vous recevrez incessamment 30.000 pantalons et dans huit ou dix jours 30.000 capotes. Quant aux cartouchières, impossible à aucun prix de vous les procurer ; on vous enverra seulement 5.000 gibernes de Lyon.

VI

(Voir page 44.)

Etat des compagnies de francs-tireurs réfugiées à l'intérieur de la place à la suite de la retraite des Vosges.

———

17 octobre 1870.

Le Maire de Besançon
à Monsieur le Général commandant la 7ᵉ division militaire.

Monsieur le Général,

J'ai l'honneur, en réponse à votre dépêche de ce jour, de vous adresser un état indiquant les noms, grades et adresses des chefs des divers corps francs présentement à Besançon.

Cette liste n'est pas complète. Les lacunes proviennent de ce que quelques-uns de ces chefs de corps, logés en ville sur billet de logement, n'ont laissé à la mairie ni note, ni trace de leur passage.

Je compléterai, et aussi promptement que les détails arrivés me le permettront, les renseignements dont vous avez besoin.

Agréez, Général, l'expression de mon respect.

Le Maire de Besançon,
E. FERNIER.

NOMS.	GRADES.	ADRESSES.	DÉSIGNATION DU CORPS.	LIEU DE FORMATION.	DÉPARTEMENT d'où ils viennent d'opérer.	EFFECTIF.
Cornu (J.-J.)	Capitaine	Rue des Granges, 2, chéz M. Divet.	Volontaires de la Côte-d'Or.	Dijon.	Vosges.	40 hommes.
Habert (Ferdinand)	Capitaine	Aux Chaprais, maison Blondeau.	Francs-tireurs dôlois.	Dôle (Jura).	Vosges.	36 hommes ; attend une seconde compagnie en formation, Dôle.
Gautier (Auguste)	Commandant	Rue Saint-Vincent, 47, chez M. d'Hottelans.	Francs-tireurs de l'Egalité.	Marseille.	Vosges.	450 hommes, effectif présumé après opérations.
Gentille (E.)	Lieutenant en 1er remplaçant le capitaine en permission	Rue Neuve, 5, chez M. Bonnet.	Francs-tireurs du Midi.	Toulouse.	Vosges.	77 hommes.
Gérard	Commandant	Hôtel du Nord	Francs-tireurs lorrains ralliés.	Toulouse.	Vosges.	Donnera des renseignements.
Deplace	Capitaine	Rue Préfecture, 12.	Compagnie franche. Eclaireurs du Rhône, 1re compagnie.	Lyon.	Vosges.	102 hommes.
Welken	Sous-lieutenant	Rue de la Madeleine, 13, au café du Nord.	Francs-tireurs des Vosges.	Epinal.	Vosges.	12 hommes rentrés.
Cler (Léon)	Capitaine	Rue Moncey, 5, chez M. l'avoué Girod.	Francs-tireurs du Jura.	Lons-le-Saunier.	Vosges.	110 hommes.
Domalain	Commandant	Hôtel du Nord.	Légion bretonne, augmentée des francs-tireurs provençaux, des francs-tireurs dauphinois et de 55 hommes venant d'Amérique.	Lons-le-Saunier.	Vosges.	950 hommes.
Olsrewski	Capitaine	Rue Préfecture, 29, chez M. le baron Henry.	Francs-tireurs roussillonnais.	Perpignan.	Vosges.	101 hommes.
Clésinger	Commandant	Rue Moncey, 6.	Volontaires francs-comtois.	En formation à Besançon.	Se forme.	400 hommes.

VII

(Voir page 44.)

Composition de l'armée de l'Est.

ORDRE N° 1

Le général commandant supérieur constitue ainsi qu'il suit les deux premières divisions de son corps d'armée, au moyen des troupes placées sous son commandement :

Chef d'état-major général : M. Varaigne, chef de bataillon du génie, lieutenant-oclonel, armée auxiliaire.

Sous-chef d'état-major général : M. Berger, ancien capitaine d'état-major, chef d'escadrons d'état-major de l'armée auxiliaire.

Capitaine d'état-major : M. Chatel, ingénieur des ponts et chaussées.

Aides de camp :
- M. de Verdier, chef d'escadrons de l'armée auxiliaire.
- M. Girard, capitaine de l'armée auxiliaire.

Officiers d'ordonnance :
- M. de Villeneuve, capitaine de la garde mobile.
- M. de Rotalier, capitaine de la garde mobile.
- M.
- M.
- M.

Etat-major du génie.

Général de division de l'armée auxiliaire : M. Thoyot, inspecteur général des ponts et chaussées.

Chef d'état-major : M. Gilles, chef de bataillon du génie, colonel de l'armée auxiliaire.

Etat-major de l'artillerie.

Commandant de l'artillerie : X...

Chef d'état-major : M. Delahaye (1), chef d'escadron d'artillerie.

Intendance.

Chef de service du corps d'armée : M. Croizet, intendant militaire.

Adjoint : M. Legros, sous-intendant militaire.

---

(1) La Haye, d'après l'historique de la 18e batterie du 14e.

Service médical.

Médecin chef : X..., médecin-major de 1re classe.

Service du Trésor et postes.

X...

1re Division d'infanterie.

Général commandant : M. Crouzat, général de brigade.
Chef état-major : X...
Etat-major du génie : X...
Etat-major de l'artillerie : X...
Intendance militaire : M. Baratier, sous-intendant militaire.

1re Brigade.

Commandant : M. de Polignac, général de l'armée auxiliaire.
85e de ligne (4e et 5e bataillons) (1).
Garde mobile de la Loire (2 bataillons).
Garde mobile du Jura (2 bataillons).

2e Brigade.

Commandant : M. de Palésy, général de l'armée auxiliaire.
16e bataillon de chasseurs à pied (compagnies provisoires).
Garde mobile de la Haute-Garonne (3 bataillons).
Garde mobile de Saône-et-Loire (1 bataillon).

Artillerie.

13e et 14e batteries du 3e régiment d'artillerie (2). (Capitaines Le Bourg et Paris.)

Génie.

X...

Cavalerie.

2e régiment de lanciers de marche (arrivé plus tard).

2e Division d'infanterie.

Général commandant : M. Thornton, général de brigade.
Chef d'état-major : M. de Verdière (3), chef d'escadrons d'état-major.
Etat-major de l'artillerie : X...
Etat-major du génie : X...
Intendance militaire : M. Pérez, sous-intendant militaire.

---

(1) Prit la dénomination de 50e de marche le 1er novembre.

(2) Ces batteries venaient d'Algérie, où était le 3e au moment de la guerre.

(3) Actuellement général commandant la 8e division. Président du comité d'état-major.

1re Brigade.

Commandant : M. Aube (1), capitaine de vaisseau.
3e régiment de marche de zouaves (2 bataillons) (2).
Garde mobile du Haut-Rhin (2 bataillons).

2e Brigade.

Commandant : X...
32e régiment de marche (3 bataillons).
Garde mobile des Deux-Sèvres (3 bataillons).

Artillerie.

14e batterie du 8e. (Capitaine Colson.) (3).
14e batterie du 10e. (Capitaine Manessier.) (3).

Génie.

X...

Cavalerie.

2 escadrons du 7e chasseurs à cheval.

Colonne mobile des Vosges.

Commandant : M. Perrin, chef d'escadron d'artillerie.
Garde mobile des Vosges (3 bataillons).
Garde mobile de la Corse (2 bataillons).

Artillerie.

1 batterie de montagne.

Réserve.

1er bataillon de marche (4) (formera ultérieurement 2 bataillons).
1er bataillon des gardes mobiles de la Meurthe (jusqu'à ce qu'il puisse être dirigé sur Langres).

Artillerie.

Ancienne batterie Delahaye (5).

21 octobre 1870.

P. O. *Le chef d'état-major général,*
VARAIGNE.

───────────

(1) Depuis ministre de la marine.

(2) Un troisième bataillon arriva à Besançon le 22 octobre.

(3) Ces deux batteries s'embarquèrent à la gare de Rennes le 15 octobre, chacune avec 90 canonniers environ, quelques chevaux de selle et du matériel de 12 rayé (22 voitures). Elles arrivèrent le 17 octobre à Besançon, où des compagnies du 1er régiment du train d'artillerie attelèrent leur matériel.
La 19e batterie du 12e, capitaine Boussard, expédiée de Lyon le 18 octobre, qui ne figure pas sur l'état ci-dessus, fut rattachée à la 2e division.

(4) On avait créé, vers le commencement d'octobre, quelques bataillons d'infanterie de marche. — Le 1er bataillon de marche, formé le 30 septembre à Besançon, avec l'ex-légion romaine, dite d'Antibes, reçut le 2 novembre 1870 quelques compagnies du 78e et prit le nom de 47e de marche.

(5) 18e batterie du 14e, calibre 4 de campagne, commandée par le capitaine Derennes, lors de la nomination du capitaine La Haye au grade de chef d'escadron.

VIII

(Voir page 50.)

Combat de Fayl-Billot.

(D'après une relation du maire de Broncourt.)

Le 20 octobre, une reconnaissance de gardes nationaux partit de Broncourt, se dirigeant sur Jussey. A 2 heures de l'après-midi, elle annonçait aux gardes nationaux du canton, réunis à Fayl-Billot, que l'ennemi occupait en forces Jussey. La place de Langres fut informée.

Le lendemain, 21, arrivait, de Langres à Broncourt, un détachement du génie commandé par un sous-lieutenant et les francs-tireurs Bombonel. Le sous-lieutenant du génie fit commencer une tranchée renforcée par des abatis sur le chemin de Broncourt à Ouge, en arrière du ruisseau qui délimite les départements (vers la ferme des Valots). Il y employa les gardes nationaux d'Ouge, de la Quarte et de Pierrefaite. La garde nationale de Pressigny, en armes, se joignait aux francs-tireurs Bombonel dans les bois au sud d'Ouge, où il se trouvait au total 150 hommes.

Vers 10 heures, les avant-postes signalent l'ennemi et bientôt les gardes nationaux de Pressigny font quelques décharges sur les éclaireurs sans les atteindre. Ils regagnent ensuite leur village à travers champs. Les francs-tireurs soutiennent seuls pendant un certain temps le combat et blessent un ou deux Prussiens; mais le nombre de ceux-ci, est trop grand et il faut reculer. C'est alors que les dragons ennemis, débouchant des bois, se mettent à tirer sur les habitants des trois villages, qui se sauvaient avec leurs pelles et leurs pioches. Ils s'emparent du sous-lieutenant du génie, de quelques francs-tireurs et d'un assez grand nombre de paysans. Ceux-ci furent relâchés pour la plupart le lendemain après avoir été emprisonnés la nuit et avoir reçu force coups de plat de sabre.

La coupure pratiquée à la limite départementale, avec la préoccupation de ne pas quitter le territoire de la Haute-Marne, ne signifiait rien, puisqu'elle pouvait être tournée facilement par les bois au sud d'Ouge, trop faiblement occupés.

IX

(Voir page 56.)

Résumé des marches et opérations du 3ᵉ bataillon des Vosges antérieures au combat de Cussey.

---

11 *août.* — De Remiremont à Epinal en chemin de fer.

Nuit du 13 *au* 14. — D'Epinal à Vesoul en chemin de fer.

15 *août.* — De Vesoul à Langres en chemin de fer.

16 *au* 21 *septembre.* — Travaux aux fortifications de Langres.

22 *septembre.* — Vu le bon esprit et l'ardeur du bataillon, on l'envoie à Raon-l'Etape, où il arrive le 24.

24 *au* 26. — Construction d'ouvrages de campagne. — Grand'gardes. — Alertes continuelles. — Reconnaissances de nuit.

26. — Reconnaissance sur Baccarat.

27. — Le bataillon va à Saint-Dié, puis revient à Raon.

29. — Il bat en retraite sur Bruyères ; reçoit contre-ordre en route. Revient à Raon après une marche des plus fatigantes.

30 *septembre au* 3 *octobre.* — Alertes et reconnaissances.

4 *octobre.* — Départ pour la Bourgonce.

5. — Bivouac sur cette position.

6. — Combat de 10 heures du matin à 5 heures du soir. Retraite sur Bruyères.

7. — Séjour à Bruyeres.

8 *et* 9. — Bivouac sous bois à la Goule (au-dessus de Gerbépal). Le temps devient très mauvais.

10 *et* 11. — Installation sur une position de combat sur la rive gauche de la Vologne à Jussarupt.

12. — Retraite de Jussarupt à Sainte-Anne.

13. — Marche de nuit de Faucogney à Mélisey par un orage.

14. — De Mélisey à Courchaton (pluie continuelle).

15. — De Courchaton à Baume-les-Dames (pluie continuelle).

16. — De Baume à Besançon, où l'on cantonne aux Chaprais.

17. — Le bataillon reçoit des tentes-abris et quelques effets d'équipement.

18. — Travaux de terrassement. Ordre de repartir dans les Vosges et contre-ordre.

19. — Même travail, ordres divers contremandés de suite.

20. — A midi, départ du bataillon pour Chalezeule, à cinq kilomètres de Besançon, pour travailler aux terrassements de Palente. A 8 heures du soir, ordre de partir le lendemain en reconnaissance avec le colonel Perrin, et de laisser au cantonnement les hommes malingres ou ayant de mauvais fusils. Le bataillon marchera avec 753 hommes au total (y compris 34 subsistants des 1er et 2e bataillons).

21 *octobre*. — Le bataillon part à 4 heures du matin pour se rendre au point de rassemblement de la colonne mobile.

X

(Voir page 61.)

Note sur l'organisation des régiments allemands en 1870.

Le régiment d'infanterie a 12 compagnies : les quatre premières forment le 1er bataillon ; les 5e, 6e, 7e et 8e, le 2e bataillon ; les 9e, 10e, 11e et 12e, le bataillon dit de *fusiliers*. Celui-ci, en 1870, était mieux exercé que les autres aux petites opérations de la guerre. Actuellement, tous les bataillons reçoivent la même instruction.

Suivant que le régiment est de *grenadiers* ou de *ligne*, les hommes des deux premiers bataillons prennent le nom de *grenadiers* ou de *mousquetaires*. Ces dernières désignations, uniquement de tradition, ne signifiaient rien au point de vue de la valeur des troupes ; elles ont été supprimées par un ordre de cabinet du 9 janvier 1889.

Le bataillon comprend 202 hommes et 22 officiers. La compagnie est formée à 3 pelotons, dont un dit de *tirailleurs*, mais tous les pelotons sont exercés aux manœuvres de tirailleurs. Le lieutenant-colonel commande un bataillon du régiment. Les autres commandants de bataillon portent le nom de *major*.

XI

(Voir page 78.)

Le curé de Devecey (M. Barret).

(D'après plusieurs officiers de mobiles et les renseignements locaux.)

———

Ne voulant pas rester inutile pendant les combats qui paraissaient imminents, M. l'abbé Barret se rendit le 22 octobre au matin à Voray, où il décidait son confrère, M. Conscience, à le suivre sur Boult, pensant que l'action s'engagerait de ce côté.

Chargés de sacs contenant des effets de pansement, ils marchent tout d'abord dans cette direction ; mais, parvenus sur la lisière du bois de Voray et entendant la fusillade dans la direction de Cussey, ils rejoignent à travers champs la route de Bussières, où ils arrivent vers 10 h. 1/2. Là, rencontrant quatre ou cinq francs-tireurs qui reviennent de Cussey, les deux prêtres les décident à retourner sur leurs pas ; d'autres isolés se joignent à eux dans le trajet, et le petit groupe comprend une vingtaine d'hommes lorsqu'il entre à Cussey.

Pendant le combat, le curé de Devecey reste au milieu des mobiles, les exhortant au sacrifice de leur vie pour le pays. On le voit sur le pont au plus fort de l'affaire, et on le retrouve à la sortie sud du village, cherchant à rallier les fuyards, lors de la retraite. Lorsque les Allemands victorieux débouchent vers le cimetière, on l'entend crier : « Nous sommes Français, nous ne reculons pas ! » et, avec quelques hommes, il se porte au-devant de l'ennemi. Mais ces efforts inutiles doivent prendre fin, et M. Barret se retire sur Geneuille, suivi de ses compagnons d'armes du dernier moment.

Devant la poursuite des dragons badois, le petit groupe s'égrène bientôt dans toutes les directions. M. Barret se jette dans un bois près de Geneuille et de là descend vers le ruisseau de ce village, où il se lave les mains ; il est nu-tête, ayant perdu son chapeau dans le combat.

Rentré à Devecey vers 5 h. 1/2, il fait sonner la prière prescrite pendant la durée des hostilités ; mais à peine commence-t-elle que des coups de feu se font entendre. M. Barret, laissant les bonnes femmes à leurs oraisons, reprend son sac et se dirige sur les maisons avoisinant la gare, d'où partait une fusillade nourrie. A ce moment, la chute du jour empêchant de distinguer les uniformes, le curé de Devecey tombe au milieu des Badois, qui le font prisonnier. On le conduit au gros d'une compagnie abrité dans un bas-fond entre la gare et Cayenne.

Vers 6 h. 1/2, un tambour exécute une batterie, à laquelle répond un détachement de Buthiers qui occupe le bois des Mouillottes, et les Badois rentrent à Voray après un arrêt à mi-chemin, pendant lequel une nouvelle batterie est exécutée, suivie encore d'une réponse.

A l'arrivée à Voray, vers 8 heures, le curé de Devecey est enfermé et gardé à vue dans la maison du boulanger Charité ; il est accusé de deux crimes contre l'armée allemande : 1° d'avoir sonné le tocsin ; 2° de s'être introduit dans les lignes.

Le lendemain matin on l'amena au poste installé dans la cour de la maison Bienaimé, près du pont, pour le fusiller. Déjà les soldats désignés l'entraînaient vers le moulin, où devait avoir lieu l'exécution, quand il dut la vie à un mouvement généreux du major de Rôder, qui passait sur la route en ce moment.

Ayant répété à cet officier supérieur commandant le cantonnement que la cloche de Devecey n'avait sonné que pour la prière de chaque jour, ordonnée par Mgr Mathieu, cardinal-archevêque, et, d'autre part, qu'il avait abordé les lignes allemandes involontairement en se portant au secours des blessés, ordre fut donné de le reconduire dans la maison Charité. Il recouvra la liberté dans la matinée, grâce au départ précipité des Badois. Ceux-ci, heureusement, n'avaient pas eu connaissance du rôle joué à Cussey par le brave curé.

M. Barret exerce encore son ministère dans la modeste paroisse de Devecey.

XII

(Voir page 83.)

Extrait du « Journal des Vosges ».

(Avril 1871.)

Le 17 avril 1871, avait lieu à la faculté de droit de Nancy une réunion des professeurs et des élèves ; c'était la première fois depuis le mois d'août qu'ils se retrouvaient ensemble. Non pas tous pourtant. Parmi les élèves, plusieurs ne répondent pas à l'appel pacifique qui rouvre aujourd'hui les portes de l'école ; ce sont ceux qui, obéissant à l'appel de la patrie en danger, ont versé leur sang pour elle.

En des paroles émues et éloquentes, M. le doyen Jalabert rendit hommage à leur mémoire.

Nous extrayons le passage suivant de son allocution :

« Le premier nom inscrit sur cette liste funèbre est celui de Charles Delang, étudiant de seconde année, que la faiblesse de sa santé et de sérieuses raisons de famille avaient retenu l'an dernier à Remiremont. Comme élève de 1re année, il s'était fait remarquer par ses camarades par la douceur de son caractère et son attachement à ses devoirs. Appelé à faire partie de la garde mobile des Vosges, il y fut nommé sous-lieutenant le 5 août, et, pendant deux mois et demi, il prit largement sa part de toutes les fatigues et de tous les dangers auxquels son bataillon toujours en marche fut exposé.

» Il était le 6 octobre à Nompatelize. Le 22, à Cussey, il commandait sa compagnie en l'absence du capitaine et du lieutenant. Chargé de garder le pont de l'Ognon, il maintient ses hommes pendant plus de cinq heures sous le feu de l'ennemi, et, lorsque les 18 pièces d'artillerie de la brigade Dégenfeld eurent rendu la position intenable pour les nôtres, quand il s'agit de couvrir la retraite sous une grêle de balles et d'obus, il montra une énergie et une résolution qui firent l'admiration de tous.

« *Le moment est venu de se retirer* », lui criait-on. « *Passez devant,* dit-il, *je veux rester le dernier*. » Et il tint parole. Après avoir veillé au salut de ceux qui lui étaient confiés, il fut frappé à la tête d'un éclat d'obus qui l'étendit mort à son poste d'honneur.

» Ses camarades, ses amis se découvraient en passant devant ce corps inanimé; « *en voyant ce visage qui avait conservé sa douceur* » *habituelle, notre cœur débordait de douleur* », écrivait le lieutenant Grandjean, qui était là avec le lieutenant de Pottecher, deux autres de nos élèves. Quelques jours après, autour de sa dépouille mortelle rapportée à Remiremont, se pressait une foule émue, entourant de ses sympathies le père et la mère de cet héroïque enfant, rappelant ses attachantes qualités, sa droiture de cœur, sa piété sincère, son dévouement absolu à la patrie. Ce glorieux martyr du devoir avait vingt ans. »

XIII

(Voir pages 111 et 120.)

Rôle de la 19e batterie du 12e d'artillerie au combat du 22 octobre 1870.

(Les parties entre guillemets sont extraites du rapport du capitaine Boussard.
Les autres passages résultent de notes prises sous sa dictée.)

———

La 19e batterie du 12e d'artillerie, formée à Lyon le 7 octobre 1870, n'avait que de vieux canons de 4 de campagne classés dans le matériel d'instruction et exposés depuis longtemps à toutes les intempéries dans la cour de la caserne de la Part-Dieu. Ses officiers étaient : MM. Boussard, capitaine en second; Nief, lieutenant en 1er; Etienne, sous-lieutenant.

La batterie au complet arriva à Besançon par les voies ferrées le 18 octobre, vers 5 heures du matin. Le général Bonamy, commandant la subdivision, la fit installer tout d'abord au quartier Saint-Paul.

Le 20 seulement, elle reçut avis de son affectation à l'armée de l'Est, 2e division, et, par ordre du général Cambriels, alla cantonner à Saint-Claude. Le capitaine Boussard assista, dès lors, au rapport journalier comme tous les chefs de corps et de batterie.

Le samedi 22 octobre, la batterie se rendit de Saint-Claude à Saint-Ferjeux, qui lui était affecté comme nouveau cantonnement à la suite de la répartition des secteurs entre les divisions. Elle venait d'arriver dans ce dernier village et le capitaine commandait « *sortez du parc* » quand un franc-tireur monté de la compagnie des 40, faisant fonctions d'officier d'ordonnance, arriva aux grandes allures et transmit verbalement l'ordre du général Cambriels de se porter en toute hâte sur le terrain du combat.

Le capitaine aussitôt commanda « *attelez à volonté* », puis « *au trot* ».

« Arrivé à Valentin, je reçus l'ordre de détacher une section sur la route de Pouilley-les-Vignes. Je désignai la première section, commandée par M. Nief, lieutenant en 1er. Elle se rendit à Pouilley, passant par Ecole, et traversa le mont de Pirey ; puis, d'après les ordres de M. le général Aube, vint se mettre en batterie sur les hauteurs de Pouilley. »

» M. Nief aperçut, à la nuit tombante, hors de portée de canon, une colonne d'infanterie (1). A 9 heures du soir, il reçut l'ordre d'aller bivouaquer sur le plateau des monts Boucons, près de l'ancien télégraphe aérien.

» Je continuai sur la route de Cussey avec mes deux autres sections ; arrivé à l'embranchement de la route de Voray, le général en chef me donna l'ordre d'en envoyer une sur cette route.

» Je désignai M. Etienne, sous-lieutenant commandant la 3e section, qui mit ses pièces en batterie sur un petit plateau situé entre les deux routes, à environ 400 mètres à gauche de la route de Voray et à hauteur de Châtillon. Il fit commencer le feu, vers 3 h. 3/4, sur une colonne de cavalerie qui descendait la route de Cussey le long du bois. Cette colonne continua à s'avancer, mais dut se replier devant un feu de tirailleurs et devant le tir de notre artillerie.

» Le chef de section vit alors l'artillerie ennemie prendre position entre le village de Geneuille et la route de Cussey ; il dirigea de suite le feu de ses deux pièces sur les pièces prussiennes, qui répondirent aussitôt.

» D'autres pièces se mirent en batterie contre la route de Cussey, au coin du bois, et tirèrent également sur les sections de M. Etienne.

» Le général en chef me donna alors l'ordre de porter la 2e section sur la route de Cussey, pour répondre au feu des pièces placées contre cette route. »

Commandée par l'adjudant Chouler, elle s'établit sur la route de Cussey, entre la maison Gillet et le pont sur la voie ferrée.

« Les deux sections, 2e et 3e, firent converger leurs feux sur l'artillerie ennemie, aidées par une section de la 18e batterie du 14e d'artillerie, qui vint se placer à la droite de ma 2e section sur la route de Cussey. Je donnai l'ordre à M. Chouler de tirer des obus à balles,

----

(1) Colonne du colonel de Wechmar, marchant de Pin par Chaucenne sur Auxon-Dessus.

qui presque tous éclatèrent près des pièces ennemies et qui ont dû leur causer des pertes sérieuses.

» Malheureusement, l'artillerie prussienne, qui tirait sur cette section avec assez peu de succès depuis plus d'une heure, réussit à envoyer entre nos pièces deux obus qui mirent hors de combat M. Chouler, adjudant, qui eut le poignet droit enlevé et un éclat d'obus dans le côté gauche, blessures qui causèrent, dans la journée du 23, la mort de ce brave soldat, que je regrette vivement. Trois servants de la même pièce furent atteints par ces mêmes projectiles ; l'un d'eux, Liébot, artificier, reçut un éclat qui lui fracassa le bras gauche et dut subir l'amputation ; les deux autres, Ancel, 2e servant, et Joisseaux, 2e conducteur, ont reçu des éclats d'obus dans les cuisses. »

Aidé du commandant de Brême, du 1er bataillon de zouaves, le capitaine Boussard releva l'adjudant et l'adossa au mur de la maison Gillet, puis il prit lui-même le commandement de la section. Le feu continua sans autres incidents que des dégâts au matériel ; un obus brisa une roue de l'avant-train de l'une des pièces ; un éclat fit un trou dans la tôle d'un coffre, qui prit feu, mais on éteignit rapidement ce commencement d'incendie avec de la terre.

Voici, d'autre part, ce qui se passait à la 3e section à la fin du combat :

« M. Etienne vit, vers 5 heures, une colonne d'infanterie prussienne sortir du village de Geneuille.

» Cette colonne traversa une prairie, située à environ 1.200 mètres. M. Etienne lui envoya une vingtaine d'obus à balles, qui causèrent de grands ravages dans les rangs ; mais, après avoir traversé cette prairie, la colonne disparut dans un bois et en sortit quelques instants après, tous les hommes déployés en tirailleurs, dirigeant sur les deux pièces une fusillade qui força M. Etienne à battre en retraite. »

Vers 5 h. 1/2, à la nuit tombante, le lieutenant-colonel Boisson transmit l'ordre qui prescrivait la retraite de toutes les sections d'artillerie, dont le tir devenait incertain. Elles furent rassemblées sur la grande route et revinrent à Saint-Claude, où elles entraient à 8 h. 1/2.

« Il a été tiré par les quatre pièces 175 coups de canon :

» La 2ᵉ section (adjudant Chouler) tira..... { 72 obus ordinaires.
                                            { 24 obus à balles.

» La 3ᵉ section (sous-lieutenant Etienne) tira { 59 obus ordinaires.
                                               { 20 obus à balles.

» J'ai à vous signaler, mon général, comme ayant montré beaucoup de bravoure et de sang-froid, M. Etienne, sous-lieutenant, arrivé à la batterie depuis 2 heures seulement, et qui a voulu partir avec sa section quoique n'ayant ni armes ni cheval; M. Chouler, adjudant, qui malheureusement a payé de sa vie son dévouement; les maréchaux des logis Lassus, Vulfranc et Reveillet (1). Ce dernier a rempli lui-même les fonctions de servant quand il eut trois hommes de sa pièce hors de combat...

» A. BOUSSARD. »

---

(1) Le maréchal des logis Reveillet se signala de nouveau à Beaune-la-Rolande, en amenant une pièce à proximité d'un mur pour faire brèche.

XIV

(Voir page 131.)

La 1re ambulance lyonnaise le 22 octobre.

Cette ambulance, dont les membres étaient logés au hasard dans tous les quartiers de la ville, ne put être réunie le 22.

Vers 2 heures, toutefois, sept de ses docteurs, parmi lesquels M. Bron, partirent sac au dos. Après avoir marché un peu à l'aventure, ils arrivaient, à 5 heures, sur la route de Vesoul, au sommet de la côte en face de Châtillon, où se trouvait depuis longtemps M. Gauthier, de Luxeuil.

Ce courageux docteur avait suivi les troupes dans les Vosges; son matériel d'ambulance se composait d'une mauvaise charrette, derrière laquelle se trouvait une caisse de pansement; un domestique lui servait d'aide dans ses opérations.

Au moment où les docteurs engageaient conversation, un général qui passait vint à dire qu'il n'était pas prudent de séjourner là. A ces mots, sur les sept docteurs de l'ambulance lyonnaise, trois continuent jusqu'à la maison du Péage, les autres vont ailleurs; M. Gauthier reste seul au sommet de la route.

M. Bron, arrivé à la maison du Péage avec deux de ses collègues, se trouve en première ligne, par suite trop en avant, et n'a que trois blessés à soigner. Vers 8 h. 1/2 du soir, après avoir entendu le combat de nuit d'Auxon, il recule de quatre kilomètres et s'installe dans une maison près des Trois-Croix, où il donne des soins à un assez grand nombre d'hommes.

Le rôle de l'ambulance lyonnaise ne se traduisit ce jour-là que par ces efforts individuels.

Par ce qui précède, nous ne voulons pas critiquer les médecins de bonne volonté qui la composaient, et qui rendirent des services réels dans la suite, mais simplement montrer que rien ne s'improvise en campagne et qu'à défaut d'organisation le patriotisme reste impuissant.

M. l'abbé Villion, de Couzon-sur-Saône, aumônier de l'ambulance lyonnaise, raconte, dans une lettre datée du 4 décembre 1871, et adressée au curé de Cussey, une touchante anecdote concernant un caporal du 85ᵉ, opéré à la maison du Péage par M. Bron.

« La nuit tombe, les colonnes reviennent du combat et défilent en silence devant notre modeste hôpital. Ce retour a tout à la fois un aspect lugubre et solennel.

» Entre un brave caporal du 85ᵉ; trois doigts pendent, presque détachés de sa main droite, toute meurtrie d'un coup de feu. Le docteur Bron l'opère avec sa dextérité habituelle.

» Au milieu de ses souffrances, je lui demande si nous pouvons lui être agréables en quoi que ce soit; il me prie alors de lui rendre un service. « Vous allez, me dit-il, prendre 15 francs dans la poche » de ma capote : c'est la solde de mon escouade, je n'ai pu la dis-» tribuer aujourd'hui; vous la remettrez au plus tôt au capitaine » X..., du 85ᵉ, qui le fera pour moi. »

» Brave et noble soldat! Dès le lendemain, à 10 heures du matin, ses ordres étaient accomplis. »

XV

(Voir page 162.)

Rapport adressé au général commandant la 7ᵉ division militaire sur les mesures de défense prises dans le département du Jura.

Objet. — Les dispositions adoptées pour la défense du Jura ont un triple objet :

1° Limiter l'invasion aux barrières du Doubs, de la Loue, de la Saône ;

2° Assurer la marche de flanc de l'armée de l'Est sous les ordres de Crouzat ;

3° Mettre le département à l'abri des coureurs et des corps de ravitaillement.

L'ennemi envahira en aval ou en amont de la forêt de Chaux.

1ʳᵉ *région*. — Le pont de Dôle, primitivement miné puis dégarni par Garibaldi, a dû être de nouveau chargé sur l'ordre du général Crouzat, contenu dans sa dépêche du 14 novembre (ordre donné après le départ de Garibaldi).

Le pont en tôle de Molay sur le chemin de fer de Dôle à Chalon est également miné.

Quant aux ponts de Pezeux et de Neublans, tous deux suspendus, des dispositions sont prises pour qu'ils puissent être coupés très rapidement. Quelques retranchements pour tirailleurs sont exécutés sur la rive gauche de ces deux passages. A Neublans, dont le pont présente une importance plus grande et où la rive gauche bat avantageusement la rive droite, on a disposé une batterie pour quelques pièces enfilant la route et battant les abords.

Au-dessous du Doubs se trouve la Loue, séparée de lui par la forêt de Chaux.

Le pont de Parcey est le plus important de cette ligne. La rive gauche, qui se prête bien à la défense, est protégée par des retranchements pour tirailleurs et trois redoutes pour pièces croisant leur feu sur la route de Dôle et ses abords.

Des ouvrages de défense sont également disposés sur la route de Dôle à Montbarrey par la Loye, qui permet de tourner la forêt de Chaux par le sud-ouest. Au sud de la Loue, vis-à-vis de la forêt de Chaux, les routes circulent à travers des forêts dans de véritables défilés, où il est facile d'arrêter l'ennemi.

2e région. — Dans la 2e région, en amont et vers Dampierre, les ponts sur le Doubs commandent des chemins d'une assez grande importance :

1º De Rans à Arc-et-Senans ;

2º De Fraissans à Byans et Quingey ;

3º De Saint-Vit à Byans ;

4º Les trois ponts du chemin de fer.

Sur les deux premiers, qui traversent la forêt de Chaux, sont préparés des abatis, et des travaux de défense sont ordonnés au pont de Reculot sur le Doubs.

Enfin, des travaux de même nature sont en voie d'exécution aux abords des ponts de la Loue, entre Arc-et-Senans et Quingey. Cette région, dont la mise en état de défense est assez difficile, présente une grande importance pour le *département,* car son occupation livre à l'ennemi Arc-et-Senans et Mouchard en isolant Besançon (1).

Forces disponibles. — Pour défendre ces lignes, on trouve dans le département :

1. — Les compagnies mobilisables du 84e, environ 1.000 hommes.

2. — 500 mobiles du Jura attachés au fort des Rousses, qui y sont remplacés par des mobilisés.

3. — Des gardes nationaux mobilisés du département, environ 10.000 hommes.

4. — Des éclaireurs, des chasseurs à pied de la garde mobile (?) (anciens francs-tireurs de Nantes) annoncés par le général de division de Tours par dépêche du 17 novembre.

5. — 1 bataillon des gardes mobilisés du Rhône envoyé à cet effet par le général Crouzat.

---

(1) Les passages du Doubs vers Dampierre furent plus tard utilisés par le VIIe corps allemand, contournant Besançon par le sud pour menacer la retraite du général Bourbaki.

6. — Enfin, quelques compagnies de francs-tireurs *agissant en dehors de l'autorité militaire du département.*

Distribution des forces. — Le général Crouzat, à son passage à Mont-sous-Vaudrey, ayant donné l'ordre d'employer immédiatement les forces armées disponibles du département à la défense du Doubs et de la Loue, les mesures ont été prises, conformément aux indications ci-dessous, pour l'exécution de cet ordre. A cet effet, toutes les forces du département sont placées sous le commandemeut en second du colonel Fischer, qui s'est porté de sa personne à Dôle, où se trouve sa résidence provisoire.

Le 84e de ligne se trouve ainsi réparti :

250 hommes à Salans et Quingey ;

250 hommes à Dôle ;

500 hommes à Neublans.

Les gardes nationaux mobilisés, formés en quatre légions, sont distribués de la manière suivante :

La 1re légion (Dôle), échclonnée de Fraisans à Etrépigney, garde les ponts du Doubs en amont d'Orchamps.

La 3e légion (Poligny), d'Eclans à Montbarrey, garde les ponts d'Orchamps à Falletans.

La 2e légion (Lons-le-Saunier) occupe Dôle, Parcey, Chaussin, la Loye.

La 4e légion (Saint-Claude) occupera Rahon et Saint-Baraing.

La garde mobile, venant des Rousses, occupera Chaussin.

Le bataillon des gardes nationales du Rhône sera envoyé à Fretterans et Neublans.

Suivant l'ordre du général Crouzat, les ponts seront défendus à outrance.

Dans le cas où nos troupes, après une lutte acharnée, seraient obligées d'abandonner les lignes du Doubs et de la Loue, la retraite s'effectuera sur les villes échelonnées au pied du premier plateau, Arbois, Poligny, Lons-le-Saunier, puis sur le premier plateau du Jura.

Lons-le-Saunier, le 18 novembre 1870.

Le Général commandant la subdivision militaire
et l'état de guerre,

Baron DE BOUSINGEN.

(Général du cadre de réserve.)

XVI

(Page 162.)

Composition de l'armée de l'Est à la date du 15 novembre (1).

Commandant supérieur : général Crouzat (général de brigade A. R. (2), général de division au titre provisoire.
Chef d'état-major : colonel Varaigne (chef de bataillon A. R.).
Commandant d'artillerie : colonel Châtillon (A. R.).
Commandant le génie : colonel Picolet (A. R.).
Intendant en chef : intendant Croizet (A. R.).
Grand prévôt : capitaine Rollin (A. R.).
Directeur du service télégraphique : M. Joulin.

1re DIVISION (12.800 hommes).

Général de Polignac (général de brigade A. A.).

Chef d'état-major : commandant de Truchy de Lays (A. A.).
Commandant l'artillerie : commandant Paris (A. R.).
Commandant le génie : capitaine Nicolas (A. R.).
Intendant : M. Perret (A. R.).
Service de santé : docteur Ollier, de la 1re ambulance lyonnaise.
Prévôt : capitaine Cotton (A. R.).
Eclaireurs (Haut-Rhin) : colonel Keller (A. R.).

---

(1) Nous avons pu retrouver le nom des chefs de corps grâce au remarquable travail de M. Martinien, de la section historique du ministère de la guerre, qui a dressé l'état des chefs de tous les corps de 1870, avec leurs mutations.

M. Martinien a aussi établi par corps les listes des officiers de l'armée française tués ou blessés dans toutes les campagnes du siècle. Ces documents sont des plus précieux pour l'histoire militaire.

(2) A. R., armée régulière; A. A., armée auxiliaire.

1re brigade.

Colonel Boisson, lieutenant-colonel (A. R.).

Gardes mobiles de la Loire (11e régiment), 2 bataillons : lieutenant-colonel Poyeton.

85e régiment de ligne (4o et 5e bataillons), 2 bataillons : colonel Gaudon.

Gardes mobiles du Jura (55e régiment), 2 bataillons : colonel de Montravel.

2e brigade.

Colonel Brissac (A. A.).

Gardes mobiles de la Haute Loire (67e régiment), 3 bataillons : commandant Vérots.

Gardes mobiles de la Haute-Garonne (24e régiment), 2 bataillons : lieutenant-colonel de Sarmejanes.

Cavalerie.

2e régiment de lanciers de marche, 3 escadrons : lieutenant-colonel de Brasseries.

Artillerie.

3 batteries de 4 (13o et 14e du 3e, 14e du 10e) : capitaines Le Bourg, Paris et Manessier.

Génie

1 compagnie (2e du 3e bataillon de la Loire) : capitaine Drapeau.

2e DIVISION (13.400 hommes).

Général Thornton, général de brigade (A. R.).

Chef d'état-major : chef d'escadron d'état-major de Verdière (A.R.).
Commandant l'artillerie : X.
Commandant le génie : commandant Revel de Bretteville.(A.R.).
Intendant : M. Tastavi, sous-intendant militaire (A.R.).
Service de santé : ambulance de Saône-et-Loire.
Prévôt : lieutenant de la Tibaudière (A.R.).
Eclaireurs Bourras, corps franc des Vosges.

1re brigade.

Capitaine de vaisseau Aube.

Gardes mobiles des Deux-Sèvres (34e régiment), 3 bataillons : lieutenant-colonel Rouget.

32e régiment de marche, 3 bataillons : lieutenant-colonel Graziani.

Gardes mobiles de la Savoie, 1 bataillon : commandant Dubois.

2e brigade.

Colonel Vivenot, capitaine (A. R.).

Gardes mobiles du Haut-Rhin (68e régiment), 2 bataillons : lieutenant-colonel Dumas.

3e régiment de zouaves de marche, 3 bataillons : lieutenant-colonel de Brême.

Francs-tireurs de Bordeaux : capitaine Franke.

Cavalerie.

7e régiment de chasseurs, 4 escadrons : colonel de Ricaumont.

Artillerie.

2 batteries (19e du 12e, 14e du 8e) : capitaines Boussard et Colson.

1 compagnie du train d'artillerie.

Génie.

1 compagnie (gardes mobiles de la Loire).

3e Division (9.300 hommes).

Général Segard, lieutenant-colonel (A. R.).

Chef d'état-major : capitaine Mallet (A. A.).

Commandant l'artillerie : commandant Faine (A. R.).

Commandant le génie : commandant Cord (A. R.).

Intendant : M. Gauthier, sous-intendant militaire (A. R.).

Service de santé : docteur Sabatier (ambulance du Midi).

Prévôt : lieutenant Schmidt.

Eclaireurs du commandant Delorme.

Francs-tireurs du Doubs (Clésinger et Sage-Vaudrey).

Francs-tireurs de Nice.

1re brigade.

Colonel Durochat, chef de bataillon (A. R.).

47e de marche, 2 bataillons : lieutenant-colonel Prévot.
Gardes mobiles de la Corse, 2 bataillons : lieutenant-colonel Paran.
Gardes mobiles de Saône-et-Loire, 1 bataillon : commandant Berthod.

2e brigade.

Colonel Girard, ancien sergent-major (colonel A. A.).

78e régiment de ligne, 1 bataillon : commandant de Seigneurens.
Gardes mobiles des Pyrénées-Orientales, 2 bataillons : lieutenant-colonel Devaux.
Gardes mobiles des Vosges (58e régiment), 2 bataillons : lieutenant-colonel Dyonnet.
Gardes mobiles de la Meurthe, 1 bataillon : commandant Vendelet.

Cavalerie.

2e régiment de lanciers de marche, 1 escadron : lieutenant-colonel Chevals.

Artillerie.

3 batteries (18e du 14e, 14e du 13e et une de montagne).
Parc de réserve.

Génie.

1 compagnie du génie auxiliaire de Chalon.

RÉSERVE D'ARTILLERIE

Lieutenant-colonel d'Auvergne.

1 batterie de mitrailleuses (21e du 7e régiment).
2 batteries d'obusiers de montagne.

PARC D'ARTILLERIE

Commandant La Haye.

1 compagnie du 1er régiment de train.

RÉSERVE DU GÉNIE

1 compagnie de génie (gardes mobiles de Tours).

Au total 750 officiers et 36.000 hommes environ.

4e DIVISION (destinée au 18e corps) (92 officiers, 11.748 hommes).
Général Bonnet.

Eclaireurs du commandant Tainturier.

1re *brigade*.

Gardes mobiles de l'Aveyron, 3 bataillons.
27e régiment de ligne, 1 bataillon.
Garde nationale de l'Yonne, 1 bataillon.

2e *brigade*.

9e bataillon de chasseurs de marche, 1 bataillon
Gardes mobiles du Cher (19e régiment), 3 bataillons.
Gardes mobilisés de Chalon, 1 bataillon.

Artillerie.

13e batterie du 13e régiment.
20e batterie du 9e régiment.

Génie.

Compagnie du génie de Mâcon.

Gendarmerie.

Gendarmerie de Chagny.

BRIGADE TERRITORIALE DE CHAGNY (9.212 hommes)

Gardes mobiles de Saône-et-Loire, 2 bataillons.
Gardes mobiles des Basses-Pyrénées, 2 bataillons.
Gardes mobiles de la Lozère, 1 bataillon.
Gardes mobiles de la Drôme, 1 bataillon.
Gardes mobiles de Tarn-et-Garonne, 1 bataillon.
4 obusiers de montagne.

XVII

(Voir pages 116 et 185.)

Note concernant les états de pertes des Allemands.

Les états numériques des pertes allemandes ont été établis d'après les états nominatifs dressés au cours de la campagne dans chaque corps de troupe et servant à renseigner les familles. Une partie des historiques des régiments sont même suivis de leurs états nominatifs de pertes, qui cadrent exactement avec les états numériques officiels. Pour infirmer la véracité de ceux-ci, il faudrait donc admettre une entente préalable entre l'état-major prussien, d'une part, les familles et les régiments de l'autre ! M. le capitaine D.-H. Leclère, du 101e d'infanterie française, s'exprime ainsi dans la préface de son travail de bénédictin sur les pertes des Allemands en 1870, si utile à consulter pour l'historien impartial :

« Contrairement à cette idée, que les Allemands ont caché leurs pertes, et eu égard au soin avec lequel les listes ont été dressées, nous admettons volontiers qu'avec cette collection ils ont pu avoir l'intention de faire une sorte de martyrologe à la disposition des familles. »

Nos ennemis ont eu des succès assez brillants, en 1870, pour n'être pas tentés de gratter quelques unités sur leurs tableaux des hommes hors de combat, enfantillage qui ne mènerait à rien. Ils avouent une perte de 6.247 officiers, 123.453 hommes, 14.595 chevaux, 1 drapeau, 6 canons. Nous tenons ces chiffres comme exacts ; s'il existe quelques erreurs, elles sont involontaires.

Ces listes comprennent des détails bien utiles dans la recherche de la vérité historique ; les blessures les plus légères, celles mêmes qui n'ont pas empêché les hommes de continuer leur service, y sont portées. Tous les combats sont cités, jusqu'aux escarmouches les plus insignifiantes n'ayant occasionné aucune perte. Le genre de blessure, les grades des blessés, le nom des officiers atteints figurent sur ces états. Ceux-ci constituent donc un document des plus précieux, qui permet de se rendre compte de l'intensité des combats, du genre d'attaque, et qui met à néant bien des racontars.

En additionnant toutes les pertes qu'un certain nombre d'auteurs ont fait subir successivement aux Allemands dans chaque affaire de 1870, le chiffre de leurs hommes hors de combat dépasserait l'effectif total.

XVIII

Pertes des Allemands pendant les journées des 22 et 23 octobre (1).

CORPS D'ARMÉE	ÉTATS-MAJORS et TROUPES	TUÉS ou morts des suites de leurs blessures.			BLESSÉS			DISPARUS			TOTAL		
		Officiers.	Hommes.	Chevaux.	Officiers.	Hommes.	Chevaux.	Officiers.	Hommes.	Chevaux.	Officiers.	Hommes.	Chevaux.
XIVᵉ.	**22 Octobre.** COMBATS SUR L'OGNON *Division badoise.*												
	Régiment des grenadiers du corps (n° 1)	»	7	»	»	7	»	»	»	»	»	14	»
	3ᵉ Régiment d'infanterie	»	2	»	1	29	»	»	»	»	1	31	»
	4ᵉ — —	»	2	»	»	9	1	»	»	»	»	11	1
	5ᵉ — —	»	3	»	»	4	»	»	»	»	»	7	»
	Régiment des dragons du corps (n° 1)	»	»	»	»	2	5	»	»	»	»	2	5
	2ᵉ Régiment de dragons (Marg.-Maximilien)	»	»	»	»	1	»	»	»	»	»	1	»
	4ᵉ Régiment d'infanterie rhénan (n° 30)	1	13	»	4	56	»	»	»	»	5	69	»
	TOTAL pour le 22 octobre...	1	27	»	5	108	6	»	»	»	6	135	6
XIVᵉ.	**23 Octobre.** RECONNAISSANCES SUR BESANÇON *Division badoise.*												
	3ᵉ Régiment d'infanterie	»	»	»	»	1	»	»	2	»	»	3	»
	4ᵉ — —	»	2	»	»	8	»	»	»	»	»	10	»
	5ᵉ — —	»	3	»	»	14	»	»	7	»	»	24	»
	4ᵉ — — rhénan (n° 30) (2)	»	2	»	»	4	»	»	1	»	»	7	»
	TOTAL pour le 23 octobre......	»	7	»	»	27	»	»	10	»	»	44	»
	TOTAUX pour les 22 et 23 octobre.	1	34	»	5	135	6	»	10	»	6	179	6
	TOTAL des pertes du XIVᵉ corps pendant la campagne 1870-71 .	47	715	145	141	2.588	133	5	293	19	193	3.546	297

(1) D'après le capitaine Leclère et divers historiques allemands. Les chiffres donnés par tous les documents coïncident à quelques unités près ; nous avons enregistré les plus élevés.

(2) Surprise de Broye-les-Pesmes et reconnaissance sur Dôle.

Lieux de sépulture des Allemands.

A Auxon : 1er grenadier badois.
A Etuz : 3e d'infanterie badois.
A Cussey : 4e d'infanterie badois.
A Buthiers et Voray : 5e d'infanterie badois.
A Geneuille : 30e prussien.

Un Prussien est même enterré dans un pré en pente vers la papeterie de Geneuille. Pendant les premières années qui ont suivi la guerre, on expédiait d'Allemagne, pour sa tombe, des fleurs et des couronnes à l'anniversaire du 22 octobre. Ces envois ont cessé ; la barrière en bois qui entourait l'emplacement a été détruite par le temps, et maintenant une légère dépression, où l'herbe croît plus vigoureuse et plus verte, indique seule l'endroit où gît le Rhénan.

XIX

Perles des Français le 22 octobre (1).

CORPS DE TROUPE		TUÉS	BLESSÉS	DISPARUS OU PRISONNIERS	TOTAL
1° 19ᵉ batterie du 12ᵉ régiment d'artillerie		1	3	»	4
2° 3ᵉ zouaves		4	14	15	33
3° 4ᵉ bataillon du 85ᵉ	Officiers	»	1	»	1
	Troupe	3	17	14	34
4° Détachement Mansion (300 hommes du 16ᵉ bataillon de chasseurs et 200 du 78ᵉ)	Officiers	»	1	»	1
	Troupe	5	9	30	44
5° 3ᵉ bataillon des Vosges	Officiers	1	5	(A) 9	10
	Troupe	43	135	150	328
6° Bataillon unique des Hautes-Alpes	Officiers	»	1	5	6
	Troupe	12	30	30	72
7° 2ᵉ bataillon des Deux-Sèvres		»	20	»	20
8° Compagnie des francs-tireurs du Doubs		4	1	1	6
9° Compagnie des francs-tireurs de l'Isère		1	»	»	1
TOTAUX		74	237	249	560
		311			

(A) Dont les 5 blessés.

Lieux de sépulture des Français.

A Auxon : 3ᵉ zouaves.

A Cussey et Etuz : mobiles des Vosges et des Hautes-Alpes.

A Buthiers : 16ᵉ chasseurs à pied et 78ᵉ.

(1) D'après le rapport du général Cambriels ; les états fournis à la 7ᵉ division militaire par les corps ; les historiques des corps ; les notes de M. le curé de Cussey et de M. Droz.

XX

(Page 110.)

Notes sur les pour-cent à la guerre.

1° Feux d'infanterie

Première observation. — Le 22 octobre, au combat de Cussey, l'engagement ayant été fort long, on peut admettre que chaque Allemand des compagnies de première ligne a brûlé 40 cartouches, moitié de son approvisionnement. Sept compagnies de première ligne, dont cinq du 3ᵉ régiment badois et deux du 4ᵉ, ont tiré, par conséquent, environ 60.000 balles pour mettre hors de combat 200 mobiles environ; *soit 1 homme touché par 300 balles*.

Ce pour-cent a été obtenu dans des conditions favorables, en tirant à la fin de l'action sur une troupe en désordre et à découvert.

Deuxième observation. — Au même combat, les mobiles des Vosges sont au nombre de 700 environ. A 40 cartouches par homme, ils ont tiré 28.000 balles, pour mettre hors de combat 30 Allemands; *soit 1 homme touché par 1.000 balles*.

Troisième observation. — A Buthiers, les Allemands déploient environ trois compagnies en première ligne.

Ici, le combat a duré moins longtemps, et nous pouvons admettre que chaque homme a tiré 20 à 25 cartouches; soit 14.000 balles, mettant hors de combat 14 Français.

A Buthiers, les Badois n'ont donc pas été plus adroits que des mobiles, puisqu'il leur a fallu aussi 1.000 *balles pour toucher 1 homme*.

Quatrième observation. — Au même combat, 500 Français tirent chacun 20 à 25 cartouches; soit, au total, 12.000 balles, pour atteindre 9 Allemands et 5 chevaux; soit 1 *coup bon par 1.000*.

Cinquième observation. — Le 23 octobre, à Châtillon, il y avait environ 650 Français; chaque homme ayant tiré de 25 à 30 cartouches (d'après le capitaine Rostaing, des francs-tireurs de l'Isère), il a fallu 18.000 *balles pour atteindre environ 18 hommes*.

En résumé, ces calculs, suffisamment exacts, font ressortir qu'il faut aux troupes improvisées environ 1.000 balles pour blesser 1 homme; par suite, 3 ou 4.000 pour le tuer, c'est-à-dire beaucoup plus que son poids en plomb.

Quant aux troupes exercées, elles arrivent à ne tirer que 300 balles pour blesser un homme, chiffre qui concorde avec les conclusions de M. le général de division Lamiraux (*Etudes pratiques de guerre*). D'après ces études, la consommation des cartouches faites par les armées allemandes, en 1870, a été de 30 millions. Le nombre des Français blessés par le feu d'infanterie étant de 100,000 environ, il a fallu 300 *balles pour toucher* 1 *homme*. C'est exactement le résultat obtenu à Cussey par les Badois.

Bien que l'idée contraire ait généralement cours, les pour-cent à la guerre semblent diminuer avec le perfectionnement des fusils; pendant les campagnes du premier Empire, ils étaient plus considérables. On combat de plus en plus loin, et, par suite, le terrain présente de nombreux abris inutilisables autrefois, quand on s'alignait à 200 mètres de l'ennemi.

2° Feux d'artillerie

Première observation. — Au combat de Cayenne, la section du sous-lieutenant Etienne tira 20 obus à balles sur le 2ᵉ bataillon du 30ᵉ prussien, tuant ou blessant une dizaine d'hommes; soit 1 homme hors de combat pour 2 obus tirés, ce qui est un pour-cent énorme, dû à la formation profonde servant de but. Mais, dans la journée, ce fut la seule occasion qui se présenta à notre artillerie de tirer à bonne portée. La section de M. Etienne et les deux autres de la maison Gillet lancèrent de nombreux obus sur l'artillerie ennemie sans pouvoir l'atteindre, vu la distance.

Deuxième observation. — Les batteries allemandes ci-après ont tiré le nombre de coups suivants :

	Le 22 octobre.	Pendant toute la campagne.
La 4ᵉ légère.....	149............................	1.403
La 4ᵉ lourde.....	228............................	1.408
La 2ᵉ légère.....	100 environ....................	1.400
	477	4.211

Elles mirent *hors de combat*, le 22 octobre, 40 ou 50 hommes, soit un homme pour 10 obus tirés ; ce qui fait pour tuer un homme *un poids de métal se rapprochant de son poids.*

3° ARMES BLANCHES

Les seules blessures par armes blanches constatées sont : du côté français, sur 200 blessés examinés, 1 coup de baïonnette et 3 ou 4 de sabre ; du côté allemand, sur 100 blessés, 1 coup de baïonnette. Soit 5 ou 6 blessures sur 300 ou 2 p. 100 du total des blessures.

Ces chiffres ont leur signification ; ils montrent bien que ce jour-là on n'a pas attendu les charges à la baïonnette.

XXI

DÉTAILS LOCAUX

Anecdotes et faits divers pouvant intéresser l'histoire locale.

(Classés suivant l'ordre alphabétique des localités.)

Auxon-Dessus.

(D'après les notes du curé d'Auxon et les renseignements locaux.)

Traces du combat de nuit du 23 octobre. — « Le lendemain, en rentrant de grand matin avec ceux qui s'étaient réfugiés à Auxon-Dessus, nous trouvâmes les maisons Cloutot, Conscience et Chapuis père en désordre, une partie des croisées brisées, les lits et les pavés couverts de sang ; autour de ces maisons, des armes, des casques et des flaques de sang. » (Curé d'Auxon.)

Un Badois était tué dans le verger Dony ; deux autres étendus de même sur la route, près de la maison Belgy ; tous trois blessés à la tête ; un quatrième vers la maison Conscience ; autour de cette dernière maison se trouvaient également une vingtaine de casques.

***

Tir de l'artillerie allemande (groupe de batteries de Geneuille). — Dans le village, quatre obus percent la maison Renaudin et deux la maison Dony (partie nord du village).

Un des obus, lancé sur la côte d'Auxon sur une fraction du 1er bataillon des Vosges, tue le nommé Cossin, coupe le pied à un de ses voisins aussi franchement que d'un coup de hache et en blesse plusieurs autres.

Un autre obus éclate devant un zouave nommé Salmon, dans les broussailles du Chaillot : son cadavre fut retrouvé le lendemain absolument haché.

La plus grande partie des coups de l'artillerie allemande est dirigée sur la batterie de la maison Gillet, sans causer grand dommage; ils se logeaient au pied du talus de la route; aucun d'eux n'atteignit cette maison.

****

Exécutions faites le 23 octobre. — Dans la matinée du dimanche 23, les Allemands explorent les environs du village, le visitent et demandent s'il n'y a pas de soldats français cachés dans les maisons.

Ils donnent ensuite l'ordre aux habitants d'avoir à enterrer les Badois morts, sinon le village sera incendié.

****

Dans l'après-midi, la reconnaissance badoise, se dirigeant sur Besançon, traverse Auxon. Les éclaireurs qui la précèdent inspectent un groupe de paysans rassemblés sur le chemin. Parmi ceux-ci se trouvait un pauvre casseur de pierres, le nommé Bertrand, âgé de 69 ans, et qui, pour avoir chaud, portait, mal dissimulé sous un haillon, un pantalon de mobile laissé la veille dans la maison Royet : il est saisi et entraîné, dans la direction de Cussey, en compagnie du nommé Auguste Grand, que d'autres éclaireurs venaient de prendre dans la tranchée du chemin de fer, tandis qu'il se sauvait vers Miserey.

Chemin faisant, Bertrand cherche à s'échapper : les Allemands tirent dessus, le blessent et l'achèvent à coups de baïonnette dans les champs des Varennes.

****

Le nommé Claude Jeandenans se trouvait en curieux en dessus de la côte entre Auxon et Miserey : les dragons l'arrêtent, le fouillent et finissent par découvrir sur lui une chemise achetée chez un fripier et portant un numéro matricule.

Aussitôt, sans autre forme de procès, ils lui attachent les mains derrière le dos et le fusillent.

Pour justifier cet acte, ils mettent en évidence sur le cadavre le coin de la chemise qui portait le numéro.

****

On allait enterrer Jeanney, tué la veille pour n'avoir pas voulu laisser prendre son cheval. Un des amis de ce pauvre paysan, le nommé Chauvey, se met à sonner la cloche de l'église : il est saisi, quelques minutes après, par des dragons badois arrivant au galop. On le condamne à la peine de mort ; mais Chauvey fait entendre des protestations tellement énergiques que le général Dégenfeld donne l'ordre de surseoir à son exécution. Les Badois l'oublièrent le lendemain matin à Cussey, et il rentra à Auxon avec Auguste Grand.

*
* *

Nouvel incendie pendant la nuit du 23 au 24. — L'incendie de la maison Jeanney (voir le chapitre III), que l'on croyait éteint, se rallume et, sous l'action d'un vent violent, menace d'envahir les maisons voisines. Les quelques habitants restés à Auxon travaillent jusqu'au matin pour l'éteindre.

*
* *

Réflexion sur la vérité historique. — Le curé d'Auxon en 1870, . M. Thomas, à qui sont empruntées une partie de ces notes, termine son manuscrit par une réflexion philosophique bien exacte, quoique peu obligeante pour ceux de ses paroissiens qu'il a consultés.

« J'avais toujours entendu dire : « *Temps de guerre, temps de men-* » *songes* », et j'ai reconnu que rien n'est plus exact.

» Ainsi, pour arriver à reconstituer la vérité sur un combat que j'ai vu en partie, j'ai mis un an à interroger, à peser, à apprécier les témoignages, à les dégager des erreurs causées par les alarmes et l'épouvante du moment.

» J'ai fini par me convaincre que presque tous, même les hommes qui semblaient les plus graves, altéraient la vérité selon que les intérêts de leur amour-propre ou d'autres mobiles les inspiraient. »

*
* *

Boulot.

(D'après le marquis de Lénoncourt.)

Le 22 octobre, à 2 heures de l'après-midi, les dragons badois arrêtèrent dans les champs, au sud du bois de Retheu, trois curieux, les nommés Messelet, Millard et Colard, de Boulot. Ils furent amenés à Oiselay et enfermés dans l'église.

On peut voir par ce détail que la cavalerie allemande faisait consciencieusement la police du champ de bataille.

***

Buthiers.

(D'après les journaux, les renseignements locaux et l'historique
de la 1re batterie lourde.)

Les quatre maisons brûlées lors du bombardement du 22 octobre appartenaient aux nommés Blanc, Crétin, Siffert, Noël.

L'incendie durait encore, quand la batterie qui l'avait allumé vint prendre ses cantonnements dans le village. Elle ne se doutait pas de la corvée qui l'attendait.

La marquise de Scey intercéda si énergiquement auprès des officiers badois que ceux-ci se décidèrent à faire éteindre le feu par leurs hommes. Les malheureux artilleurs, transformés en pompiers, durent travailler jusqu'à 3 heures du matin.

Nous devons signaler ici la grande humanité de deux officiers allemands qui avaient dit à Mme de Scey : « Puisque vous y mettez tant de cœur, nous ne quitterons pas le lieu de l'incendie avant que celui-ci soit éteint. »

***

Parmi les blessés français du 22 octobre se trouvait un sergent du 16e bataillon de chasseurs, Tufferi, originaire du Midi, qui avait reçu un coup de feu dans le ventre, presque à bout portant, dans les plantations de Pérouse. Il fut soigné au château par les Allemands. Sa fin fut très touchante. Entendant sonner minuit, il prononça ces paroles : « On m'avait dit que je ne passerais pas minuit. Combien il faut souffrir pour mourir ! Mais je donne bien volontiers ma vie pour mon pays. »

En revenant de voir Tufferi, pendant la journée, M. le curé de Buthiers fut souffleté sans motif dans la rue par des soldats badois. « Après avoir reçu un soufflet sur la joue droite, disait ce vénérable prêtre à cheveux blancs, je voulais tendre la gauche comme le Christ, mais ils ne m'en ont pas laissé le temps. »

***

Un domestique du château, le jeune Gautherot, actuellement bourrelier à Authoison, qui avait pris le fusil et les cartouches d'un blessé pendant le combat du 22 octobre, alla se placer sur le pont de Buthiers et se mit à tirer sur un détachement badois qui arrivait sur le village en se glissant le long de l'Ognon.

Quand l'ennemi fut très près du pont, Gautherot se sauva au château ; mais, quelques instants après, les Badois, entrant dans la cour extérieure, le reconnurent à son gilet rouge. Immédiatement, deux hommes le saisissent et l'entraînent vers un mur pour le fusiller. Gautherot se laisse d'abord emmener sans résistance, puis brusquement, jouant des pieds et des poings, parvient à se dégager. Les Badois font feu, le manquent, et le jeune homme, contournant le château, se réfugie au grenier, où il ne fut pas découvert.

***

Le 22 octobre, deux cultivateurs du village, qui se sauvaient, furent arrêtés, et ils allaient être fusillés si la marquise de Scey n'était survenue et n'avait répondu d'eux sur sa tête. Une vingtaine d'autres, qui avaient commis le crime de se trouver dans la rue ou sur leurs portes à l'arrivée de l'ennemi, devaient être emmenés en captivité ; mais, grâce à la même intervention et à force d'instances et de justifications, ces malheureux furent rendus à la liberté le lendemain de leur arrestation.

***

Cussey-sur-l'Ognon.

(Notes du curé M. Chatelet. — Renseignements pris sur place. — Journaux.)

Le mercredi 19 octobre, vers 1 heure du matin, l'ennemi est signalé à Oiselay ; il en résulte une alerte à Etuz et à Cussey : toute la population est debout pour mettre en lieu sûr ce qu'elle a de précieux.

***

Le vendredi 21, dans l'après-midi, les chasseurs à cheval font, à Velloreille, 3 prisonniers, dont un atteint d'une balle à la partie inférieure de l'avant-bras gauche. On les charge sur une voiture escortée par des éclaireurs pour les conduire à Besançon.

***

Le 22, les Allemands arrêtèrent l'instituteur de Cussey, M. Chauvin, sous prétexte qu'il avait voulu sonner le tocsin, tandis qu'il venait tout simplement de remonter l'horloge. Ce malheureux instituteur fut fusillé à Mont-les-Etrelles et inhumé à Cussey.

A la date du 10 novembre, le Ministre de l'instruction publique accorda un premier secours de 200 francs à sa veuve.

***

Le château Laurencin, à Cussey, a reçu le 22 un grand nombre d'obus ; les empreintes de quarante d'entre eux se voyaient sur les murs. Le feu y a pris vers 2 heures. Les propriétaires étaient partis le matin, laissant leurs domestiques, qui, en donnant des vivres aux mobiles, avaient attiré l'attention des Allemands sur le château.

***

Le 22, les Badois amenaient à Cussey le curé de Bonnevent, fait prisonnier. Le curé de Cussey fut également arrêté jusqu'à 10 heures du soir. Tous les prisonniers, à l'exception des officiers de mobiles, enfermés à la mairie, se trouvaient dans l'Eglise, dont les Badois avaient allumé les cierges.

***

Neuf officiers Badois furent installés au presbytère de Cussey du 22 au 24 octobre. Le dimanche, pendant qu'on entendait la fusillade et le canon, ces officiers jouaient aux cartes, disant : « *A chacun son tour; hier c'était le nôtre.* » De temps à autre, ils chantaient des hymnes à la sainte Vierge pour égayer leur hôte, M. le curé Châtelet.

***

Après le combat du 22, on enterra à Cussey un certain nombre d'Allemands et une quarantaine de mobiles. M. Bron, docteur de l'ambulance lyonnaise, qui visita ce cimetière le 26, dit à ce sujet : « Nous avons été attirés au cimetière par un étendage de blouses blanches et bleues qui avaient été lavées et qui séchaient ; c'étaient les vêtements des mobiles qu'on y avait ensevelis. A peine avions-nous franchi le seuil, que nous avons été arrêtés par un immense tas de fusils à tabatière et à piston, tous cassés, faussés, rouillés ; quelques pas plus loin, il y avait une cinquantaine de sacs en toile, en cuir ciré et en veau, un peu partout des képis. Le tout était entremêlé de croix plantées çà et là sans ordre apparent et simples comme les sujets qu'elles recouvraient.

» Les blessés avaient été évacués sur Vesoul, et, dans le nombre, bien des Français qu'on a gardés prisonniers. Mais il en y avait encore à Cussey, soit qu'ils aient échappé en se cachant, soit que la gravité de leurs blessures ait empêché les Prussiens de les emmener. Ils étaient soignés par M. Freyon, d'Etuz. Le brave docteur visitait ses malades dans ce moment ; nous l'avons rencontré au milieu de la route accompagné d'un grand gaillard qui était peut-être le bedeau et de sa fille, âgée de 14 ans. Elle portait au bras un cabas, dans lequel se trouvaient des bandes, de la charpie et des remèdes. Elle suivait son père et l'aidait dans ses pansements. »

***

Frétigney.

« Les Allemands ont une poste à relais qui passe à Frétigney et se dirige du côté d'Epinal. Il y avait donc déjà, mercredi 26 octobre, du côté de Gy et de Gray, des troupes nombreuses de l'armée ennemie, puisqu'un service de poste était régulièrement établi venant de cette contrée.

» Cette poste se compose de deux espèces d'omnibus à deux chevaux conduits par des soldats, précédés et suivis de deux chariots à échelles, pourvus d'un vigoureux attelage et garnis de soldats armés jusqu'aux dents.

» Les deux omnibus et les quatre chariots marchent avec toute la vitesse possible des chevaux ; ils passent tous les deux jours.

» Un Prussien blessé, ému et reconnaissant des soins qu'il recevait, disait à un de nos amis : « *Savez-vous combien j'ai tiré de coups* » *de fusil contre les Français depuis notre entrée en France ? Pas un.* » *C'est notre artillerie qui gagne les batailles. Elle est considérable, bien* » *servie et d'une grande portée.* »

(Lettre de Frétigney, du jeudi 27 octobre.)

***

Gray.

« A Gray, l'autorité administrative avait fait commencer une barricade afin de résister ; cette tentative fut abandonnée après que l'on eut reconnu l'impossibilité de lutter efficacement, faute de moyens suffisants. » (*Union franc-comtoise* du 21 octobre.)

L'affiche suivante, placardée à Gray en novembre, fait voir avec quelle méthode les Allemands vivaient sur le pays.

« *Par ordre de M. le général de Schmeling,* M. l'intendant fait connaître aux populations de l'arrondissement de Gray qu'à partir de ce jour, l'intendance allemande payera au *comptant* et aux prix *ci-bas* les vivres et subsistances à tous ceux qui les amèneront à Gray.

» Si les populations livrent les denrées en quantité suffisante pour la nourriture des troupes de l'armée allemande, toutes les réquisitions cesseront : dans le cas contraire, elles continueront.

» La livraison se fera au magasin à fourrages près la caserne, de 9 heures du matin à 5 heures du soir, et le paiement sur bon au bureau de l'intendance allemande, hôtel de la sous-préfecture à Gray.

» Aucune des voitures amenant des denrées ne sera mise en réquisition.

« Signé : BREDOW. »

PRIX.

Farine	44 fr. les 100 kilos.	Pommes de terr	12 fr. les 100 kil.	
Blé	25 fr.	—	Bœuf sur pied	0 fr. 60 le kilog.
Seigle	18 fr.	—	Vache	0 fr. 50 —
Son	12 fr.	—	Mouton	0 fr. 60 —
Avoine	20 fr.	—	Porc	0 fr. 45 —
Foin	16 fr.	—	Pain au prix du cours.	
Paille	7 fr.	—		

Lure.

« Lure, 24 octobre.

» Les Badois sont entrés à Lure le 18 de ce mois ; ils ont imposé des contributions en nature, notamment 50.000 cigares et pour 15 à 20.000 francs de pain, viande, fourrages, etc. A part quelques faits isolés de pillage, ils se sont contentés de ce qu'on leur a donné.

» Cependant, ils ont mis à plusieurs reprises le pistolet sous la gorge du maire et des fournisseurs.

» Ils ont fait prisonnier, en arrivant à Lure, un garde national mobilisé en uniforme, mais non armé, qui s'était attardé à faire ses adieux ; la compagnie mobilisée était partie pour Besançon peu d'instants avant leur entrée. Ils se sont emparés aussi d'un paysan qui avait laissé tomber un pistolet de sa poche. Ces deux hommes ont été envoyés à Vesoul ; ils ont été relâchés deux jours après, sans autre mal que la peur.

» L'ennemi a fait sauter le pont de chemin de fer sur l'Ognon, près de Lure.

» Les francs-tireurs tiennent toujours la campagne et inquiètent singulièrement les Allemands. Samedi, ceux-ci ont, par représailles, brûlé deux fermes aux environs de Vesoul. En ce moment, dit-on, un combat entre francs-tireurs et Prussiens se livre à Calmontier.»

(Union franc-comtoise du 27 octobre.)

***

Marnay.

Les Allemands entrèrent à Marnay le 22 octobre, vers 10 heures du matin. Le détachement comprenait un bataillon d'infanterie et une section d'artillerie.

La commune dut nourrir l'ennemi pendant deux jours. Elle fournit, en outre, par réquisition, le 23, 250 doubles décalitres d'avoine, 250 pains de 6 livres et 100 kilogrammes de sel. Les Allemands enlevèrent ensuite tout ce qu'ils trouvèrent chez les débitants de la localité ; ils réclamèrent aussi 6.000 francs à la commune, que celle-ci ne put verser.

(D'après le *Courrier franc-comtois* du 7 novembre.)

***

Rioz.

(Courrier franc-comtois et Union.)

Ceci se passait le 21 octobre : « Ne pourrait-on pas, demandèrent » quelques officiers badois, faire un bon dîner ? » On les rassura sur ce point, et on les conduisit à l'hôtel le plus renommé du bourg, où ce dîner fut préparé. Il fallut des vins fins, et on les fournit ; mais tout fut payé selon la demande du maître d'hôtel. En quittant la table, les convives, satisfaits, s'écrièrent : « *Dimanche, nous dînerons à* » *Besançon.* »

» Ils sont venus pour y dîner, et c'est samedi qu'ils ont frappé aux portes ; mais les portes ne se sont pas ouvertes. Les abords de cette ville, disaient les Prussiens en s'éloignant, sont rudes. »

*_**

« Depuis plusieurs jours, le maire (1) s'était entouré de quelques amis, qui se tenaient en permanence à la maison commune. Le 22 octobre, à 9 heures du matin, plusieurs individus entraient précipitamment dans la salle où le conseil était réuni, en annonçant que les Prussiens, en grand nombre, allaient entrer à Rioz. Ils étaient, en effet, groupés à moins de 100 mètres de la première maison ; mais ils ne devaient pas pénétrer immédiatement dans la localité. Deux dragons descendirent d'abord la grande rue, le pistolet au poing et au trot, pendant que de petits groupes de fantassins s'éparpillaient dans toutes les directions, rompant les clôtures, parcourant les jardins et les vergers, entourant les maisons isolées, etc.... Vingt minutes après, toutes les positions suspectes étaient occupées, et l'un des dragons remontait au grand galop, allant annoncer à l'avant-garde qu'elle pouvait avancer. En effet, le défilé commença, les tambours et la musique derrière la colonne.

» Le maire et les quelques personnes qui l'assistaient, craignant de laisser paraître le moindre empressement, même le moindre sentiment de curiosité, restèrent dans la salle. Le défilé durait depuis un quart d'heure environ, lorsqu'on vint annoncer que des officiers demandaient le maire. Celui-ci s'avança au milieu d'un groupè d'officiers à cheval.

« Monsieur le maire, dit l'un d'eux, je dois vous prévenir que, si » un coup de feu est tiré sur nos troupes dans votre localité, elle » sera en cendres dans une demi-heure. »

» Le maire répondit : « Je vous garantis que, dans l'intérieur » du village, pas un seul coup de feu ne sera tiré sur vos troupes ; » mais il m'est impossible d'accepter la responsabilité de ce qui » peut se passer en dehors. »

---

(1) M. Cler, emmené plus tard par les Allemands, pour avoir fourni à la 7ᵉ division militaire des renseignements sur leurs mouvements.

» Un intendant vint alors nous faire, au nom de l'armée, les réquisitions nécessaires à la nourriture et au campement des hommes et des chevaux. La valeur des fournitures pouvait s'élever à 6.000 francs. Il nous remit aussi, pour les faire afficher, des proclamations du roi Guillaume où étaient détaillés les ordres à exécuter, et dont les principaux étaient de suspendre toute sonnerie de cloche, de s'interdire, dès la nuit venue : 1º de sortir de chez soi ; 2º de fermer ses portes à clef ; 3º de clore ses persiennes ; une lanterne devait en outre éclairer la façade de chaque maison. Il disait enfin que tout homme qui résisterait aux ordres de l'armée, ou celui qui serait saisi les armes à la main, serait immédiatement fusillé.

» L'intendant entra à la mairie quelques instants après, et avertit le maire que, sous sa responsabilité, la moitié des réquisitions devaient être prêtes pour le soir à 6 heures, et le reste le lendemain à 8 heures du matin. Il nous demanda ensuite l'atlas cantonal du département. On le lui remit. Il regarda avec attention le portrait de M. Dieu, ancien préfet, parcourut l'atlas, s'arrêta à la carte d'ensemble et à celle du canton de Rioz, remarqua qu'elles étaient fort bien gravées, et enfin... emporta l'atlas, que nous ne revîmes plus ; supposons que le droit de soustraction est autorisé par le droit de la guerre, pour ne pas avoir à en murmurer trop fort. J'ajoute que cet intendant, tout en imposant les réquisitions les plus dures, tout en faisant peser sur le maire une responsabilité terrible, tout en s'emparant sans façon de ce qui pouvait lui convenir, n'a jamais cessé d'avoir le sourire aux lèvres et la parole extrêmement douce. Il était très grand, par exception très brun, car les neuf dixièmes sont blonds et munis de l'invariable pince-nez qui orne le visage de tous ces messieurs. Il était occupé à écrire, au milieu de la municipalité réunie, lorsqu'une personne de la localité entra tout effarée et s'écria : « Une alerte, messieurs, une alerte ! » Au même instant passaient devant la mairie, au grand galop des chevaux, les vingt pièces d'artillerie parquées en avant de la commune et, un instant après, les soldats éparpillés dans Rioz partaient au pas gymnastique, avec une précision, un ordre admirable.

» L'intendant n'eut pas l'air d'attacher la moindre importance à l'annonce de cette alerte ; il continua à écrire. Divers officiers vinrent lui parler en allemand ; tout en leur répondant, il acheva tout tranquillement de transcrire ses notes, et nous dit en souriant et avec flegme : « Nous serons de retour ce soir; veuillez vous souve- » nir, messieurs, que nos réquisitions doivent être prêtes à 6 heu- » res, sous votre responsabilité; faites en sorte que nous les trou- » vions, ou je ne réponds de rien. » A ces mots, il se leva et nous salua du geste le plus gracieux, je dirais presque le plus aimable; puis, raide comme une lance de uhlan, il pirouetta sur lui-même et s'éloigna, traînant son sabre et faisant résonner ses bottes sur le pavé de la rue.

» En un instant, la commune fut évacuée; il ne resta qu'un poste d'une vingtaine d'hommes à la mairie. La journée se passa, pour les bouchers, les boulangers et autres fournisseurs, à préparer les den- rées requises. Quelques habitants se hasardèrent sur les hauteurs avoisinant Rioz, d'où l'on entendit gronder le canon pendant deux heures environ dans les directions de Voray et de Cussey et d'où l'on voyait l'incendie de Buthiers et celui de Bonnay...

» Vers 5 heures, des voitures de blessés arrivèrent, accompagnées d'un médecin militaire dont les paroles douces et les manières bienveillantes causèrent le plus grand étonnement aux bonnes gens de Rioz. Ils croyaient généralement que les Prussiens et leurs alliés avaient de la barbarie à revendre aux cannibales. Le méde- cin-major badois fit installer les blessés dans la salle de la justice de paix, opéra lui-même les premiers pansements; il adressa en- suite aux médecins de la localité les recommandations les plus philanthropiques en faveur de ces malheureux, sans distinction de nationalité.

» Quarante-quatre prisonniers (1) furent ensuite amenés et installés dans les salles d'école. Pendant la nuit, ces prisonniers et dix bles- sés furent dirigés sur Vesoul. Il ne resta que quatre de ces derniers, deux Français et deux Badois, dont l'un est décédé il y a huit jours.

» Vers 7 heures du soir, la localité fut de nouveau envahie par les troupes revenant du combat de Voray. Malgré l'exécution d'une partie des réquisitions, les soldats s'installèrent sans façon chez les

______

(1) Trente du détachement Mansion, quatorze du 4ᵉ bataillon du 85ᵉ. (Voir les états des pertes à l'appendice nᵒ 19.)

habitants et se firent servir copieusement à boire et à manger. Des excès furent commis, mais dans un petit nombre de maisons. »

Vesoul.

L'ennemi s'est montré en forces dans le nord du département de la Haute-Saône. Il est venu occuper Vesoul, imposant à cette ville une contribution de 200,000 francs.

Après qu'on lui eut démontré l'impossibilité de trouver une pareille somme, il se contenta, nous assure-t-on, d'une somme de 60.000 francs, qui lui fut versée.

(*Union franc-comtoise* du 21 octobre 1870.)

Voray.

Le 22 octobre, les Badois entrèrent à Voray à 3 h. 3/4. Derrière les éclaireurs marchait une compagnie entière, par le flanc ; le capitaine, à cheval, la précédait.

Le nommé Jeantot, qui se trouvait au bas du village, devant sa porte, fut fusillé par les Badois.

Un certain nombre d'habitants s'étaient réfugiés dans la grotte de la Baume, sur la rive droite de l'Ognon, en face de Chevroz. Ils éprouvèrent les plus grandes difficultés pour rentrer chez eux. Quelques-uns passèrent l'Ognon en barque pour se rendre à Besançon. L'un d'eux, Jeanneney, de Voray, qui cherchait à gagner Devecey, fut tué dans le trajet par les Badois, qui avaient traversé le pont de l'Ognon.

Vregille.

A Vregille, les Allemands logés au château paraissaient tenir, comme à Rioz, à être bien servis, et il fallut s'exécuter.

Le champagne ne suffit même pas au colonel.

« N'y a-t-il pas, dit-il à celui qui le servait à table, un caveau réservé dans la cave ? Il doit y en avoir un. »

Le serviteur du château hésitait. Mais la menace de traiter le propriétaire comme les Prussiens traitent les personnes qui résistent fit trouver et ouvrir le lieu désigné. On apporta au colonel si difficile des bouteilles de vin de Bordeaux et de Bourgogne. Les rapports devinrent alors plus humains, et le propriétaire put légitimement concevoir l'espérance de n'être pas fusillé.

Le batelier qui fait le service de la barque sur l'Ognon eut d'autres risques à courir. Arrêté, on allait le fusiller, malgré les explications de M. de Vregille; on le prenait pour un franc-tireur déguisé. Il fut délivré — le croirait-on? — par des dragons badois. Ces dragons l'avaient vu le matin conduisant sa barque sur la rivière. Ce témoignage, venant de l'ennemi lui-même, ne pouvait être suspect, et le colonel consentit à laisser vivre le batelier.

(Union franc-comtoise du 27 octobre.)

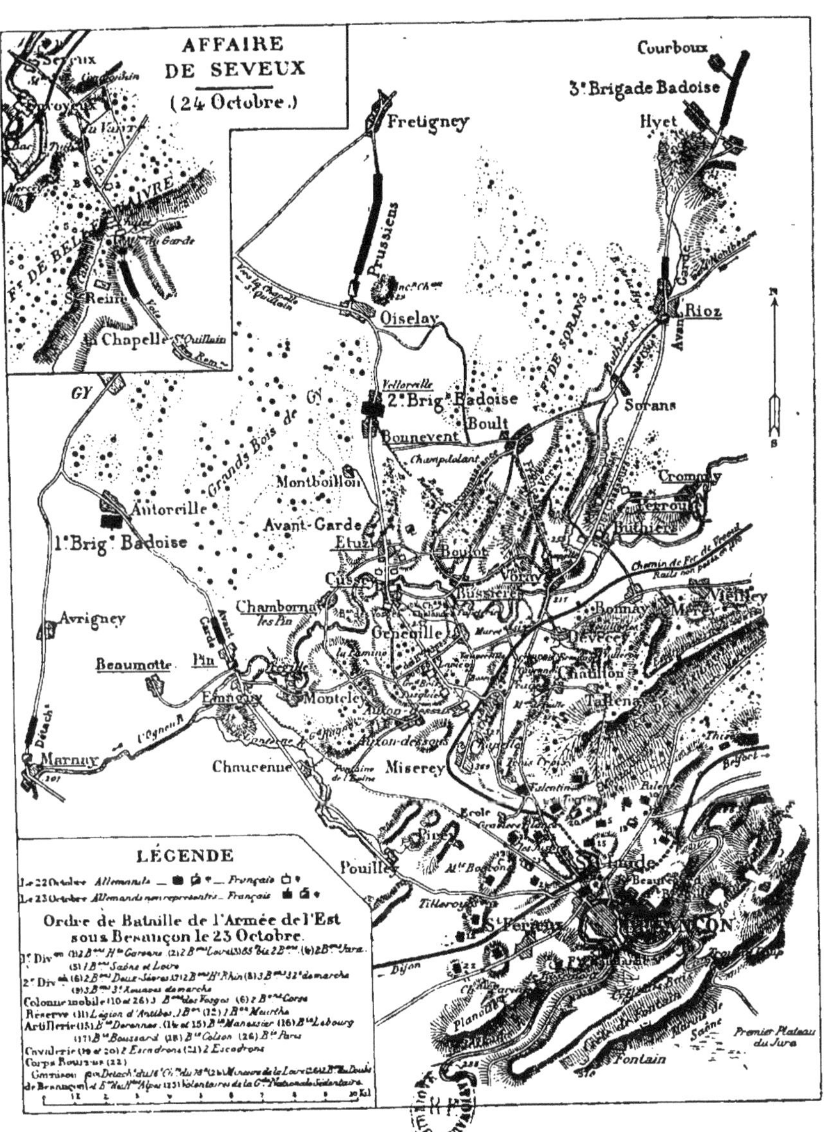

Croquis d'ensemble. — Combats des 22, 23 et 24 octobre 1870.

TABLE DES MATIÈRES

Les numéros qui suivent chaque titre renvoient aux sources de renseignements
dont la nomenclature précède l'ouvrage.)

	Pages.
Préface	5
Nomenclature des sources de renseignements	9
Définition des opérations de l'Est	14

CHAPITRE Iᵉʳ

RÉSUMÉ DE LA CAMPAGNE DES VOSGES

Mesures prises sur le territoire de la 7ᵉ division militaire	17
Arrivée des premières troupes françaises dans les Vosges	22
Entreprise contre le chemin de fer de Strasbourg-Paris	23
Envoi de renforts et organisation du commandement dans les Vosges	24
Invasion des Vosges et retraite du général Cambriels	24
Arrivée des troupes de Cambriels à Besançon. — Accusations portées contre ce général	32
Troupes envoyées par la 7ᵉ division militaire dans la trouée de Belfort et sur le haut Doubs	36

CHAPITRE II

LA PREMIÈRE ARMÉE DE L'EST S'ORGANISE SOUS BESANÇON. — LES ALLEMANDS MARCHENT SUR CETTE PLACE

Dispositions prises à Besançon pour recevoir les troupes des Vosges, qui prennent la dénomination d'armée de l'Est	40
Marche des Allemands sur Vesoul	44
Affaire de Rioz	46
L'ennemi continue sa marche sur Besançon	49
Le général Cambriels se dispose à le recevoir	52
Renseignements sur les troupes de couverture	54
Marche de la reconnaissance du colonel Perrin le 21 octobre	57

CHAPITRE III

LES COMBATS DU 22 OCTOBRE

Les colonnes du XIVᵉ corps se dirigent sur les ponts de l'Ognon	60
Ordres donnés par le colonel Perrin	62

1re PHASE. — ENLÈVEMENT DE LA LIGNE DE L'OGNON PAR LES ALLEMANDS

1° *Combat de Cussey.*

Pages.

Dispositif de défense du bataillon des Vosges 63
Bataillon des Hautes-Alpes 67
Commencement de l'action à Etuz 68
Apparition de la reconnaissance du colonel Perrin 69
Ordre donné par le général de Werder à 11 heures du matin 70
L'avant-garde de la 2e brigade badoise entre à Etuz pour la seconde fois.... 71
Déploiement du gros de la brigade Dégenfeld 71
Intervention du bataillon des Hautes-Alpes 74
La crise 77
Retraite des mobiles et poursuite acharnée des Allemands 80
La cavalerie allemande continue jusqu'à Auxon 85

2° *Reconnaissance circulaire* 87

3° *Combat de Buthiers.*

Déploiement du détachement français 92
Marche de l'avant-garde de la 3e brigade badoise et attaque des postes avancés 95
Ordre donné par le général de Werder au reçu d'un renseignement inexact. 97
Suite et fin du combat de Buthiers 98
Observations sur l'enlèvement de l'avant-ligne 102

2e PHASE. — ÉCHECS SUCCESSIFS DES ALLEMANDS DEVANT LA POSITION PRINCIPALE

Occupation de la position principale par les Français 108
Conditions dans lesquelles s'exécutent les attaques des Allemands 112
1° Démonstration de la brigade Keller 113
2° Combat de jour d'Auxon-Dessus 114
3° Combat de Cayenne 119
4° Marche d'une colonne allemande sur le bois de Chailluz 122
Les Français évacuent volontairement la position 123
Combat de nuit d'Auxon-Dessus 125
Cantonnements des Allemands dans la soirée du 22 et mesures de sûreté.. 129
Cavalerie allemande sur le bas Ognon le 22 octobre 130
Fonctionnement du service de santé 131
Jugement porté sur l'action du XIVe corps 132

CHAPITRE IV

RECONNAISSANCES BADOISES DU 23 OCTOBRE. — DÉPLOIEMENT DE L'ARMÉE DE L'EST

Projets des Allemands 133
Reconnaissance partie de Voray. — Combat de Châtillon-le-Duc 134
Reconnaissance partie de Cussey. — Combat du Calvaire ou des Trois-Croix 138
Déploiement de l'armée de l'Est 139

CHAPITRE V

CHANGEMENT DE LIGNE D'OPÉRATIONS DU XIVe CORPS

Pages

Marche vers la Saône... 141
Affaire de Seveux... 143

CHAPITRE VI

LA PREMIÈRE ARMÉE DE L'EST PENDANT LA PÉRIODE DU 24 OCTOBRE AU 17 NOVEMBRE

L'armée complète son organisation...................................... 151
La colonne mobile est enfin dirigée sur les Vosges..................... 152
Départ du général Cambriels.. 154
Intérim du général Crouzat... 155
Arrivée du général Michel.. 159
Marche de l'armée de l'Est sur Chagny, commandement du général Crouzat. 161
Création du 20e corps.. 163

CHAPITRE VII

LA PLACE DE BESANÇON

Mise en état de défense.. 164
Service des troupes dans la place (septembre et octobre)............... 167
Conseil de défense et comité militaire départemental................... 170
Situation de la place au départ de l'armée de l'Est.................... 173
Rectification de la ligne des postes du haut Doubs..................... 174
Reconnaissances dans la Haute-Saône.................................... 176

CHAPITRE VIII

GARIBALDI A DÔLE. — SES RELATIONS AVEC LE COMMANDANT SUPÉRIEUR DE L'EST

Arrivée de Garibaldi en France... 177
Son entrée à Dôle. — Ses menées à Besançon............................. 180
Création de l'armée des Vosges... 182
Premiers mouvements de cette armée..................................... 184
Secours donnés à l'armée de l'Est...................................... 185
Surprise de Broye-les-Pesmes... 187
Reconnaissance prussienne sur Dôle le 23 octobre....................... 191
L'armée des Vosges attribue à son action le recul de Werder sur Gray... 191
Redoutant une attaque imaginaire, l'armée des Vosges demande du secours. 192
Colonne envoyée inutilement vers Dôle par l'armée de l'Est............. 193
Combats d'avant-postes après l'occupation de Dijon par les Allemands... 194
Garibaldi évacue Dôle le 8 novembre.................................... 194

APPENDICE

Numéros.		Pages.
I.	Rapport du capitaine Perrin sur la défense des Vosges	201
II.	Composition du XIVe corps allemand et emplacement de ses unités le 22 octobre	205
III.	Suspension du service des chemins de fer sur le théâtre d'opérations.	207
IV.	Lettres du Ministre de la guerre répondant à des demandes d'armes et de munitions	209
V.	Lettre de Gambetta à la délégation de Tours au sujet de l'organisation de l'armée de l'Est	211
VI.	Etat des compagnies de francs-tireurs logées à Besançon	213
VII.	Composition de l'armée de l'Est à la date du 21 octobre	215
VIII.	Relation du combat de Fayl-Billot	218
IX.	Marches et opérations du 3e bataillon des Vosges, antérieurement à Cussey	219
X.	Note sur l'organisation des régiments allemands en 1870	221
XI.	Belle conduite de M. Barret, curé de Devecey, pendant les combats du 22 octobre	222
XII.	Hommage rendu à la mémoire du sous-lieutenant Delang par le doyen de la faculté de Nancy	224
XIII.	Rapport du capitaine Boussard, commandant la 19e batterie du 12e d'artillerie	226
XIV.	La 1re ambulance lyonnaise pendant la journée du 22 octobre	230
XV.	Rapport sur les mesures de défense prises dans le département du Jura.	232
XVI.	Composition de l'armée de l'Est à la date du 15 novembre	235
XVII.	Note concernant les états de pertes des Allemands	240
XVIII.	Pertes des Allemands les 22 et 23 octobre	242
XIX.	Pertes des Français le 22 octobre	244
XX.	Notes sur les pour-cent des tirs à la guerre	245
XXI.	Anecdotes et faits divers pouvant intéresser l'histoire locale	248

CARTES ET CROQUIS

Numéros.	Pages.
Croquis d'ensemble des combats des 22, 23, 24 octobre (à la fin de l'ouvrage).	263
1. Vue de la position occupée par les mobiles des Vosges en avant du pont de Cussey	65
2. Plan du combat de Cussey	81
3. Vue générale de la vallée de l'Ognon dans les environs de la route de Vesoul à Besançon	93
4. Plan du combat de Buthiers	105
5. Plan des combats d'Auxon	117
6. Plan de la surprise de Broye-les-Pesmes	189

Paris et Limoges. — Imprimerie militaire Henri CHARLES-LAVAUZELLE.

9 782014 070453